Wayne J. Carroll

US-Recht für Geschäftsleute

Wayne J. Carroll arbeitet als Rechtsberater (Attorney-at-Law in den USA sowie Solicitor in England und Irland) bei PricewaterhouseCoopers Veltins in Frankfurt am Main.

Wayne J. Carroll

US-Recht für Geschäftsleute

Ein Wegweiser für den amerikanischen Markt

WILEY-VCH GmbH & Co. KGaA

1. Auflage 2003

Bibliografische Information Der Deutschen Bibliothek
Die Deutsche Bibliothek verzeichnet diese Publikation in der Deutschen Nationalbibliografie; detaillierte bibliografische Daten sind im Internet über <http://dnb.ddb.de> abrufbar.

© 2003 WILEY-VCH Verlag GmbH & Co. KGaA, Weinheim

Alle Rechte, insbesondere die der Übersetzung in andere Sprachen, vorbehalten. Kein Teil dieses Buches darf ohne schriftliche Genehmigung des Verlages in irgendeiner Form – durch Fotokopie, Mikroverfilmung oder irgendein anderes Verfahren – reproduziert oder in eine von Maschinen, insbesondere von Datenverarbeitungsmaschinen, verwendbare Sprache übertragen oder übersetzt werden. Die Wiedergabe von Warenbezeichnungen, Handelsnamen oder sonstigen Kennzeichen in diesem Buch berechtigt nicht zu der Annahme, dass diese von jedermann frei benutzt werden dürfen. Vielmehr kann es sich auch dann um eingetragene Warenzeichen oder sonstige gesetzlich geschützte Kennzeichen handeln, wenn sie nicht eigens als solche markiert sind.
All rights reserved (including those of translation into other languages). No part of this book may be reproduced in any form – by photoprint, microfilm, or any other means – nor transmitted or translated into a machine language without written permission from the publishers. Registered names, trademarks, etc. used in this book, even when not specifically marked as such, are not to be considered unprotected by law.

Gedruckt auf säurefreiem Papier

Printed in the Federal Republic of Germany

Satz Mitterweger & Partner, Kommunikationsgesellschaft mbH, Plankstadt
Druck und Bindung Ebner & Spiegel GmbH, Ulm

Umschlaggestaltung init GmbH, Bielefeld

ISBN 3-527-50054-5

Inhalt

Einleitung 7

Kapitel 1
Von Äpfeln und Birnen: Die Bedeutung der Sprache 11
Einleitung 11
Die Geschichte und Entwicklung der englischen Sprache 11
Englisch als Weltsprache 13
Typische Fehlerquellen in Englisch 19
Rechtssysteme und Lautverschiebung 19
Der Föderalismus und das US-Rechtssystem 20
Fazit 23

Kapitel 2
Erste Schritte zur Kooperation: Vereinbarungen, Verträge und Vertragsrecht 25
Einleitung 25
Die Common Law-Verträge 26
Was rund um den Vertrag zu beachten ist 37
Formalitäten 46
Fazit 49

Kapitel 3
Gesellschaftsformen in den USA 51
Einleitung 51
Die Investmentformen in den USA 52
Personengesellschaften (Unincorporated Business Entities) 53
Kapitalgesellschaften 58
Entscheidungskriterien bei der Wahl der US-amerikanischen Gesellschaftsform 68
Haftungsrisiken von Management und Eigentümern 71
Eine unbekannte Größe: Die Joint-Venture-Gesellschaft 78

Neugründung, Vorratsgesellschaften, Mantelkauf oder Beteiligung
an einer bestehenden Gesellschaft   79
Grundlageninformation über Gesellschaften in den USA   80

Kapitel 4
**Die menschliche Seite: Management, Arbeitnehmer und
US-amerikanisches Arbeitsrecht**   83
Erste Investitionsschritte: Engerer Kreis von Management und Angestellten   83
Expansion: Arbeitsverhältnisse, Angestellten und das US-Arbeitsrecht   89
Unsere eigenen Leute drüben: Arbeitnehmerentsendung und
US-Einwanderungsrecht   126
Fazit   128

Kapitel 5
**Das »lausige« Rechtssystem: US-Prozessrecht und Streitigkeiten
in den USA**   129
Einleitung   129
Die Anwendung US-amerikanischen Rechts und Überblick über
das US-Prozessrecht   129
Institutionelle Besonderheiten bei Gerichtsverfahren in den USA   143
Alternative Dispute Resolution (ADR)   157
Fazit   160

Kapitel 6
Rechtliche Minenfelder: Besonders gefährliche Rechtsgebiete   163
Einleitung   163
Produkthaftung: Auswirkungen geschäftlicher Aktivitäten
auf die Verbraucher   163
Auswirkungen auf den Wettbewerb: das US-Kartellrecht   169
Bitte beim Einwohnermeldeamt melden: Registrierungspflicht
für ausländische Investoren in den USA   180
Auswirkungen auf die Kapitalmärkte: das US-Wertpapierrecht   181
Sicherheit, Verantwortung und Recht: Aktuelle Entwicklungen in den USA   193
Fazit   197

Epilog   199
Anhang zu Kapitel 3   201
Anhang zu Kapitel 4   203
Anhang zu Kapitel 5   213

Literatur   221

Danksagung   223

Register   225

Einleitung

Für viele Produzenten und Dienstleister gehört der US-amerikanische Markt zu den attraktivsten Märkten der Welt. Diese Tatsache ist den meisten Geschäftsleuten nicht neu. Wer dieses Buch in die Hand nimmt, ist entweder an einer Expansion einer bereits laufenden Geschäftstätigkeit oder einer Investition im US-Markt interessiert oder hat diesen Schritt schon hinter sich. Es ist nicht Sinn und Zweck dieses Buches, den Leser zu überzeugen, sich geschäftlich in den USA zu engagieren. Vielmehr soll es dazu dienen, einige oft erwähnte aber selten genauer betrachtete Risiken und Themenkreise fachlich darzustellen.

Die Fragen, die in diesem Buch diskutiert werden, mögen auf den ersten Blick wie Selbstverständlichkeiten klingen. Natürlich spielt die Sprache bei grenzüberschreitenden Geschäftsbeziehungen (Kapitel I) eine erhebliche Rolle. Selbstverständlich sind Vereinbarungen, die nicht schriftlich fixiert sind, mit vielen Risiken verbunden (Kapitel II). Logisch ist es manchmal vorteilhafter, über eine selbständige Gesellschaft im ausländischen Markt zu verfügen und diese gesetzeskonform zu strukturieren und zu führen (Kapitel III). Ebenfalls dürfte klar sein, dass man als Arbeitgeber die jeweiligen nationalen Bestimmungen und Regeln beachten muss und das Management sich auf die einheimischen Gepflogenheiten einzustellen und sich ihnen anzupassen hat (Kapitel IV). Und wenn es zum Streit kommt, steht außer Zweifel, dass man sich Gedanken über die taktischen und strategischen Aspekte einer gerichtlichen oder außergerichtlichen Auseinandersetzung machen sollte (Kapitel V). Und letztlich ist es immer ein Muss, bei besonders risikoreichen Schritten oder Vorgängen mit besonderer Sorgfalt vorzugehen (Kapitel VI).

Wenn aber die obigen Punkte alle selbstverständlich sind, warum ist das Auslandsgeschäft – in diesem Fall das USA-Geschäft – für viele deutsche und europäische Unternehmen und Geschäftsleute mit zusätzlichem Aufwand – und Stress – verbunden? Warum ist dann die Identifizierung und Lösung mancher Probleme schwieriger? Warum sind Manager, die in anderen Ländern große Erfolge erzielt haben, weniger erfolgreich in den USA? Es wurden sogar Engländer dorthin geschickt! Und was ist aus der berühmten Flexibilität und unbürokratischen Vorgehensweise der Amerikaner geworden? Es sollte doch verhältnismäßig wenig kosten, die ersten Investitionsschritte durchzuführen. Wieso ist dann das dafür vorgesehene Budget so bald schon ausgeschöpft?

Wer dieses Buch liest, bevor er ein Geschäft abschließt beziehungsweise eine Investition in den USA tätigt, wird die hinter diesen Fragen versteckten Problemquellen leichter umgehen können. Für Leser, die sich mit derartigen Fragen bereits beschäftigen, zeichnen sich entsprechende Lösungsansätze vielleicht schneller ab und Missverständnisse lassen sich eventuell ganz vermeiden oder einfacher aufklären. Und für diejenigen, die mit den gleichen oder ähnlichen Herausforderungen schon konfrontiert worden sind, wird es leichter sein, die Hintergründe der bereits überwundenen Schwierigkeiten zu verstehen und mit eventuell noch auftretenden Problemen im US-Geschäft leichter umzugehen.

Das Ziel dieses Buches ist nicht die umfassende Behandlung von Fragen des Managements, die auf kulturelle Unterschiede zurückzuführen sind. Vielmehr spricht der Verfasser Themen an, die sich auf die Unterschiede zwischen den Rechtssystemen zurückführen lassen. Selbst der Leser, der innerhalb Europas sein Geschäft relativ problemlos ausgebaut hat, stolpert manchmal über neue Fragestellungen, die im Rechtssystem des *Common Law* begründet sind. Auch ein Unternehmer, der bereits Erfahrung mit Geschäften in England und Irland gemacht hat, ist dadurch nicht lückenlos für den US-Markt vorbereitet. Obwohl das US-Rechtssystem viel aus dem englischen *Common Law* übernommen hat, haben sich eine Vielzahl spezifischer Rechtsfragen und Bestimmungen gerade im Wirtschaftsrecht in den USA ganz anders entwickelt. Einerseits sind das US-Kartellrecht und das US-Wertpapierrecht im Vergleich zu anderen Rechtssystemen früher entstanden und über die Jahre weiterentwickelt worden. Diese Rechtsgebiete haben als Vorbild für andere Länder (einschließlich Deutschland) gedient. Andererseits sind bestimmte Rechtsgebiete wie beispielsweise das Sachen- und Prozessrecht in den USA ihren traditionellen Wurzeln treu geblieben und haben sich den Bedürfnissen der modernen Wirtschaft wenig angepasst. Manche sinnvolle Novellierungen und Änderungen im *Common Law*-System in England sind am US-amerikanischen Rechtssystem völlig vorbeigegangen. Eine weitere Komplikation ist der stark ausgeprägte Föderalismus in den USA. Dieser zwingt Manager und Unternehmer, bestimmte Fragestellungen zweigleisig zu beurteilen – also auf Bundesebene sowie auf der Ebene des jeweiligen Bundesstaates.

Die Schwierigkeiten, die bei Geschäften in den USA auftreten können, sind in zwei Gruppen zu unterteilen:

Die erste Gruppe betrifft bekannte Themen, die aber oft nicht so ganz verstanden werden. So begründen sich das Verständnis und die Auffassungen häufig auf Schlagzeilen oder Anekdoten statt auf harte Fakten beziehungsweise wissenschaftlich fundierte Kriterien. Ein klassisches Beispiel ist das Prozessrisiko in den USA. Zwar stimmt es, dass die Amerikaner prozessfreudiger sind als die Europäer. Aber wie hoch ist das tatsächliche Prozessrisiko und was kann man dagegen tun? Wer hat noch nicht von den enormen Schadenssummen gehört, die gerichtlich eingefordert wurden? Aber wer weiß schon genau, wie oft die Kläger entsprechende Prozesse wirklich gewinnen und aufgrund welchen Vorgehens? Wem ist bekannt, dass in manchen Bundesstaaten *punitive damages* streng reguliert werden, oder dass die ursprünglich geforderten Schadenssummen in vielen Fällen vom Gericht entscheidend beschnitten werden? Durch die Einbeziehung relevanter Statistiken zu diesem Themenkomplex wird hier versucht, dem Leser eine fundiertere Entscheidungsgrundlage an die Hand zu geben.

Die zweite Problemgruppe betrifft Risiken, die vielen Unternehmern – auch den Einheimischen – weitgehend unbekannt sind. Aus diesem Grunde werden die damit verbundenen Risiken in den folgenden Kapiteln besonders hervorgehoben. Dies gilt insbesondere für ganz aktuelle Entwicklungen, wie zum Beispiel die Reaktion des Gesetzgebers auf die Bedrohung durch Terrorismus sowie auf die Managementskandale und -exzesse der Boomjahre. Bei den Letzteren stellt der *Sarbanes-Oxley-Act* in gewisser Weise die revolutionärsten Änderungen seit dem Inkrafttreten des US-Wertpapierrechts vor fast siebzig Jahren dar! In einer globalen Wirtschaft sind diese Entwicklungen von unmittelbarer Relevanz sowohl für Großunternehmen, die seit Jahren in den USA tätig sind, als auch für Unternehmen und Unternehmer, für die das US-Geschäft nicht den Schwerpunkt ihrer Geschäftstätigkeit bildet.

Gespräche mit Geschäftsleuten sowie Beratern auf beiden Seiten des Atlantiks hinsichtlich den oben erwähnten Problemgruppen haben erheblich zur Bereicherung der einzelnen Themenkreise beigetragen. Besonders bezeichnende Beispiele- sowohl aus der eigenen Praxis des Verfassers als auch aus bekannten Präzedenzfällen- werden zusammengefasst und unter die Lupe genommen. Die jeweiligen Insidertipps dienen zum besseren Verständnis der sonst oft schwer identifizierbaren Aussagekraft von Gesetzestexten und Gerichtsentscheidungen. So kann der Leser die daraus resultierenden Schlüsse leichter verstehen und in seine Umgebung einsetzen.

Letztlich soll dieses Buch neben seiner Funktion als Ratgeber auch als Referenzwerk dienen. Die Verbreitung von Informationen aus Wirtschaft und Rechtsprechung ist heute im Zeichen des Internet und der Satellitenkommunikation schneller und effektiver als je zuvor. Fast jede Regulierungsbehörde in den USA stellt ein breites Angebot an Informationen im Internet zur Verfügung. Viele Informationen und Erklärungen, die früher teuer bezahlt werden mussten, sind jetzt frei verfügbar oder gegen minimale Gebühren abzurufen. Entsprechende Informationsquellen sind in den Anhängen zu diesem Buch aufgeführt. Der Leser, der sich im Voraus über ein Thema informieren will, kann so seine Beratungskosten hinsichtlich des US-Geschäfts besser eingrenzen und Beratungsleistungen gezielter einsetzen. Zusätzlich wird im Laufe der Zeit die Aufmerksamkeit im Hinblick auf mögliche Risikoquellen sowie das Verständnis der Wirtschafts- und Rechtssysteme in den USA durch den Gedankenaustausch mit Beratern, Beamten, Geschäftspartnern und den eigenen Mitarbeitern ständig verschärft. Wenn dieses Buch einen Schritt in diese Richtung geht, dann hat es seinen Beitrag, zentrale rechtliche Fragen im US-deutschen Geschäftsverkehr transparenter zu machen, geleistet.

Kapitel 1
Von Äpfeln und Birnen:
Die Bedeutung der Sprache

Einleitung

Obwohl es den meisten Lesern als eine Selbstverständlichkeit vorkommt, ist die Bedeutung der Sprache im Geschäftsleben nicht zu unterschätzen. Jeder kann sicherlich eine Reihe von Beispielen nennen, wo Missverständnisse bezüglich der Bedeutung oder Auslegung eines Wortes oder einer Phrase zu Kommunikations- beziehungsweise Interpretationsproblemen geführt hat. Zwar haben die deutsche und die englische Sprache die gleichen Wurzeln, jedoch nahmen manche Begriffe über die Jahrhunderte eine unterschiedliche Bedeutung an im Verhältnis zum verwandten Begriff in der Fremdsprache. Ein Beispiel ist die deutsche Redensart »Das ist ein Vergleich zwischen Äpfeln und Birnen«, der in Englisch als ein Vergleich zwischen »Äpfeln und Orangen« präsentiert wird.

Die Geschichte und Entwicklung der englischen Sprache

Die moderne englische Sprache gehört – wie auch die deutsche Sprache – zu den indo-europäischen Sprachen. Vor einigen Jahrhunderten waren die beiden Sprachen sehr verwandt – die so genannten angelsächsischen Sprachen. Zum Beispiel war das Wort »cyning« im Altenglisch sehr nah an dem deutschen Wort »König.« Durch Änderungen in der Aussprache wurde aus »cyning« das heutige englische Wort »king«. Viele andere Worte erlebten ein ähnliches Schicksal. Jedoch sind die Ähnlichkeiten zwischen Deutsch und Englisch bei manchen Begriffen noch erkennbar:

Deutsch	Vater	vier	voll	Haus	braun	aus	Maus
Englisch	father	four	full	house	brown	out	mouse

Abbildung 1.1: Begriffliche Ähnlichkeiten in Deutsch und Englisch

Die Grammatik des alten Englisch war auch der damaligen deutschen Grammatik sehr ähnlich. Hauptwörter wurden in der lateinischen Sprache dekliniert. Es wurde zwischen »Sie« und »Du« unterschieden mit »*thou*«, »*thy*« und »*thee*« gebräuchlich für die Kommunikation mit Kindern, Freunden oder Mitgliedern der unteren Schichten der Gesellschaft, während Vorgesetze oder Adelige mit »*ye*«, »*your*« und »*you*« angesprochen wurden. Im Laufe der Zeit fiel diese Unterscheidung weg.

Eine weitere Gemeinsamkeit zwischen Deutsch und Altenglisch war das Großschreiben von Hauptwörtern. Schaut man sich alte englische Dokumente an, zum Beispiel Gedichte oder die amerikanische Unabhängigkeitserklärung, sieht man noch, wie Hauptwörter stets groß geschrieben waren. Irgendwann fiel auch dieser Aspekt der englischen Sprache weg, so dass heute nur Namen oder Bezeichnungen von Personen oder Sachen groß geschrieben werden.

Die englische Sprache wurde durch die Invasionen von Ausländern stark beeinflusst. 1066 haben die Normannen die Angelsachsen besiegt. Ihre Sprache ist die Sprache der regierenden Klassen geworden. Für einige Zeit existierten beide Sprachen nebeneinander. Langsam lernten beide Gruppen die andere Sprache zu verstehen. Das Resultat war, dass viele neue Begriffe von den Normannen in den englischen Wortschatz aufgenommen wurden. Oft gab es zwei Begriffe für das gleiche Subjekt beziehungsweise die gleiche Sache.

Die Eroberung von Teilen des heutigen Großbritanniens durch die Römer führte dazu, dass viele lateinische Begriffe in die englische Sprache – mit oder ohne Änderungen – aufgenommen wurden. Latein war die Sprache der Kirche sowie der Privilegierten, so dass sie den Wortschatz, die Grammatik und die Aussprache der englischen Sprache erheblich beeinflusste. Diese Erweiterung des englischen Wortschatzes durch Latein und Franko-Normannisch ist einer der Gründe, weshalb *Common Law*-Verträge so lang sind. Zum Zeitpunkt der Entwicklung des *Common Law*-Systems haben alle drei Sprachgruppen – Angelsächsisch, Franko-Normannisch und Latein – um die Vorrangigkeit als Gerichtssprache konkurriert. Da keine den Vorrang endgültig gewonnen hat, gibt es bis heute sehr lange Formulierungen in juristischen Texten, die auf die Aufnahme des relevanten Begriffs aus allen drei Sprachgruppen zurückzuführen sind. Die Verfasser von rechtlichen Dokumenten mussten mehrere Begriffe aufnehmen, um sicherzustellen, dass sämtliche Aspekte des jeweiligen Themas abgedeckt wurden.

Englisch als Weltsprache

Heute ist die englische Sprache generell als Weltsprache anerkannt. Ob es dabei bleiben wird, kann man nicht beurteilen. Aber eins ist klar: Im internationalen Geschäftsverkehr spielt die englische Sprache eine erhebliche Rolle. Viele englische Muttersprachler haben den Vorteil, dass sie aufgrund dieser Entwicklung erwarten können, dass die Geschäftspartner ihre Sprache verstehen und sprechen. Aber auch zwischen Geschäftspartnern, deren Muttersprache eine andere als Englisch ist, wird Englisch oft als *lingua mercatoria* (Kaufmannssprache) benutzt. Obwohl diese Standardisierung der Kommunikation dient, kann es auch zu Verwirrung und Missverständnissen kommen. Zusätzlich muss man sich die Frage stellen, ob in jeder Situation eine Vereinbarung auf Englisch verfasst werden muss.

Für Geschäftsleute, die sich zunehmend mit Englisch auseinandersetzen müssen, gibt es einige Herausforderungen, tatsächlich verhandlungssichere englische Sprachkenntnisse zu entwickeln.

Herausforderung 1: Unterschiedliche Versionen von Englisch

Auch in der Englisch sprechenden Welt gibt es Unterschiede zwischen dem Englisch, das zum Beispiel in Schottland, Texas, Südafrika oder Irland gesprochen wird. Dies ist insbesondere problematisch bei der gesprochenen Sprache. Bei der schriftlichen Sprache verschwinden teilweise die Unterschiede. Da auch englische Muttersprachler manchmal Probleme haben, einander zu verstehen, sollten deutsche Geschäftsleute sich nicht schämen, wenn sie trotz vieler Bemühungen englischsprechende Geschäftspartner nicht ganz verstehen. Man kann vielleicht einen Vergleich zwischen Schweitzerdeutsch und gesprochenem Hochdeutsch ziehen. Das Deutsch, das man in schweizerischen Zeitungen liest, ist für den deutschen Leser generell kein Problem. Aber das gesprochene Schweitzerdeutsch kann für ihn doch schwer verständlich sein.

Herausforderung 2: Englische Fachterminologie

Auch innerhalb der englischen Sprache gibt es bestimmte Themenkreise oder Spezialisierungen, bei denen die Beherrschung der Fachterminologie – auch für Muttersprachler – unentbehrlich ist. Je enger und intensiver man sich mit einem bestimmten Themengebiet befasst, desto wichtiger wird es, gute Kenntnisse in der Fachterminologie zu haben. Unter professionellen Übersetzern zeichnet sich eine zunehmende Spezialisierung ab, wie beispielsweise Legal English, Business English, Financial English oder Scientific English. Solche Spezialisierungen setzen sowohl sprachliche als auch fachliche Kenntnisse voraus. Idealerweise verfügen die Übersetzer zusätzlich über entsprechende Qualifikationen wie eine technische oder juristische Ausbildung. Aber während viele technische, finanzwirtschaftliche oder betriebswirtschaftliche Begriffe systemübergreifend relativ gleichbedeutend sind, ist die Bedeutung von juristischen Fachbegriffen eher in den Besonderheiten des jeweiligen Rechtssystems verankert. Das macht die englische juristische Fachterminologie um so schwerer beherrschbar.

> **Beispiel: das Wort »security«**
> Since September 11th, Americans have been increasingly worried about national *security*. (Security im Sinne von persönlicher und körperlicher Sicherheit).
> The borrower pledged his house as *security* for the loan. (Security im Sinne von der Leistung einer finanziellen Sicherheit bei einem Kreditvertrag).
> The farmer granted the bank a *security interest* in the wheat crop he expected to harvest in the fall. (Security als eine Sicherungsübereignung im deutschen juristischen Sinne).
> Company A wants to trade its 30% share of the *securities* of Company B to Company C for $10 million. (Security im Sinne eines Wertpapiers).

Herausforderung 3: Language and Law

Zwei Aspekte sind bei der englische juristische Fachsprache von Bedeutung: die Fachbegriffe und die Komplexität der Regelungen, welche durch die Kombination dieser Begrifflichkeiten festgelegt werden sollen. Als Beispiel des zweiten Aspekts nehmen wir eine Regelung aus dem *Uniform Commercial Code* (UCC), das mit dem Handelsgesetzbuch im deutschen Recht vergleichbar ist:

> *An offer by a merchant to buy or sell goods in a signed writing which by its terms gives assurance that it will be held open is not revocable, for lack of consideration, during the time stated or if no time is stated for a reasonable time, but in no event may such period of irrevocability exceed three months; but any such term of assurance on a form supplied by the offeree must be separately signed by the offeror.*

Auch das *Common Law*-System kennt das Regelung-Ausnahme-Prinzip. Aber wenn eine Regelung eine Vielzahl von Ausnahmen und Bedingungen beinhaltet, können die sprachlichen Formulierungen schnell missverständlich werden. Wenn man die obige Textformulierung mit dem Flussdiagramm unten vergleicht, sieht man, wie die Verwirrung zum Teil auf die Schwäche der Sprache als Kommunikationsmittel zurückzuführen ist:

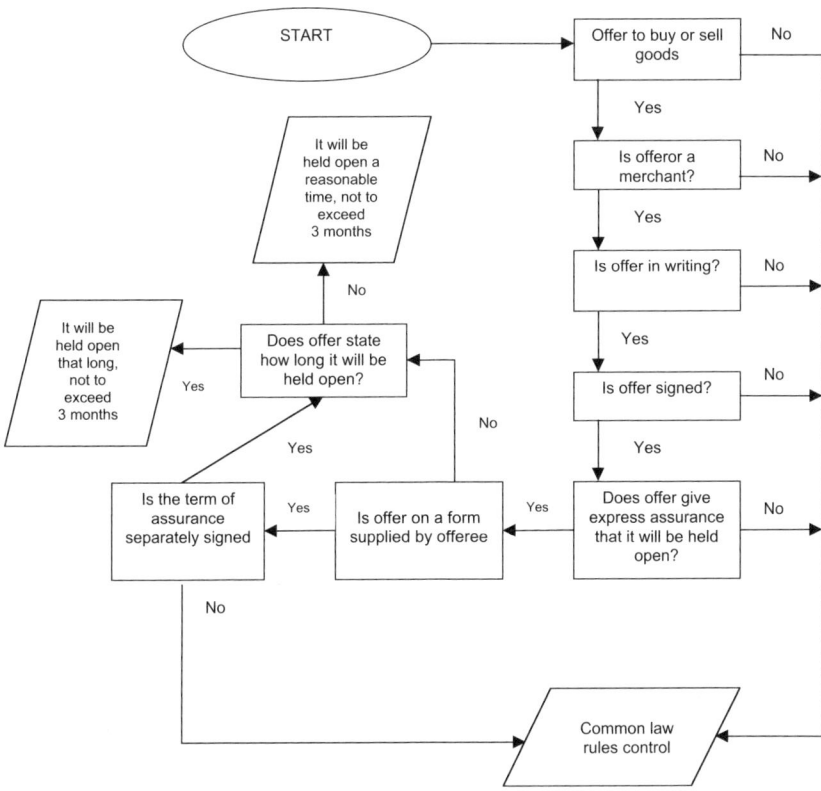

Abbildung 1.2: Beispiel zur Komplexität rechtlicher Regelungen

Neben dem systematischen Aspekt der Sprache treten die Besonderheiten der juristischen Fachsprache – oft *legalese* genannt auf. *Legalese* bezieht sich auf besondere Formulierungen oder Wörter, die man fast nur in juristischen Texten liest. Manche Begriffe oder Formulierungen sind altmodisch und werden im Alltag nicht mehr gebraucht. Andere sind komplizierte Formulierungen, deren Wurzeln im *Common Law* liegen und die sich über die Jahrhunderte durch Wiederholung in manchen Dokumenten etabliert haben.

International tätige Geschäftsleute müssen sich mit *legalese* auseinandersetzten. Auch für Muttersprachler ist *legalese* oft schwer verständlich. Aufgrund der Verwirrung, die durch *legalese* verursacht wird, haben einige Länder Maßnahmen ergriffen, um die Situation zu verbessern. Die *U.S. Securities and Exchange Commission* hat vor ein paar Jahren Regelungen eingeführt, die beinhalten, dass Wertpapierverkaufsprospekte in einem verständlichen Englisch (*Plain English*) zu schreiben sind. So sollten beispielsweise Fachbegriffe vermieden werden, wenn es einen verständlicheren Begriff gibt oder lange Texte in kürzere Texte gegliedert werden. Viele andere Behörden in den USA haben sich diesem Trend angeschlossen. In England haben die so genannten *Wolff Reforms* die juristische Sprache bei gerichtlichen Angelegenheiten erheblich vereinfacht.

Leider haben solche Entwicklungen die Sprache der Vertragsvereinbarungen noch nicht beeinflusst. Die meisten Verträge werden immer noch im alten Stil und mit vielen komplizierten Formulierungen und *legalese* verfasst, auch wenn dies nicht notwendig ist. Zum Teil liegt die Ursache in der Tradition bestimmter Texte in den juristischen Dokumenten, aber auch in der Verzögerung von Rechtsberatern und Geschäftsleuten. In Zeiten der Globalisierung und der derzeit herrschenden Position des Englischen als Weltsprache, kann man froh sein, dass nicht für jede Transaktion ein auf Englisch gefasster Vertrag benötigt wird. Sonst könnte der Kauf einer Bockwurst am Imbissstand wesentlich komplizierter ausfallen und länger dauern, wenn man zuerst einen Text wie im Folgenden prüfen und verhandeln müsste:

Contract of Sale

Know all men by these presents:
Max Mustermann GmbH & Co. KG, a limited liability partnership under German law, also doing business in Frankfurt as »Max's Wurstbude«, by and through Max Mustermann, an individual, who is the owner and legal representative of Max Mustermann GmbH & Co. KG acting on its behalf according to the applicable law and the respective company documents (hereinafter referred to as »Seller«) in and for consideration of € 2,50 (in words: two EURO and fifty CENT) and other good, sufficient, and valuable consideration paid this date by Lukas Leser, an individual acting on his own behalf and not on behalf of Corporation X, where he is a principal (hereinafter referred to as »Buyer«), the receipt of which is hereby confessed and acknowledged by named Seller,

does herein grant, sell, assign, transfer, alienate, dispose of and deliver unto said Purchaser, his heirs, successors and assigns, from this time to have and to hold henceforth and forevermore, one pork-based product known as a »Bockwurst« (hereinafter referred to as »the Bockwurst«), together with all of its outer coating, be this a product of animal intestine or some substitute therefor, including any fat, grease, or other liquid which may be found thereupon, as well as the entire contents of such intestine or substitute therefor, including, but not limited to, porkmeat, chopped or unchopped bones, fat or fat elements, spices of whatever nature and in whatever combination said Bockwurst may contain or not contain, as the case may be, as well as any other ingredients not listed above which are found in said Bockwurst. No additional consideration shall be required beyond the amount listed in this Agreement for any such unnamed ingredients in the Bockwurst, whether or not the Parties knew or should have known of the presence of said ingredients.

This Bockwurst is sold with all appurtenant rights and advantages, with full power to eat, in one or several bites, chew, taste, salivate uponto the extent this is necessary for proper digestion- swallow and digest, including, to the extent necessary, the right to process the said Bockwurst in keeping with Buyer's ordinary digestion past practices, which may include disposal by Buyer of all or part of the digested Bockwurst in a manner and at a location as permitted by applicable law. Alternatively, Buyer has the right, whether or not having tried the Bockwurst in the above-described manner, or in any other manner, to dispose of or alienate the Bockwurst in any manner which the Buyer deems suitable, without any additional obligation on either Buyer or Seller. In the event of such disposal by Buyer, «suitable« shall mean without grandiose public display or comments which can be heard by third parties in the vicinity of the place of Closing of this transaction, which place shall for the purposes of this Agreement be deemed to be Seller's principal place of business, Max's Wurstbude, Schillerstraße Frankfurt, on Fridays between the hours of 11:00 a.m. and 15:00 p.m. Buyer shall refrain from spitting out or otherwise projecting said Bockwurst in the event that Buyer decides not to complete the exercise of the above-mentioned consumption rights vis-a-vis the Bockwurst. To the extent physically possible, Buyer also agrees not to regurgitate, vomit, choke, or otherwise make unpleasant faces, gestures or sounds following the exercise of the above-mentioned rights to consume the Bockwurst. In the event the Buyer feels that such actions may become necessary on account of physiological or any other reasons, including acts of God or force majeure, Buyer shall be obligated to immediately leave the vicinity of the Closing and to use best efforts to ensure that third parties do not see or otherwise become exposed to said actions.

As an ancillary right to the above-mentioned, Buyer may also take, and if Buyer so chooses, consume, a reasonable amount of condiments, which are defined in this Agreement as mustard, ketchup, and/or mayonnaise. A reasonable amount of condiments is deemed to be that amount which buyers of Seller's Bockwursts take on average in connection with their individual purchases of Bockwurst, said purchases being made under separate Agreement. Any disputes regarding the question of what constitutes a reasonable amount of condiments or a given condiment shall be submitted to binding arbitration by a three-person panel made up of experts on trade in Bockwurst and ancillary products. Buyer and Seller shall each appoint one expert arbitrator, and shall come to agreement regarding a third expert arbitrator. Failing such agreement, the third arbitrator shall be chosen at random from one of the purchasers of Seller's Bockwursts on the day of the arbitration. Buyer and Seller shall equally share the costs of any such arbitrator. Seller hereby expressly reserves the right to render its share of said costs by payment in kind, the details of which are to be subject to a separate agreement between Seller and said third arbitrator.

Seller hereby covenants, agrees, and warrants that it is the true and lawful owner of the Bockwurst, that the Bockwurst is free from all liens, encumbrances and security interests, regardless of the legal system under which said liens, encumbrances and security interests might arise and irrespective as to whether said rights are registered or unregistered; that Seller has full authority and permission to enter into the Agreement contemplated herein; and that Seller will defend said warranties against all lawful claims and demands of other persons; Seller, however, herein expressly disclaims, denies, repudiates and will not be bound by any and all warranty of merchantability, fitness for any particular and every purpose, and any other warranties express or implied in law or in fact, contained herein.

> To indicate their acceptance of the terms of this Agreement, Buyer and Seller hereby affix their signature thereto by their own hand, dated this ____ th day of _____, 2003.
>
> _____
> _____
> Buyer   Seller

Typische Fehlerquellen in Englisch

Der obige Kaufvertrag über eine Bockwurst mag für diejenigen, die häufig mit anglo-amerikanischen Verträgen zu tun haben, übertrieben aussehen. Er bringt aber das Übermaß an Regelungen zum Ausdruck. Das Gleiche gilt auch für gesetzliche Regelungen. Hierbei sind oft Regelungen auf unterschiedlichen Rechtsebenen zu berücksichtigen.

Rechtssysteme und Lautverschiebung

Die Gebrüder Grimm sind bekannt durch ihre Märchensammlung und aufgrund ihrer Recherchen und wichtigen Arbeiten im philologischen Bereich. Wilhelm Grimm hat die deutsche Sprache in ihren damaligen verschiedenen Formen untersucht und die Frage gestellt, wieso es zu unterschiedlichen »Versionen« – also Dialekten – gekommen ist. Eine seiner spezifischen Thesen handelt von den Veränderungen der Vokale in den diversen deutschen Sprachgruppen. Die These, wie und warum Vokale unterschiedlich ausgesprochen werden, hat er als *Lautverschiebung* bezeichnet.

Die gleichen Prinzipien wie bei der Lautverschiebung in den Sprachen gelten analog für Rechtssysteme. Das *Common Law*-Rechtssystem hat seinen Ursprung im Mittelalter in England, wurde aber im Zuge des Aufbaus der britischen Kolonien im 15. bis 19. Jahrhundert auch in viele andere Teile der Welt (Nordamerika, Afrika, Indien, Australien, Asien) exportiert. Die Kolonisten hatten die führenden Bücher des Common Law (beispielsweise *Blackstone's*) von England mitgenommen und als Basis der Justiz vor Ort benutzt.

Mit der Etablierung der Kolonien wurde auch das mitgebrachte *Common Law* durch Auslegungen der Bestimmungen aus dem *Case Law* oder den in London erlassenen Gesetzen weiterentwickelt. Diese Entwicklungen in den verschiedenen Teilen der Welt geschahen unter Berücksichtigung der lokalen Gegebenheiten. So splittete sich das *Common Law* als weltweit einheitliches Rechtssystem in Untergruppierungen auf. Mit anderen Worten, es fand eine Art Lautverschiebung des Rechtssystems statt.

Als das *Common Law* sich lokal zunehmend unabhängiger von dem »Muttersystem« in England entwickelte, wurde auch die politische Unabhängigkeit der Kolonien immer häufiger thematisiert. In gewisser Weise spiegelte die zunehmende Unabhängigkeit der lokalen *Common Law*-Systeme die politischen Verhältnissen zwischen England und seinen Kolonien wider. Nach dem Krieg zwischen den Kolonien in Amerika und England gab es endgültig eine politische Trennung zwischen den beiden Staaten. Jedoch erhielt Amerika das *Common Law*-System und betrachtete die Rechtsprechung aus England für eine lange Zeit als bindend oder zumindest als wichtige Referenz. Diese Nähe zwischen den Systemen existiert bis heute, und Gerichte auf beiden Seiten des Atlantiks interessieren sich für die rechtlichen Entwicklungen im anderen Land. Nicht selten werden in den USA alte Präzedenzfälle aus England in der Begründung einer Klageschrift zitiert oder bei neuen Rechtsfragen werden die Meinungen der anderen Länder berücksichtigt.

Der Föderalismus und das US-Rechtssystem

Das *Common Law*-Rechtssystem in Großbritannien ist im Großen und Ganzen einheitlich. England und Wales haben die gleichen Gesetze und das *Case Law*. Das Recht in Schottland weicht in manchen Gebieten (beispielsweise Sachenrecht, Prozessrecht) ab, ist aber grundsätzlich mit dem in England und Wales identisch.

In den USA sieht die Situation anders aus. Zum Zeitpunkt der Gründung der Vereinigten Staaten gab es zwei politische Lager: eine Gruppe, die eine starke, zentrale Regierung bevorzugte und eine andere, die die Zentralisierung der politischen Macht befürchtete und deswegen eine dezentralisierte Machtverteilung zwischen der Bundesregierung und den neuen Bundesstaaten verlangte. Die diesbezüglichen Debatten sind ausführlich in den *Federalist Papers* aufgeführt, die als Grundlage der Verhandlungen bei der Gestaltung der US-amerikanischen Verfassung dienten. Das Thema ist bis zum heutigen Tag aktuell und kontrovers geblieben. Der Föderalismus in den USA pendelt zwischen der Tendenz, mehr Macht an die zentrale Bundesregierung zu geben und einer Art der Subsidiarität beziehungsweise dem Überlassen der Entscheidungskompetenz bei den Bundesstaaten, je nachdem, wie die aktuelle politische Lage aussieht.

Der Stand des Föderalismus hat erhebliche Auswirkungen auf das US-amerikanische Rechtssystem. Das Ergebnis dieser historischen und politischen Entwicklungen ist die Teilung der Gesetzgebungskompetenz zwischen Bund und Bundesstaat. Als extremes Beispiel ist die Todesstrafe zu nennen, die in manchen Bundesstaaten verboten und in anderen erlaubt ist. Insofern geht es bei Angeklagten strafrechtlich unter Umständen um Leben und Tod, je nachdem, wo die Straftaten begangen wurden.

Beim Zivilrecht gibt es ebenfalls Unterschiede und Überschneidungen zwischen den Rechtsgebieten. Die Abbildung 1.3 zeigt inwieweit es bei den verschiedenen Rechtsgebieten konkurrierende Vorschriften auf der Bundes- und bundesstaatlichen Ebene gibt.

Diese Überschneidungen erschweren die Planung von geschäftlichen Strategien sowie die Beratung von Geschäftsleuten im konkreten Fall. Oft gibt es Ungenauigkeiten und Unsicherheiten hinsichtlich der anwendbaren rechtlichen Regelungen. Ausgenommen davon sind die Rechtsgebiete, die ausschließlich der Kompetenz des Bundes unterliegen. Bei dem anzuwendenden Recht kommt es auch darauf an, ob man sich bei einem Bundesgericht oder einem bundesstaatlichen Gericht befindet. Darüber hinaus sind die spezifischen Anspruchsgrundlagen des Klägers maßgebend. Im konkreten Fall kann es vorkommen, dass das Gericht sowohl Bundesrecht als auch bundesstaatliches Recht anwenden muss.

Damit der Leser nicht von einer falschen Prämisse ausgeht, ist es wichtig zu bemerken, dass das US-amerikanische Rechtssystem nicht so uneinheitlich ist, wie es vielleicht auf den ersten Blick erscheint. Es ist nicht eine Sammlung von 50 verschiedenen und unabhängigen Rechtssystemen. Vielmehr ähnelt das US-Rechtssystem dem deutschen Recht, mit bestimmten Kompetenzen ausschließlich bei dem Bund, anderen bei den Bundesstaaten und einigen Gebieten mit Überschneidungen

Viele Rechtsgebiete in den USA sind vereinheitlicht worden. Einige sind durch Mustergesetze vereinheitlicht worden, die von der *National Commission on Uniform State Law (NCUSL)* erstellt und von den jeweiligen Gesetzgebern auf der bundesstaatlichen Ebene umgesetzt (analog der EU Richtlinien) werden. Beispiele solcher Gesetze sind der *Uniform Commercial Code (UCC)*, das dem deutschen HGB entspricht, sowie eine Reihe von *Model Acts* im Bereich des Wirtschaftsrechts. Auch bei den Rechtsgebieten, die noch im Zuständigkeitsbereich der Bundesstaaten liegen (zum Beispiel Vertragsrecht, Deliktsrecht) gibt es Sammlungen von *Case Law*, welche die herrschenden Meinungen zu diversen Rechtsthemen zusammenfassen. Dies sind die so genannten *Restatements*, die von vielen Gerichten als maß-

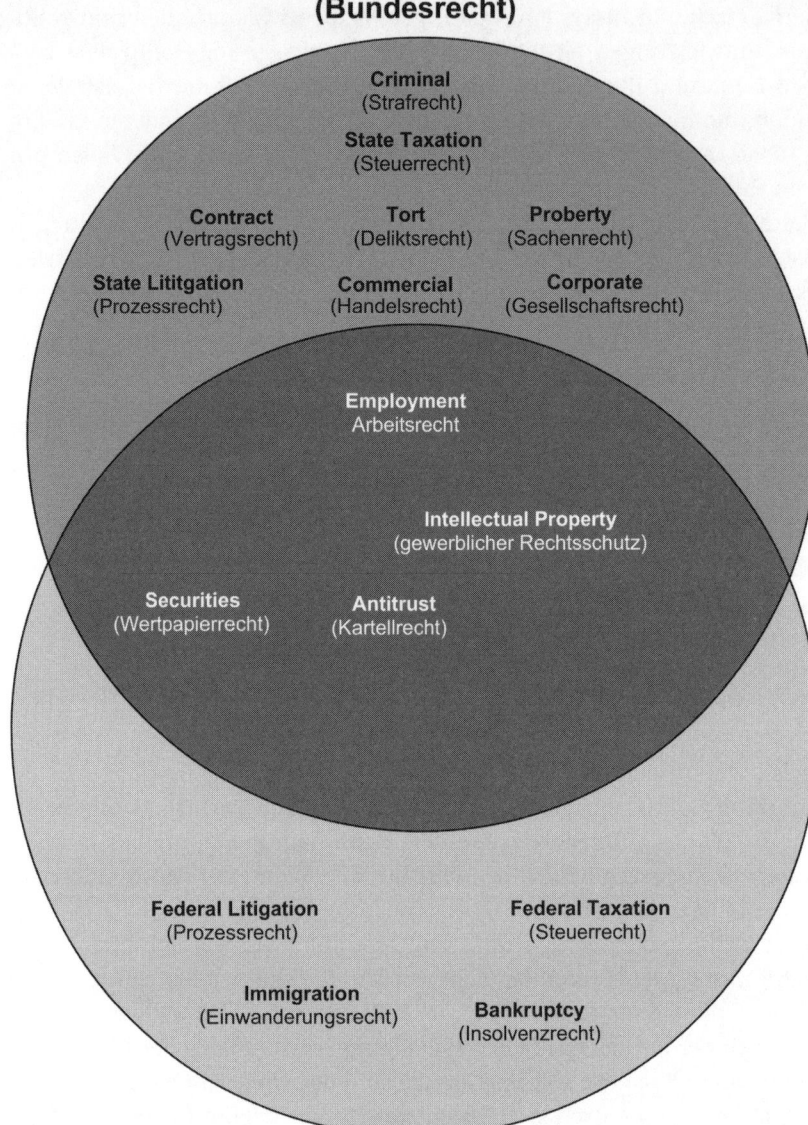

Abbildung 1.3: Der Föderalismus in den USA

gebend oder zumindest als wichtiges Referenzwerk betrachtet werden. Es gibt *Restatements* für sehr viele Rechtsgebiete, einschließlich *Contracts* (Vertragsrecht) und *Torts* (Deliktsrecht).

Fazit

Zwei Punkte werden in diesem Kapitel betont. Einmal bringt die englische Sprache als Kommunikationsmittel zum Ausdruck rechtlicher Regelungen wesentliche Verständigungsprobleme mit sich. Zudem erlaubt die Struktur des Rechtssystems in den USA Überschneidungen zwischen den Bestimmungen der Bundesebene und der bundesstaatlichen Ebene. Für denjenigen, der diese beiden Punkte im Hinterkopf behält, ist es einfacher, das US-Rechtssystem zu verstehen.

Kapitel 2
Erste Schritte zur Kooperation: Vereinbarungen, Verträge und Vertragsrecht

Einleitung

Die erste Begegnung ausländischer Geschäftsleute mit dem US-amerikanischen Markt findet häufig mittels eines Vertrages statt. In der Regel werden Verträge zwischen Kaufleuten, die den Hintergrund sowie den Zweck der zwischen den Vertragsparteien abgestimmten Abreden wiedergeben soll, in schriftlicher Form vereinbart. Jedoch kann dieses Prozedere zu Verwirrungen führen, wenn eine Vereinbarung zwischen Parteien aus Ländern mit unterschiedlichen Rechtsordnungen und Sprachen getroffen wird. In der *Common Law*-Welt haben Verträge eine gewisse Tradition, die von der Tradition der römisch-rechtlich geprägten Welt abweicht. Diese Unterschiede werden im Folgenden genauer dargestellt.

Common Law-Verträge unter die Lupe genommen

»*Verträge mit Geschäftspartnern aus dem angelsächsischen Rechtskreis sind viel zu lang und viel zu komplex!*«

Diese Beschwerde hört man oft im Zusammenhang mit rechtssystemübergreifenden Transaktionen. Grundsätzlich ist die Aussage zutreffend. Aber es stellt sich die Frage, ob man Länge und Komplexität vermeiden kann oder nicht. Um diese Frage beantworten zu können, müssen Entwicklung und Status des Vertragsrechts in der *Common Law*-Welt näher untersucht werden.

Die Entwicklung des *Common Law* ist eng mit der englischen Geschichte verbunden. Die Grundzüge des *Common Law* wurden im Mittelalter entwickelt, und zwar unter Einfluss der jeweils regierenden Volksstämme. Diese Volksstämme, die Franco-Normen, Angelsachsen und Skandinavier, hatten zu unterschiedlichen Zeitpunkten erheblichen Einfluss auf die englische Sprache. Das ist einer der Gründe, warum es im englischen Wortschatz für diverse Dinge mehrere Begriffe gibt. Im Verhältnis zur deutschen Sprache – in der eine gewisse Logik hinter den Begrifflichkeiten steht – wurden aus den zu verschiedenen Zeitpunkten herrschenden Sprachgruppen neue Wörter in den englischen Wortschatz aufgenommen sowie bestehende Wörter modifiziert. Diese Entwicklung spiegelte sich in den seinerzeitigen Vereinbarungen wider, indem ganz ähnliche aber nicht genau gleichbedeutende Wörter aufgenommen wurden. Diese Tradition schlägt sich bis heute in den verhältnismäßig langen und ausführlichen Formulierungen der Vertragsklauseln nieder. Man wollte und will vermeiden, dass durch das Weglassen eines Begriffes etwas übersehen wird, falls genau dieser Begriff oder diese Bedeutung bei einer gerichtlichen Auseinandersetzung von dem Gericht als entscheidend betrachtet wird.

Neben solchen philologischen Aspekten hat auch die Struktur der damaligen Rechtsberatung eine nicht unerhebliche Rolle gespielt. Manche Berufsträger, die im Mittelalter in England die Bürger vor den Gerichten vertraten und sonstige Rechtsberatung betrieben, wurden bei Verträgen pro Wort bezahlt. Insofern bestand für den Berufsträger ein finanzieller Anreiz, die Verträge möglichst umfangreich zu machen. Auch heute, wo viele Berater ihre Dienstleistungen nach Zeitaufwand berechnen, ist das zum Teil noch so. Man denkt jedoch einfach nicht mehr an die historischen Wurzeln dieser Praxis.

In den nächsten Abschnitten werden typische Vertragsklauseln näher analysiert und die Besonderheiten aus der Sicht des *Common Law* erläutert. Wegen der engen traditionellen Verbindungen und der wechselseitigen Beeinflussung des Vertragsrechts in den diversen *Common Law*-Ländern, gelten die folgenden Ausführungen grundsätzlich für die gesamte *Common Law*-Rechtsprechung. In einem konkreten Fall sind jedoch die lokalen Besonderheiten unbedingt zu prüfen und zu beachten.

Die Common Law-Verträge

Nuancen des Common Law-Vertragsrecht

Vertragsgegenstand (Consideration)

Common Law-Verträge kommen nur zustande, wenn drei Voraussetzungen erfüllt sind, nämlich ein Angebot, eine Annahme dieses Angebots und das geheimnisvolle Rechtsinstitut *consideration*. Die ersten zwei Voraussetzungen sind deutschen Geschäftsleuten und Rechtsberatern bekannt. Angebot und Annahme stellen als beiderseitige Willenserklärung (*a meeting of the minds*) zwei der drei Säulen eines rechtlich bindenden Vertrags dar.

Der rechtliche Begriff *consideration* soll jedoch etwas näher erklärt werden. Er hat nichts gemein mit der normalen Bedeutung des englischen Wortes *consideration* – eine Überlegung oder die Berücksichtigung einer Tatsache oder Person – und ist auch dem normalen Muttersprachler nicht ohne Weiteres geläufig. *Consideration* ist ein Teil des geheimen Wortschatzes der Juristen.

Grundsätzlich bezeichnet *consideration* nicht viel mehr als den dem Vertrag zugrundeliegenden Wert, also das, was verhandelt und zwischen den Parteien gegenseitig ausgetauscht wird. Beim Kauf eines Autos gegen Bargeld ist die *consideration* für die eine Partei die Übergabe des Autos, für die andere das Geld. *Consideration* grenzt die wirksamen und vollstreckbaren Vereinbarungen von bloßen Versprechen oder Schenkungen ab. Fehlt die *consideration*, zum Beispiel wenn jemand einem anderen verspricht, sein Auto zu verschenken, dann hat man keinen Vertrag, sondern die Äußerung einer Schenkungsabsicht. Derjenige, dem das Auto als Geschenk versprochen wird, kann den Vollzug dieser Schenkung vor den Gerichten nicht erzwingen. Anders ist es bei bindenden Verträgen – also bei Vereinbarungen mit *consideration* – wo durch Einschaltung des Gerichts eine Vertragspartei die andere zwingen kann, ihren vertraglichen Verpflichtungen nachzukommen.

In den US-amerikanischen *Rechtsschulen* verbringen die Jurastudenten viele Stunden mit der Prüfung dieses *Common Law*-Rechtsinstituts. Durch die Analyse von Fallbeispielen lernen sie die abstrakten Konturen von *consideration* kennen. In der Praxis aber ist *consideration* so gut wie nie Gegenstand eines Rechtsstreits. Sie muss einfach vorhanden sein – in welcher Form und in welchem Umfang auch immer. Das heißt, die Gerichte prüfen gar nicht, ob die *consideration* ausreicht im Verhältnis zu dem, was zwischen den Vertragsparteien ausgetauscht wird. Man kann eine verdorbene Tomate für eine Million Dollar erwerben. Es besteht Vertragsfreiheit. Man hat das Recht, eine schlechte Vereinbarung zu treffen.

> **Praxistipp: Consideration**
> Um dem Risiko der Anfechtung eines Vertrages vorzubeugen, beinhalten die meisten Verträge einen Hinweis auf den Gegenstand, der als *consideration* dienen soll. Bei Gegenständen ohne jeglichen oder sogar negativen Wert wird häufig auf einen Betrag von einem Dollar oder einem Pfund als *consideration* hingewiesen. Solange es Merkmale von *consideration* im Vertrag gibt, brauchen sich die Vertragsparteien keine Gedanken mehr über dieses Rechtsinstitut zu machen.

Vor Vertragsabschluss: *subject to contract*

Manchmal werden Standardverträge ohne große Diskussionen zwischen den Parteien geschlossen, da ihnen der Inhalt schon bekannt ist und sie über eine längere Zeit miteinander zu tun hatten. Zwischen neuen Geschäftspartnern oder bei neuen Geschäften dauern die Vertragsverhandlungen etwas länger. In der Phase vor dem Abschluss eines neuen Vertrags sind einige Unterschiede in den Rechtssystemen zu beachten.

Das *Common Law* kennt das Rechtsinstitut *culpa in contrahendo* (vorvertragliche Verpflichtungen) nicht. Es gibt zwar eine Pflicht, sich bei Vertragsverhandlungen fair zu verhalten (*duty of good faith*). Diese ist aber relativ schwach im Vergleich zu *culpa in contrahendo*. Das ist ein weiteres Indiz für den Einfluss der wirtschaftlichen Effizienz und Vertragsfreiheit der Parteien, die durch das *Common Law*-Vertragsrecht verbürgt ist. Eine Vertragspartei kann die Verhandlungen relativ leicht abbrechen, ohne irgendwelche Konsequenzen – außer den verschlechterten Geschäftsbeziehungen – befürchten zu müssen. Diese Einstellung steht nicht im Einklang mit den Prinzipien von *culpa in contrahendo* und Treu und Glauben, wie sie den deutschen Geschäftsleuten und Juristen bekannt sind.

Des Weiteren sind viele Vorverträge oder Absichtserklärungen ausdrücklich *subject to contract*, das heißt vertragliche Verpflichtungen kommen erst nach Vertragsabschluss zustande. Alle Vereinbarungen oder Äußerungen der Vertragsparteien im Vorfeld eines Vertrages werden aus Sicht des *Common Law* lediglich als Indiz der Bereitschaft eingestuft, einen Vertrag abzuschließen. Sie sind aber grundsätzlich nicht bindend. Nur in sehr wenigen Ausnahmefällen, beispielsweise wenn ein Vorvertrag so ausführlich ist, dass er von einem vollständigen Vertrag kaum zu unterscheiden ist, könnte ein Gericht vielleicht zu dem Schluss kommen, die Parteien hätten sich bereits tatsächlich über den Vertragsinhalt geeinigt. Wenn aber die magischen Worte *subject to contract* auf dem Vorvertrag stehen, haben die Vertragsparteien maximal die Verpflichtung, die Vertragsverhandlungen weiterzuverfolgen. Auf keinen Fall aber sind sie verpflichtet, einen Vertrag abzuschließen. In der Denkweise des *Common Law* haben die privaten Interessen der Parteien eine höhere Gewichtung als das Interesse der Gesellschaft, Treu und Glauben schon in der Vorvertragsphase zu gewährleisten.

> **Praxistipp: subject to contract**
> Wenn in der vorvertraglichen Phase schon feststeht, dass keine Bindung gewollt ist, sollte der Vorvertrag mit »subject to contract« versehen werden.

Definitionen und Begriffe

Wer schon mit US-amerikanischen Geschäftspartnern zu tun hatte, kennt die Neigung der Amerikaner, alles im Vertrag zu definieren. Bei komplizierten Rechtsgeschäften kann dieser Teil des Vertrages sogar mehrere Seiten umfassen. Wahrscheinlich hat man sich die Frage gestellt: Ist das wirklich notwendig? Die Realität ist, dass Definitionen in Verträgen mit Geschäftspartnern aus *Common Law*-Ländern sich etabliert haben und ein Teil der Rechtskultur geworden sind.

Die Fülle der Definitionen hilft, Unklarheiten über die Bedeutung wichtiger Aspekte der dem Vertrag zugrunde liegenden Transaktion zu vermeiden. So wird gleichzeitig das Risiko von Missverständnissen reduziert. Wenn eine Vertragspartei eine deutlich andere Vorstellung über einen Vertragsbestandteil hat, könnte dies im schlimmsten Fall zur Unwirksamkeit des Vertrages führen. Das *Common Law*-Vertragsrecht kennt ein Rechtsinstitut ähnlich der Willenserklärung im deutschen Recht, so dass bei abweichenden Vorstellungen der Vertragsparteien der Vertrag als nicht zustande gekommen betrachtet wird. Nach der *Common Law*-Theorie soll die Definition wesentlicher Vertragselemente dazu dienen, dies zu verhindern.

Es ist manchmal für die Beteiligten sehr mühsam, immer wieder durch die Seiten blättern zu müssen, um die geltende Bedeutung eines definierten Begriffs herauszufinden. Aber bei Verträgen, die mit Geschäftsleuten geschlossen werden, wird das als der Preis der Rechtssicherheit gesehen.

> **Praxistipp: Vorsicht vor Definitionen!**
> Auch wenn sie auf den ersten Blick harmlos aussehen, verstecken sich oft wesentliche Regelungen in den Definitionen. Insofern müssen diese genau geprüft werden, gerade bei grenz- und rechtssystemüberschreitenden Transaktionen. Hier können die Definitionen Probleme bereiten, da sie sich nur auf ein bestimmtes Rechtssystem beziehen.

Letztlich tragen die Definition auch zur Vereinheitlichung des Vertragstextes bei. Da Vertragsgestaltung und -verhandlung oft in mehreren Phasen erfolgt, kommt es nicht selten vor, dass ein anderes Wort genommen wird, um auf das gleiche Konzept Bezug zu nehmen. Dies sollte aber konsequent vermieden werden, da die Benutzung unterschiedlicher Begrifflichkeiten von den Gerichten als eine Absicht der Parteien gesehen wird, auf etwas anderes hinzuweisen. Insofern kann die einheitliche Benutzung von Definitionen im Vertrag helfen, dies von vornherein zu verhindern.

Singular, Plural und Genders

In this Agreement the use of the singular shall be deemed to include the plural, and vice versa. [The use of any gender shall be deemed to include all genders.] [The use of the pronoun «he» shall be deemed to include all genders.]

Viele *Common Law*-Verträge beinhalten eine Regelung wie in der obigen Formulierung. Ausländische Geschäftsleute haben sich sicherlich häufig gewundert, warum eine solche Regelung überhaupt notwendig ist. Der Grund liegt in der Grammatik der englischen Sprache. Die Regelung hinsichtlich der Mehrzahl dient lediglich zur Vereinfachung des Vertragstextes sowie zur Regelung in einer Situation, wo aus Versehen Plural verwendet wurde, aber Singular gemeint war, und umgekehrt.

Ein weiterer Grund liegt in der Entwicklung der Gleichberechtigung der Geschlechter. Historisch war es immer so, dass in Texten stets auf einen Mann hingewiesen wurde, obwohl eine Frau in der konkreten Situation auch in Betracht kam. Zum Beispiel wurde bei einer Beschreibung des Inhabers eines Amtes oder einer Stellung im Unternehmen immer auf einen Mann (*he*) Bezug genommen. Die Befürworter der Frauenbewegung haben argumentiert, dies habe negative Auswirkungen auf das Selbstbewusstsein der Frauen. Daher gibt es in letzter Zeit in den USA Verweise auf *he or she* oder sogar nur *she* in Texten. Die Begründung ist also soziologischer Natur – der Sinn des Vertragsinhalts bleibt unverändert.

Merger/Integration/Complete Agreement-Klausel

This Agreement represents the whole agreement between the parties regarding the subject matter contained herein and supercedes and replaces all other communications, both written and oral, which the parties have had in relation to the underlying transaction. Each party represents to the other that it has not relied on any such ancillary communications, whether written or oral, in entering into this Agreement.

Wer eine solche Vertragsregelung schon einmal gesehen hat, mag sich gewundert haben, was deren Sinn und Zweck ist. Die Antwort ist relativ einfach: sie soll zum Ausdruck bringen, dass bei Auseinandersetzungen allein der Vertrag die einzige Quelle für Regelungen des vereinbarten Rechtsgeschäftes sein darf. Mit anderen Worten, ein Richter, Schiedsrichter oder sonstiger Entscheidungsträger hat sich beim Auslegen des im Vertrag geregelten Gewollten ausschließlich an den Inhalt des Vertrages zu halten. Das heißt im Rechtsgedanken des *Common Law* ein *merger clause*, *integra-*

tion clause oder *whole/complete agreement clause*. Damit wird klar gemacht, dass die Parteien sich darüber einig sind, dass sämtliche Kommunikationen und Äußerungen außerhalb des schriftlichen Vertrags keine Wirksamkeit haben. Es kommt allein auf den Vertragsinhalt an.

> **Praxistipp: Ziel der merger clause**
> Vertragsparteien X und Y haben über eine längere Zeit verhandelt. Es gibt Schriftverkehr, Telefongesprächsnotizen und Protokolle aus diversen Besprechungen. Wenn man ausschließen will, dass diese Dokumente bei einem Rechtsstreit berücksichtigt werden, ist eine *merger clause* ein geeignetes Mittel. Unter diesen Umständen kann die Berücksichtigung solcher Informationen dazu führen, dass der Vertrag als nicht zustande gekommen gilt, da die Voraussetzung der Einigung der Parteien (*meeting of the minds*) fehlt.
> Im Rahmen der vorvertraglichen Verhandlungen empfiehlt es sich daher, dem Geschäftspartner so wenig wie möglich schriftlich zu erklären.

Obwohl eine *merger/integration/whole agreement* Klausel die Vertragsparteien zwingt, sich über den Inhalt der Vereinbarung genaue Gedanken zu machen, bringt sie einen Nachteil mit sich. Gleichgültig, wie lange die Parteien den Inhalt diskutiert und ausgehandelt haben, kann es immer vorkommen, dass etwas übersehen worden ist. So stellt sich die Frage, wie eine getroffene – oder auch nicht getroffene, aber notwendige – Regelung ausgelegt werden soll, wenn externe Unterlagen, wie zum Beispiel Schriftverkehr oder Gesprächsnotizen, gar nicht berücksichtigt werden dürfen. Objektiv betrachtet stellen solche Unterlagen in der Regel die beste Informationsquelle darüber dar, was zwischen den Parteien vereinbart wurde oder vereinbart hätte werden sollen. Anstatt diese Informationen in seine Entscheidung einzubeziehen, muss ein Externer – der Richter oder Schlichter – sich eine faire Regelung ausdenken, obwohl er das Geschäft und dessen Umfeld natürlich längst nicht so gut kennt, wie die Parteien selbst. Unter diesem Gesichtspunkt ist es deshalb empfehlenswert, sich die Aufnahme einer *merger/integration/whole agreement*-Klausel genau zu überlegen. In einigen Fällen ist wahrscheinlich davon abzuraten.

Anzahl der Vertragsausfertigungen (*Counterparts*)

This Agreement shall be executed in [five] counterparts, each of which will be deemed to constitute an original.

Was ist ein *counterpart* und warum ist er so wichtig, dass man über ihn eine spezielle Regelung aufnehmen muss? Auch die Antwort hierzu liegt in der pragmatischen und überwiegend von Kaufleuten entwickelten Vertragspraxis in der *Common Law*-Welt. Nicht selten kommt es vor, dass die Vertragsparteien mehrere Originale eines Vertrages benötigen, zum Beispiel für diverse Steuerverfahren oder als Beweismittel. Durch die Aufnahme einer *counterpart*-Regelung wird die Situation für die Parteien erleichtert, da mit einer einfachen Formulierung mehrere «Originale» hegestellt werden. So spart man den Zeitaufwand, der sonst mit der Beschaffung und Vorlage eines Originales verbunden ist.

Die Zeit (Time is of the Essence)

Time shall be of the essence of this Agreement.

Natürlich spielt die Zeit eine wichtige Rolle; das ist doch eine Selbstverständlichkeit, oder? Auch viele Geschäftsleute aus der *Common Law*-Welt haben keine genaue Erklärung dafür, warum in deren Verträgen eine solche Regelung aufgenommen wird. Die war einfach immer drin! Die Formulierung beruht aber auf einer Form des Englischen, die heute nicht mehr ohne Weiteres verstanden wird.

Grundsätzlich verlangt eine *time is of the essence*-Klausel die genaue Einhaltung von Fristen, die im Vertrag geregelt werden. Sollte eine Vertragspartei ihren diesbezüglichen vertraglichen Verpflichtungen nicht nachkommen, hat die andere Vertragspartei automatisch ein Kündigungsrecht. Aber solcher Perfektionismus in der Durchführung des Vertrags ist nicht immer von Vorteil. Unter Kaufleuten ist oft etwas Spielraum zu bevorzugen. Wenn aber die zeitliche Komponente des Vertrages doch hervorgehoben und betont werden soll, bietet die Klausel ein gutes Mittel, entsprechend Wert auf die Fristen zu legen und dies auch klarzustellen.

Beziehung zwischen den Vertragsparteien
(Agency Relationship, Partnership or Joint Venture Excluded)

Nothing in this Agreement shall operate or be construed as creating or implying an agency relationship, partnership or joint venture between the parties.

Schon wieder werden Selbstverständlichkeiten ausdrücklich geregelt! Kein Wunder, dass die Verträge so lang sind! Aber auch diese Regelung ist auf die Besonderheiten des *Common Law* zurückzuführen, und zwar auf das so genannte *agency law*, welches die Gestaltung und Interpretation von

Kooperationen zwischen Parteien regelt. Nach den Prinzipien der *Common Law agency* kann ein Verhältnis – wie beispielsweise die Entstehung einer Partnerschaft oder gemeinsamer Kooperation – nicht nur schriftlich festgelegt werden, sondern auch durch bestimmtes (konkludentes) Verhalten entstehen. So besteht die Gefahr, dass eine Kooperation impliziert wird, die von den Parteien nicht gewollt ist, aber Dritten gegenüber als begründet gilt. Außerdem kann unter den Parteien selbst Verwirrung darüber entstehen, wer genau welche Verpflichtungen hat. Aus diesem Grund wird das klare Verhältnis ausdrücklich betont, um solchen Unklarheiten vorzubeugen. Wenn die Parteien die Grenzen der Kooperation genau festlegen wollen, ist die Aufnahme einer derartigen Klausel zu empfehlen. Wenn aber die Gründung eines Joint Ventures, einer Partnerschaft oder sonstigen engen Kooperation das Ziel des Vertrages ist, gehört sie natürlich nicht in den Vertrag.

Vertragsbestandteile des Common Law

»*Common Law Verträge sind so lang, weil es in den Common Law-Ländern kein kodifiziertes Recht gibt!*«

In manchen *Common Law*-Ländern gibt es sehr viel kodifiziertes Recht, insbesondere gesetzliche Bestimmungen, die zwischen Kaufleuten gelten. In den USA regelt zum Beispiel der *Uniform Commercial Code* einen sehr umfangreichen Bereich der kommerziellen Beziehungen zwischen Kaufleuten. Teile des Codes sind auch vertraglich nicht abdingbar oder modifizierbar. Dieses kodifizierte Recht ist zum großen Teil ein Produkt der Bemühungen in den USA im letzten Jahrhundert, das Rechtssystem zu vereinheitlichen. Ein Verweis auf die gesetzlichen Bestimmungen, wie er in deutschen Verträge üblich ist, würde in vielen Fällen ausreichen. Doch der Einfluss der Rechtstradition sowie mangelnde Flexibilität bei den Beteiligten führt zur weiteren Benutzung der alten, langen, ausführlich formulierten Standardverträge. Diese Neigung gilt nicht nur für die Rechtsberater; manche Geschäftsleute haben sich an eine gewisse (lange und komplexe) Vertragsform so gewöhnt, dass alles andere als nicht ausreichend angesehen wird.

Höhere Gewalt *(Force Majeure)*

Das Bürgerliche Gesetzbuch (BGB) beinhaltet Regelungen hinsichtlich der Frage, inwieweit eine Vertragspartei von ihren vertraglichen Verpflichtungen befreit werden kann, wenn besondere, grundsätzlich externe Umstände eintreten (höhere Gewalt). Das frühere deutsche Rechtsinstitut hieß Unmöglichkeit, also die durch externe Entwicklungen und Umstände verursachte Unmöglichkeit, die eine Partei hinderte, das zu tun, was sie nach dem Vertrag schuldete. Nach der Zivilrechtsreform hat es einige Änderungen hierzu gegeben, aber die Kernprinzipien sind geblieben.

Im *Common Law* gibt es grundsätzlich keine gesetzliche Regelung, die mit Unmöglichkeit und ähnlichen Rechtsprinzipien nach deutschem Recht identisch ist. Es gibt einige Regelungen in dem *Uniform Commercial Code* (UCC) – dem kodifizierten Handelsrecht, das zwischen Kaufleuten gilt. Außerdem gibt es einige Rechtsinstitute aus dem *Case Law* (*frustration of purpose*), die diese Themen regeln. Aber von Bestimmungen des UCC kann vertraglich abgewichen werden. Und das *Case Law* ist oft zu vage oder komplex, als dass eine Vertragspartei sich darauf verlassen möchte. Deshalb beinhalten die meisten Verträge, die den *Common Law*-Rechtsordnungen unterliegen, eine Vertragsklausel, die solche «Entschuldigungen zum Vollzug» (*excuses to performance*) darstellen. Diese nennt sich *force majeure*, aus dem Französischen, und ist ein Beispiel des Einflusses der Franco-Normen auf die Entwicklung des *Common Law*.

Grundsätzlich definiert eine *force majeure*-Klausel die Situationen und die Umstände, unter denen eine Vertragspartei von ihren Verpflichtungen befreit werden kann. Das Kernprinzip von *force majeure* stellt sich wie folgt dar: Zwischen dem Abschluss des Vertrages und dem Zeitpunkt für die vertraglich geschuldete Leistung einer Vertragspartei ist etwas geschehen, das diese Leistung entweder faktisch unmöglich oder objektiv unzumutbar macht. Das ist grundsätzlich ein Geschehen, das sich außerhalb der Kontrolle derjenigen Partei befindet, die die Leistung geschuldet hat. Klassische Beispiele von *force majeure* sind das, was man nach deutschem Rechtsverständnis als höhere Gewalt bezeichnen würde: Krieg oder soziale Unruhen, Zerstörung des Vertragsgegenstands durch Unwetter, Feuer, Erdbeben, Explosion oder sonstige Umstände. Die Hauptsache ist, dass die von ihrer Leistung befreite Vertragspartei die Ursache der *force majeure*-Umstände nicht zu vertreten hat.

> **Checkliste: Force Majeure-Klausel**
>
> Was genau als *force majeure* gilt, ist nicht einfach zu erklären. Die folgenden Hauptpunkte müssen bei der Abgrenzung von *force majeure* sowie bei der Regelung der entsprechenden Folgen berücksichtigt werden:

- Wie weit kann man den Umfang von *force majeure* definieren? Beispielsweise wären Streiks, Aussperrungen und sonstige streitigen Auseinandersetzungen zwischen Arbeitgebern, die von ihren vertraglichen Verpflichtungen befreit werden möchten, und Arbeitnehmern als *force majeure* zu definieren? Derartige Ausfälle sind theoretisch zwar immer vermeidbar – und insofern keine *force majeure* –, da der Arbeitgeber den Forderungen der Arbeitnehmer immer nachkommen könnte. Aber ist das fair? Wie sieht es mit dem Ausfall von Maschinen oder sonstigen Geräten aus, zu deren Instandhaltung sich die Vertragspartei verpflichtet hat und nun davon entschuldigt werden möchte?
- Inwieweit ist eine Partei von der Erbringung der Leistung befreit? Nur vorübergehend, also nur solange, wie die *force majeure* die Leistung unmöglich oder unzumutbar macht? Oder hat sie ein Kündigungsrecht aufgrund *force majeure*?
- Was muss die Partei tun, um von ihrer Leistung befreit zu werden, sei es nur vorübergehend oder endgültig? Reicht allein eine Mitteilung aus? Inwieweit muss die Partei die Unmöglichkeit oder Unzumutbarkeit nachweisen? Was reicht als Nachweis aus?
- Was ist eine faire Regelung, falls der Vertrag rückabgewickelt werden soll?

All diese Aspekte sollten bei der Formulierung einer *force majeure*-Vertragsklausel berücksichtigt werden. Wenn die Parteien das nicht tun, überlassen sie die Entscheidung im Streitfall dem ordentlichen Gericht.

Obwohl zu diesem Thema nur sehr allgemein Rechtsvergleiche gezogen werden können, sind die deutschen Gerichte bei der Auslegung solcher Regelungen verhältnismäßig konservativer als die *Common Law*-Gerichte. Wenn eine Vertragspartei zum Beispiel nicht leisten kann, weil ihre Maschinen nicht funktionieren oder weil nicht genügend Arbeitskräfte eingesetzt werden können, würde das eher als Umstände gewertet werden, auf die *force majeure* nicht zutrifft.

In ähnlichen Situationen würden die *Common Law*-Gerichte wohl etwas flexibler urteilen und die Vertragsfreiheit gewährleisten, so dass *force majeure*-Klauseln etwas großzügiger ausgelegt werden. Aber das sind nur Verallgemeinerungen: um eine genauere Vorstellung der wahrscheinlichen Auslegung einer *force majeure*-Vertragsklausel zu bekommen, wäre die Rechtsprechung in dem relevanten Land beziehungsweise Bundesstaat zu prüfen. Sowohl in den *Common Law*-Ländern als auch in der *Civil Law*-Welt werden *force majeure*-Regelungen in Verträgen mit Verbrauchern sehr eng ausgelegt.

Wegfall der Geschäftsgrundlage *(Material Adverse Change-*Klausel)

Im Bürgerlichen Gesetzbuch ist das Rechtsinstitut *Wegfall der Geschäftsgrundlage*, das durch die Rechtsprechung entwickelt wurde, jetzt verankert. Dieses Rechtsprinzip besagt, dass unter bestimmten Umständen eine Vertragspartei ihren Verpflichtungen nicht nachkommen muss, weil aufgrund von Veränderungen bei den Vertragsgrundlagen das Vereinbarte entweder nicht mehr möglich ist oder die Erfüllung des Vertrags dieser Partei nicht zugemutet werden kann. Da *Common Law*-Vertragsrecht überwiegend *Case Law* ist, kann auf ein ähnliches Rechtsprinzip nicht zugegriffen werden. Die schon erwähnten Rechtsinstitute aus dem *Case Law* (wie *frustration of purpose*) sind zu abstrakt, als dass die Parteien sich allein darauf verlassen könnten. Deswegen beinhalten viele *Common Law*-Verträge eine so genannte *material adverse change*-Klausel (oft MAC abgekürzt). Alternativ gibt es auch die Formulierung *material adverse effect*, also die Auswirkung einer Veränderung.

Der Sinn einer *material adverse change/effect*-Klausel besteht darin, Situationen und Bedingungen zu benennen, deren Vorhandensein eine der Parteien dazu berechtigen, vom Vertrag zurückzutreten. Solche Klauseln sind Standard und zum Beispiel bei Mergers & Akquisitions üblich. Sollte eine Entwicklung solche dramatischen Auswirkungen auf die dem Vertrag zugrunde liegende Transaktion haben, könnte eine Vertragspartei versuchen, die Verhandlungen oder vielleicht sogar einen schon vollzogenen Deal rückabzuwickeln.

Es ist aber nicht automatisch so, dass allein die Aufnahme einer MAC-Klausel einer Partei den Rücktritt von einem Deal ermöglicht. Die betroffene Partei – diejenige, die *material adverse change* »erfahren« hat – gibt in der Regel nicht so leicht nach. Letztlich ist die Frage des Vorliegens eines *material adverse change* eine Auslegungssache für die Gerichte. Insofern ist die genaue Formulierung einer MAC-Klausel von großer Bedeutung. Wenn die Klausel zu vage formuliert ist, wird die jeweilige Vertragspartei Schwierigkeiten haben, ihr Rücktrittsrecht gerichtlich durchzusetzen. Andererseits kann eine zu eng formulierte MAC-Klausel – zum Beispiel durch Aufnahme eines Katalogs von möglichen Situationen und Ereignissen, welche die Parteien als einen *material adverse change* akzeptieren – der jeweiligen Partei wenig bringen, wenn aus objektiver Sicht eine Entwicklung oder Veränderung tatsächlich eintritt, an die niemand gedacht hatte und die dementsprechend in dem MAC-Katalog fehlte.

Aus diesem Grund wird in der Praxis eine Formulierung gewählt, die alle vorhersehbaren Situationen und Entwicklungen abdeckt und eine zusätzliche, vagere Formulierung wie «*any other event or development of a magnitude which could be deemed to constitute a material adverse change*» mit aufgenommen (ein weiterer Grund für die Länge der *Common Law*-Verträge. Da es äußerst schwierig ist, die Grundlagen und Grenzen einer *material adverse change* vertraglich zu definieren, werden bei Streitigkeiten hierüber oft Vergleiche zwischen Vertragsparteien geschlossen.

Was rund um den Vertrag zu beachten ist

Auf bestimmte Punkte eines Vertrages sollte besonderes Augenmerk gerichtet werden. Das gilt für Verträge, die sowohl einer Rechtsordnung nach *Common Law* als auch einer *Civil Law*-Rechtsordnung unterliegen. Auf die Bedeutung und die häufigen Streitpunkte im Zusammenhang mit diesen Klauseln wird später eingegangen. Die Ausführungen sind auch für Verträge relevant, die dem deutschem Recht unterliegen, aber in Englisch abgefasst sind. Allein durch das Verwenden bestimmter Begriffe kann der Sinn einer Vertragsregelung verändert werden. Dies gilt auch für die Übersetzung von Verträgen, die auf Deutsch verhandelt und zunächst in deutscher Sprache gefasst werden, aber dann ins Englische übersetzt werden, wobei die englische Fassung die rechtswirksame ist.

Vertragssprache

Die Vertragssprache in der internationalen Vertragsgestaltung und -verhandlung ist von zentraler Bedeutung, aber häufig wird dieser Punkt erst am Ende von Verhandlungen thematisiert. Wie im ersten Kapitel schon betont wurde, ist die relevante Vertragsfassung – also auch die geltende Vertragssprache – vielleicht der wichtigste Faktor hinsichtlich des Geschäfts, das durch den Vertrag geregelt werden soll. Immer öfter werden Verträge auf Englisch verhandelt und geschlossen, selbst wenn keine der Vertragsparteien aus einem englischsprachigem Land kommt. Auch Verträge, die einer anderen Rechtsordnung als dem *Common Law* unterliegen, werden zunehmend auf Englisch gefasst und verhandelt. Diese Tendenz ist einerseits durch die Globalisierung bedingt sowie anderseits durch den Einfluss bestimmter Gruppen, beispielsweise der großen Investmentbanken.

Hinter dem Trend zur Vertragsgestaltung in englischer Sprache verbirgt sich die Gefahr, dass Begriffskonturen an Bedeutung verlieren. Im ersten Kapitel haben wir einige Beispiele dieses Risikos näher beleuchtet. Das Prinzip gilt mehr oder weniger für alle Begriffe aus Verträgen, die in eine Fremdsprache übersetzt wurden. Insbesondere bei Fachausdrücken kann dies problematisch sein. Die tatsächliche Bedeutung eines Begriffs existiert eigentlich nur in seiner Muttersprache. Sobald der Begriff in eine Fremdsprache übersetzt wird, geht ein Teil der Bedeutung verloren. Wieviel verloren geht, hängt von dem Abstand zwischen den »Bedeutungskonturen« in den relevanten Sprachen ab. Deswegen empfiehlt es sich, bei ganz wichtigen Vertragselementen sowie bei Fachterminologien den – in diesem Fall deutschen – Begriff immer hinzufügen.

Wenn es zu einer gerichtlichen oder außergerichtlichen Auseinandersetzung hinsichtlich der Bedeutung einer Klausel oder eines Begriffs kommt, ist die gewählte Vertragssprache von erheblicher Bedeutung. Die Entscheidung, welche Vertragssprache zu wählen ist, sollte grundsätzlich im Zusammenhang mit der Vereinbarung des Gerichtsstands getroffen werden, da die Richter sich durch die streitigen Formulierungen hindurchkämpfen müssen. In den meisten Ländern, in denen die Gerichtssprache immer die Landessprache ist, kommt es in der Praxis jedoch vielmehr darauf an, welche Vertragspartei die Vertragssprache bestimmen kann. Im Zweifelsfall ist dies diejenige, die das Geschäft finanziert. Daher kommt auch die Präferenz des Englischen aufgrund der Beteiligung von Investmentbanken, Private Equity und Venture Capital Firmen, die historisch bedingt öfter aus dem anglo-amerikanischen Kreis stammen.

Zusammenfassend sind zwei Punkte festzuhalten: Die Vertragssprache sollte möglichst frühzeitig festgelegt werden und diese Entscheidung sollte unter Berücksichtigung anderer relevanter Punkte, wie Gerichtsstand und Situation der Parteien, getroffen werden. Die Parteien können intern regeln, wie die Kommunikation hinsichtlich der Entwicklungen bei den Vertragsverhandlungen zu erfolgen hat.

Verwandtes Thema: die Wichtigkeit von Begrifflichkeiten

Es gibt einen Spruch im Englischen: *what's in a word?*. Bei Verträgen hat dieser Spruch besondere Bedeutung, da die Auslegung eines einzigen Begriffs das Ergebnis einer Vertragsregelung bestimmen kann.

> Beispiel 1: *condition* oder *covenant*?
>
> Im Zusammenhang mit dem Kauf von gewerblichen Schutzrechten werden zwei mögliche Formulierungen diskutiert:
>
> Variante A: *Party X covenants that it is the owner of the intellectual property rights which are the subject of this Agreement.*
>
> Variante B: *It is a condition of this Agreement that Party X is the owner of the intellectual property rights which are the subject of this Agreement.*

Das obige Beispiel zeigt, wie wichtig die Aufnahme des richtigen Begriffs in einen Vertrag sein kann. Bei einem *covenant* handelt es sich um das Versprechen einer Vertragspartei, dass eine bestimmte Situation tatsächlich so ist, wie im Vertrag dargestellt (hier: Partei X ist der Eigentümer bestimmter gewerblicher Schutzrechte). Sollte das in Wirklichkeit nicht der Fall sein, wäre Partei X der anderen Vertragspartei gegenüber schadensersatzpflichtig. Wenn aber die Bestimmung in Form einer *condition* geregelt ist, käme der Vertrag gar nicht zustande, wenn der Inhalt der Bestimmung der Realität nicht entspricht.

> Beispiel 2: *warranty, guarantee* oder *indemnification*?
>
> Die Wörter werden sehr häufig in Verträgen verwendet, um die Verpflichtung einer Vertragspartei hinsichtlich eines vertraglichen Versprechens sowie die Konsequenzen einer Vertragsverletzung auszudrücken. Eine *indemnification* (die Akzeptanz der Verpflichtung, die Kosten für einen definierten Verlust oder Schaden zu tragen) liegt irgendwo zwischen einer *guarantee* (eine Zusicherung, dass das Versprochene so ist) und einer *warranty* (die Bereitschaft einer Vertragspartei, Schadensersatz zu zahlen, falls das Versprechen der Wirklichkeit nicht entspricht). Das folgende Beispiel zeigt die Konturen der Unterschiede zwischen diesen Begriffen. Im Zusammenhang mit einem Unternehmenskauf werden zwei mögliche Formulierungen zur Regelung von möglichen Steuerschulden verhandelt:
>
> Variante A: *Party X warrants to Party Y that it has paid all taxes due since incorporation.*
>
> Variante B: *Party X shall indemnify Party Y for any unpaid taxes due since incorporation.*

Hier ist der Unterschied der Auswirkungen beider Formulierungen etwas feiner. Variante B stellt eine klassische Freistellungsklausel hinsichtlich eventuell geschuldeter Steuern dar. Sollte Partei X tatsächlich noch Steuerschulden haben, kann Partei Y die Zahlung dieser Steuerschulden verlangen, ohne weitere Maßnahmen ergreifen zu müssen. Bei Variante A erfolgt die Formulierung eher in Form eines Versprechens. Wenn Partei X die Zahlung von geschuldeten Steuern verweigert, auch nach Aufforderung dazu durch Partei Y, müsste sie von Partei Y dazu gezwungen werden, beispielsweise durch die Einleitung von gerichtlichen Maßnahmen. Das heißt, Partei Y hätte einen zusätzlichen Zwischenschritt, nämlich den Beweis, dass a) Partei X in der Tat die Steuern schuldet und b) dass Partei X vertraglich gewährleistet hat, dass keine Steuern geschuldet werden. Wie alles im Geschäftsleben kosten Zwischenschritte Zeit und Geld.

Ein weiterer Unterschied zwischen den Begriffen liegt in deren Durchsetzbarkeit. Grundsätzlich ist es einfacher, Ansprüche aus einer *indemnification* gerichtlich durchzusetzen. Darüber hinaus gibt es bestimmte Schadensregelungen im *Common Law*, die die Erstattungsfähigkeit von erlittenem Schaden begrenzt. Das sind die so genannten *remoteness*-Grundsätze. Nach dem *Case Law* kann eine Partei nur die Schäden geltend machen, die zum Zeitpunkt des Vertragsabschlusses von beiden Parteien vorhersehbar waren. Deswegen kann es oft zu einem Streit über die Höhe des Schadens kommen, wenn der Anspruch auf einer *warranty* basiert. Durch die Aufnahme einer *indemnification* haben die Vertragsparteien die Art und implizit den Umfang des Schadens schon definiert und akzeptiert. Insofern ist eine *indemnification* immer von der Vertragspartei zu bevorzugen, die ein gewisses finanzielles Risiko vermeiden will. Das gilt umso mehr im Vergleich zu begrenzten *qualified warranties*, zum Beispiel eine *warranty*, die auf den Kenntnisstand der jeweiligen Partei zum Zeitpunkt des Vertragsabschlusses begrenzt ist.

Anwendbares Recht

Auch diese grundsätzliche Entscheidung wird manchmal bis zum Ende der Vertragsverhandlungen verschoben oder gar nicht festgeschrieben. Die Nichtregelung des für den Vertrag geltenden Rechts wird manchmal vergessen oder, falls die Parteien sich nicht einigen können, als Kompromiss gesehen. Aber das bringt natürlich Konsequenzen mit sich. Da dieses Thema sehr umfangreich und kompliziert werden kann, sind hier nur einige grundsätzliche Hinweise stichpunktartig erläutert:

Checkliste: Formulierung einer Rechtswahlklausel
- Wenn keine explizite Rechtswahlklausel in den Vertrag aufgenommen wird, überlassen die Parteien diese Entscheidung den zuständigen Gerichten und den Bestimmungen eventuell anwendbarer internationaler Abkommen, wie beispielsweise das UN-Kaufrecht, dem sowohl Deutschland als auch die USA beigetreten sind. Solche Bestimmungen werden jedoch den Absichten der Vertragsparteien wahrscheinlich nicht immer entsprechen.
- Viele Geschäftsleute bestehen darauf, nur das Recht des eigenen Landes anzuwenden in der Annahme, dass man dadurch besser gestellt wird. Aber die Bestimmungen eines ausländischen Rechtssystems können für die Partei im konkreten Fall möglicherweise vorteilhaft sein. Bei derartigen Überlegungen kommt es daher auf die spezifischen Rechte und Pflichten an, die im Vertrag geregelt werden.
- Es wird manchmal nicht bedacht, dass die jeweils geltenden prozessualen oder sonstigen Rechtsvorschriften die Wirksamkeit einer gewollten Rechtswahl in Frage stellen. Auf die Situation in den USA wird im Kapitel zum Prozessrecht eingegangen.
- Häufig wird von der falschen Prämisse ausgegangen, dass die Rechtswahlklausel die ausschließliche Alternative zur Frage des Gerichtsstands darstellt. In Wirklichkeit jedoch fühlen sich die Gerichte weniger an solche von Privatpersonen getroffenen Vereinbarungen gebunden, sondern vielmehr an das jeweils anwendbare Prozessrecht. Zum Beispiel schätzen manche Zivilprozessordnungen den Leistungsort wichtiger ein, als die Rechtswahl bei der Entscheidung des anwendbaren Rechts.

Schließlich haben die Vertragsparteien auch die Möglichkeit, sich auf eine andere Variante – zum Beispiel Schlichtung unter Anwendung der in der Branche üblichen Regelungen oder Geschäftspraktiken – zu berufen, anstatt sich den normalen gesetzlichen Bestimmungen zu unterwerfen. Dies gilt natürlich nur insoweit, als solche Varianten im betreffenden Land/Rechtssystem zulässig sind. Grundsätzlich sollte eine entsprechende Regelung jedoch problemlos sein, wenn beide Parteien einverstanden sind.

Gerichtstand und Streitbeilegung

Der Gerichtsstand ist eng mit der Entscheidung des geltenden Rechtssystems verknüpft. Es ist natürlich sinnvoller, wenn der Entscheidungsträger (ein ordentliches Gericht oder ein Schlichter) bei Streitigkeiten im Land des gewählten Rechtssystems seine Erfahrung und Expertise hat. Wenn dieser mit den anwendbaren Rechtsregeln nicht vertraut ist, kann das zu ungewollten Ergebnissen führen. Bei einer Schlichtung – also bei *Alternative Dispute Resolution* (ADR) – können solche Ergebnisse für die Parteien bindend sein, wenn sie nicht zu weit von der Realität entfernt sind.

Entscheiden sich die Parteien für die öffentlichen Gerichte, ist es ratsam, das Entscheidungsgremium genau zu benennen, anstatt sich lediglich auf die typische Formulierung »*the courts of [jurisdiction X] are responsible for resolving any disputes arising out of or in connection with this Agreement*« zu beschränken. In den USA sind zum Beispiel der *Delaware Court of Chancery* und *der Federal District Court for the Southern District of New York* für ihre Erfahrungen im Gesellschafts- und Handelsrecht bekannt. Das gleiche Prinzip gilt natürlich für die alternativen Foren, wie die *International Chamber of Commerce*, die *American Arbitration Association* sowie die übrigen spezialisierten Instanzen im internationalen ADR Bereich. Man sollte sich über die Qualifikationen sowie die Bedingungen solcher Anbieter genau informieren und eine entsprechende Regelung im Vertrag aufnehmen.

Rechte bei Vertragsverletzung *(Remedies)*

Der englische Begriff *remedies* beschreibt die Rechte einer Vertragspartei im Falle der Verletzung einer oder mehrerer vertraglicher Verpflichtungen durch die andere Vertragspartei. Auch hier gibt es einige Unterschiede im *Common Law*, die erwähnenswert sind.

Erfüllung (*Specific performance*)

Ein wesentlicher Unterschied zwischen *Common Law* und *Civil Law* besteht bei der Geltendmachung des Rechts auf Erfüllung durch eine Vertragspartei beziehungsweise bei der Durchführung des Vertrages durch die andere Vertragspartei. Nach deutschem Recht sowie nach dem Recht vieler anderer *Civil Law*-Länder wird die Erfüllung eines Vertrages viel häufiger erfolgreich durchgesetzt im Vergleich zu ähnlichen Situationen vor *Com-*

mon Law-Gerichten. Die Gründe hierfür hängen eng mit der Tradition sowie der Struktur des *Common Law* im Vergleich zum deutschem Recht zusammen. Das *Common Law* ist weniger von *culpa in contrahendo* (vorvertragliche Verpflichtungen), Treu und Glauben und verwandte Rechtsinstitute und Rechtsgedanken geprägt. Vielmehr wurde das *Common Law* von den Grundsätzen der wirtschaftlichen Effizienz beeinflusst.

Aus diesem Grund ist der Vollzug einer Transaktion beziehungsweise des im Vertrag Vereinbarten sehr schwer gerichtlich durchzusetzen. Nur in bestimmten Ausnahmefällen – grundsätzlich in Fällen, in denen der Vertragsgegenstand einmalig oder kaum ersetzbar ist – wird der Vollzug oder die Erfüllung vom Gericht verlangt. Ein klassisches Beispiel hierfür ist ein Vertrag über Immobilien. Da jede Immobilie sich zumindest wegen der Lage von allen anderen unterscheidet, würde ein Verkäufer sich sehr schwer tun, nach Vertragsabschluss den Verkauf und die Übergabe des Grundstücks oder des Objektes zu verweigern. Abgesehen von diesen Ausnahmefällen ist die *Common Law*-Denkweise, Geld als adäquaten Ersatz anzusehen, falls eine Vertragspartei ihren Verpflichtungen nicht nachkommt, beispielsweise bei Verweigerung der Übergabe des Vertragsgegenstands, gegeben.

Um diese Problematik zu umgehen, können Vertragsparteien eine *specific performance*-Klausel aufnehmen. Damit bringen sie zum Ausdruck, dass sie den Vertragsgegenstand als so wichtig ansehen, dass die Erfüllung des Vertrages höchste Priorität hat. Eine solche Klausel ist ein Signal an das Gericht, das klar auf diese Gewichtung hinweist. Solange aber die Klausel aus objektiver Sicht vertretbar ist – also der Vertragsgegenstand tatsächlich als so wichtig angesehen werden kann – werden die Gerichte dazu neigen, *specific performance* von der jeweiligen Partei zu fordern. Ein einfaches Beispiel einer solchen Klausel ist:

The Parties are in agreement that in the event of dispute, the granting of damages for breach of the contract would not be adequate and that specific performance of the Agreement is the most appropriate remedy.

Verzicht auf vertragliche Rechte

Im Laufe der Vertragsverhandlungen diskutieren die Parteien, was sie aufgrund der Vereinbarung haben möchten und von der Gegenseite erwarten. Durch den Vertragsabschluss bestimmen die Vertragsparteien ihre Rechte und Pflichten. Was geschieht aber, wenn eine Vertragspartei ihre vertraglich verankerten Rechte nicht sofort oder gar nicht geltend macht?

Darauf bezieht sich das Thema »Verzicht« und es gibt diesbezügliche Unterschiede im *Common Law* im Vergleich zum deutschem Recht. Das Thema ist sehr komplex, jedoch sind einige Faustregeln erkennbar:

- In der *Common Law*-Welt kann die Nichtgeltendmachung eines vertraglichen oder gesetzlichen Rechts leichter als ein Verzicht interpretiert werden.
- In der *Common Law*-Welt kann ein Verzicht leichter aus dem Verhalten einer Vertragspartei abgeleitet werden.

Folgende Formulierung ist daher in Verträgen üblich:
A Party to this Agreement shall not be deemed to have waived any right hereunder by taking or failing to take a particular action. The waiver of any contractual [or statutory] right is only effective if in writing.

- Die Absicht, gesetzliche Rechte einer Vertragspartei durch die entsprechenden Bestimmungen im Vertrag zu ersetzen, wird im *Common Law* leichter anerkannt.

Die lange Tradition der Vertragsfreiheit und die zurückhaltende Einstellung der Gesetzgeber hinsichtlich der Einmischung in die Verhältnisse privater Parteien führen in der Regel dazu, dass ein *Common Law*-Gericht die Aufnahme einer vertraglichen Bestimmung als Ersatz einer ähnlichen gesetzlichen Regelung anerkennt. Sollte der Ersatz der gesetzlichen Regelungen hinsichtlich *remedies* nicht gewollt sein, kann eine Formulierung wie folgt aufgenommen werden:
The rights of the parties as set out in this Agreement are in addition to any other rights they may have under applicable law.

- Die Geltendmachung eines vertraglich verankerten Rechts schließt nicht grundsätzlich ein entsprechendes Recht nach dem Gesetz aus.

Dies hat Bestand sowohl im *Common Law* als auch im *Civil Law*. Um hinsichtlich dieses Punktes Klarheit zu schaffen, könnte eine Bestimmung wie die folgende in den Vertrag aufgenommen werden:
The rights of the Parties as set out in this Agreement are cumulative.

Schadensersatz

Wie im deutschen Recht besteht im *Common Law* die Möglichkeit, die Schadenssumme für den Fall der Verletzung einer bestimmten vertraglichen Verpflichtung im Vertrag festzulegen. In der Rechtssprache des *Common Law* sind das *liquidated damages*, die Schadensersatzpauschale. Hier sind die Vertragsparteien aber nicht völlig frei: die Gerichte werden eine *liquidated damages*-Klausel nur akzeptieren, wenn die festgelegte Schadenssumme eine realistische Schätzung der tatsächlich entstanden Schäden darstellt. Erscheint der Betrag unangemessen, wird die Klausel als eine Strafe verstanden. Solche Strafklauseln sind im *Common Law* grundsätzlich unwirksam. Eine typische Formulierung unter Berücksichtigung dieser Punkte lautet wie folgt:

In the event that Party X does not deliver by the Delivery Date it must pay to Party Y an additional fee of Z % of the Contract Price as liquidated damages for the delay and the associated costs and administrative burden on Party Y.

In the event that Party X violates any of the provisions in §1-5 then the Purchase Price shall be reduced by 110% of the damage amount caused by the violation(s) as liquidated damages for the violation and the associated costs and administrative burden on Party Y.

Unwirksamkeitsklausel (*Severance* beziehungsweise *severability clause*)

Jeder Vertrag birgt das Risiko, dass eine oder mehrere Bestimmungen unwirksam oder nichtig sind. Daher gibt es, genau wie in Verträgen nach deutschem Recht, in den meisten *Common Law*-Verträgen eine *salvatorische Klausel* (auf Englisch: *severance* oder *severability clause*). Die Aufnahme einer solchen Klausel in *Common Law*-Verträgen ist wichtig, weil *Common Law*-Länder grundsätzlich keine entsprechende gesetzliche Regelung kennen.

Ziel einer *severability clause* ist es, das zwischen den Vertragsparteien Vereinbarte möglichst einfach, ohne die Notwendigkeit einer Nachverhandlung oder gerichtlicher Auseinandersetzung abzusichern. Streng genommen ist eine Vereinbarung zwischen Vertragsparteien, sich künftig über etwas zu einigen (*agreement to agree*) unwirksam. Eine so lautende Klausel – üblich in Verträgen nach deutschem Recht – könnte daher nicht greifen. Aus diesem Grund wird häufig folgende Formulierung aufgenommen:

Any invalid or unenforceable provision under this Agreement shall be replaced by a valid and enforceable one which [comes as close as possible to the] [achieves to the greatest extent possible the objective of] invalid or unenforceable provision.

Die Gerichte in *Common Law*-Ländern zögern oft, wenn sie sich in die Verhältnisse der Vertragsparteien einmischen sollen. Die Aufnahme einer *severability clause* ist auch eine Signalsetzung gegenüber den Gerichten, dass die Vertragsparteien nach bestem Willen versuchen werden, die zugrundeliegende Transaktion aufrechtzuerhalten. Die Lösung der Probleme, die sich aus unwirksamen oder nichtigen Vertragsklauseln ergeben könnten, sind in der Regel auf die Vertragsparteien selbst zurückzuführen und gehen nicht von den Gerichten aus.

Formalitäten

Neben den sprachlichen Aspekten sind einige Besonderheiten bei den Formalitäten der Vertragsgestaltung zu beachten.

Vertragswerke und *incorporation by reference* im Vergleich zum Gesamtvertragswerk nach deutschem Recht

Ein Unterschied hinsichtlich der Formalitäten bei *Common Law*-Verträgen ist das Prinzip des *incorporation by reference*. Dies ist eine Bezugnahme auf Dokumente oder sonstige Informationen außerhalb des Vertrages. Durch die Bezugnahme werden die Dokumente beziehungsweise die Informationen Bestandteil des Vertrages.

> Beispiel 1:
> *The price list of Party X dated June 2001 is hereby incorporated by reference into this Agreement.*
> Beispiel 2:
> *This Agreement is made together with the separate Financing Terms Agreement which is hereby incorporated by reference into this Agreement.*

Generell muss ein Vertragswerk in den *Civil Law*-Ländern mit allen Bestandteilen zusammen als ein komplettes Vertragswerk abgeschlossen sein. Nach der *Common Law*-Tradition kann es vorkommen, dass etwas Bestandteil eines Vertrages wird, ohne dass die Vertragspartei dieses jemals gesehen hat. Da das *Common Law* durch den Einfluss von Geschäftsleuten und Geschäftspraktiken stark durch wirtschaftliche Aspekte geprägt ist, soll durch die *incorporation by reference* den Vertragsparteien mehr Flexibilität eingeräumt werden.

Aber nicht alle für ein Vertragswerk relevanten Dokumente sind Vertragsbestandteile. Als Beispiel zwei Zusicherungen (*warranties*):

> *Party X warrants that the financial statements attached as Annex A are accurate and complete.*
> *Party X warrants that the Articles of Association of Company Z attached as Annex A is a true copy of the original on file with the Office of the Secretary of State.*

Hier wird auf bestimmte Dokumente, die Anhänge des Vertrages sind, lediglich zu Informationszwecken Bezug genommen. Die Dokumente werden aber nicht Bestandteil des Vertrages.

Vertragsabschluss: Unterzeichnung, Vertretungsbefugnis und *deeds*

Nachdem die Parteien einen Vertrag ausgehandelt und aufgesetzt haben, stellt sich die Frage, ob der Unterzeichnende überhaupt vertretungsberechtigt ist. Im deutschen Kontext werden oft Handelsregisterauszüge angefordert, um die Befugnis der anderen Seite zu prüfen. Bei Verträgen, die notariell beurkundet werden, wird sogar die Identität der Unterzeichnenden vom Notar geprüft und bestätigt, zum Beispiel durch die Vorlage der Pässe oder sonstige Identitätsnachweise der Vertragsparteien.

Diese Vorgehensweise ist im *Common Law* unüblich, da die Informationen aus den Registern nicht immer auf dem aktuellen Stand sind und eine Beurkundung im Sinne des deutschen Rechts in den USA unbekannt ist. Im *Common Law* ist die Vertretungsbefugnis allein durch die Unterzeichnung impliziert. Möchten die Parteien mehr Sicherheit haben, wird eine so genannte *warranty of authority* in den Vertrag aufgenommen. Diese bestätigt, dass der Unterzeichnende die entsprechende Befugnis hat. Eine typische Formulierung lautet wie folgt:

The individuals signing this Agreement on behalf of the respective party they represent warrants that they are fully authorized by the respective party to execute this Agreement and that the respective party has taken all necessary actions to provide the respective individual with the necessary authorizsation.

Bei Verträgen mit sehr hohem Vertragswert oder strategisch wichtigem Vertragsgegenstand kann zusätzliche Sicherheit erlangt werden, indem ein unabhängiger Dritter beauftragt wird, die jeweilige Vertretungsbefugnis zu prüfen und schriftlich zu bestätigen. Dies kann beispielsweise durch Einholung einer *legal opinion* (eine Art Kurzgutachten) erfolgen. Der Anwalt, der die *legal opinion* abgibt, muss die gesamten, für die *opinion* erforderlichen Dokumente prüfen und deren Vollständigkeit und Richtigkeit bestätigen. Da eine *legal opinion* mit zusätzlichen Kosten verbunden ist, wird sie generell nur bei Transaktionen mit hohem Vertragswert verlangt. Sollte dem Anwalt, der die *legal opinion* erstellt und unterschreibt, ein Fehler unterlaufen, so macht er sich seinem Auftraggeber gegenüber schadensersatzpflichtig.

Notarization im Vergleich zu einer Beurkundung

Beim Abschluss bestimmter Verträge (zum Beispiel Kaufverträge für Immobilien oder Aktien) ist im Gegensatz zum *Common Law* in der vom Römischen Recht geprägten Welt eine notarielle Beurkundung erforderlich. Das *Common Law* und insbesondere das *Common Law*-Vertragsrechts räumt den Vertragsparteien sehr viel mehr Spielraum ein. Die Einbeziehung Dritter, also eines Notars, wird nicht für notwendig erachtet. Insofern fehlt eine Art Korrektiv in den *Common Law*-Vertragsabschlüssen. Trotz des Wertes und der Bedeutung von Vertragsgegenständen wie Immobilien oder Aktien unterliegt es der ausschließlichen Verantwortung der Vertragsparteien, dafür Sorge zu tragen, dass die Wirksamkeit und Richtigkeit des Vertragstexts gewährleistet sind.

Zwar gibt es auch im angelsächsischen Raum das Amt des Notars (*notary* oder *notary public*), aber dieses ist nicht mit der Position des Notars in Deutschland und anderen Ländern zu vergleichen. Der *notary public* in den USA muss kein Rechtsanwalt sein, obwohl viele US-*lawyers* gleichzeitig das Amt des *notary public* übernehmen. Grundsätzlich kann jeder *notary public* werden, solange er die gesetzlichen Voraussetzungen erfüllt. Eine gesetzliche Voraussetzung ist das Ablegen des Eides, dass man die jeweiligen gesetzlichen Vorschriften beachten wird. Als persönliche Qualifikation muss man volljährig sein, keine Straftaten begangen haben und die jeweiligen Bestimmungen des Amtes verstehen.

Diese einfachen Voraussetzungen entsprechen der Rolle des *notary* bei dem Abschluss von Verträgen in der *Common Law*-Welt. Der *notary public* übt lediglich eine Beglaubigungsfunktion aus. Der *notary* stellt die Identität der Unterschreibenden sicher; eine Belehrungsfunktion wie im deutschen Recht besteht nicht. Der Vorteil dieses Unterschieds besteht darin, dass die Kosten für eine *notarization* sich in Grenzen halten. Selbst wenn Verträge über Aktien oder Immobilien in Milliardenhöhe abgeschlossen werden, darf der *notary public* nur die gesetzliche Gebühr verlangen. Der Nachteil ist, dass das Korrektiv oder die zusätzliche Klärung des Vertragsinhalts und dessen Bedeutung nicht gegeben ist. Häufig wird die Meinung vertreten, dass die Rolle des Notars beziehungsweise die notariellen Beurkundung im deutschrechtlichen Sinne nicht mehr oder nur unter bestimmten Umständen notwendig sei, da sie den Abschluss von Verträgen verzögere und die Kosten erhöhe.

Fazit

Man kann in einem Kapitel bestenfalls die Hauptpunkte des Vertragsrechts des *Common Law* erläutern. Rechtsthemen sind an sich nicht einfach und diese Themen rechtsvergleichend zu untersuchen, ist äußerst kompliziert. Ziel dieses Kapitels ist es, eine Grundlage für weitere Diskussionen und Überlegungen zur Verfügung zu stellen und einige praktische Hinweise zu geben.

Das *Common Law*-System kennt das *contra proferentem* Rechtsprinzip aus dem römischen Recht. Dieses Prinzip besagt, dass Unklarheiten oder Irrtümer im Vertrag zu Lasten desjenigen gehen, der den Vertrag formuliert hat. Wenn ein Vertrag also kaum oder gar nicht verhandelt wurde (*take it-or leave it*-Vertrag), hat eine Vertragspartei viel mehr Spielraum, falls spezifische Bestimmungen unklar oder fehlerhaft sind. Aber je aktiver sie bei der Vertragsgestaltung mitgewirkt hat, desto schwieriger wird es, vor einem Gericht von diesem Rechtsgrundsatz zu profitieren.

Im *Common Law* gibt es weniger vorgeschriebene Regelungen und die Konturen der Prinzipien des *Common Law* sind ungenauer, da sie zum großen Teil aus dem *Case Law* stammen. Dieses gestattet zwar mehr Spielraum als im deutschen Recht (weniger zwingende Rechtsnormen), führt aber auch zu der oft kritisierten, übertriebenen Länge und Komplexität von *Common Law*-Verträgen.

Bei der Vertragsgestaltung kann problemlos auf bestehende Musterverträge zurückgegriffen werden. Allerdings sollte beachtet werden, dass sich die Rechtslage seit dem Entwurf des jeweiligen Mustervertrages geändert haben kann. Darüber hinaus gestalten sich Transaktionen unterschiedlich, auch wenn die Kernpunkte unverändert bleiben. Insofern ist zu empfehlen, Musterverträge oder Standardformulierungen nur als Ausgangspunkt für Verträge zu benutzen. Wie intensiv die Beschäftigung mit einem neuen Vertragsinhalt sein sollte, hängt von der Bedeutung des Vertragsgegenstandes und der geänderten Rechts- beziehungsweise Sachlage ab. Diesbezüglich bieten Rechtsberater ihre Hilfe an.

Kapitel 3
Gesellschaftsformen in den USA

Einleitung

Es mag banal klingen, aber ein Unternehmen, das nach einer bestimmten Rechtsordnung gegründet wurde, existiert und lässt sich eigentlich nur in dem geltenden gesetzlichen Rahmen verstehen. Sobald versucht wird, Konzepte aus einem nationalen Rechtssystem in ein ausländisches Rechts- und Wirtschaftssystem zu übertragen, steigt das Risiko der Verwirrung. Strebt eine deutsche Muttergesellschaft an, einem Angestellten bei der US-Tochtergesellschaft Prokura zu erteilen beziehungsweise eintragen zu lassen, wird sie mit der Antwort konfrontiert, dass es in den USA oder in England so etwas nicht gibt. Umgekehrt sind die Probleme ähnlich. So wird zum Beispiel der amerikanische Geschäftspartner, der im Rahmen einer Beteiligung an einer deutschen GmbH um die Anteilszertifikate bittet, enttäuscht werden.

Derartige Unterschiede sind in den diversen Rechtsordnungen verankert. Aus diesem Grund sind die Bestrebungen der Europäischen Union, ein harmonisiertes Gesellschaftsrecht einzuführen, bisher wenig erfolgreich gewesen (Ausnahme: Europäische Aktiengesellschaft). Generell scheiterte es an der mangelnden Bereitschaft der EU-Mitgliedstaaten, solche grundsätzlichen Unterschiede zu vereinheitlichen.

Für Praktiker und Geschäftsleute, die sich mit den Einzelheiten der verschiedenen Gesellschaftsformen im *Common Law* beschäftigen, werden die genauen Strukturen und Funktionen näher betrachtet. Ein flächendeckender Vergleich der Unterschiede zwischen den Gesellschaftsformen in den USA und Deutschland ist in einem Kapitel nicht möglich. Aus diesem Grund kann lediglich auf die Hauptunterschiede, die in der Praxis die meisten Probleme verursachen, hingewiesen werden.

Die Investmentformen in den USA

Grundsätzlich stehen ausländischen Investoren alle Investmentmodalitäten zur Verfügung, die auch US-Gesellschaften beziehungsweise US-Bürgern offen stehen. Dieses Prinzip ist sowohl durch das Welthandelsorganisation (WTO)-Abkommen als auch durch diverse bilateralen Abkommen gewahrt. Von daher ist die Entscheidung hinsichtlich der Form, in der ein Engagement im Ausland stattfinden soll, eine kaufmännische Entscheidung unter Berücksichtigung rechtlicher Gesichtspunkte und Fragen des Risikomanagements. Das Auslandsinvestmentgeschäft – ob Gesellschaft oder Vertrag – entspricht generell der Bedeutung des Engagements des Auslandsgeschäfts. Während oft mit selbständigen Bemühungen oder einer losen Zusammenarbeit begonnen wird, verfügen manche Investoren über eine voll funktionierende Tochtergesellschaft, deren Anteile eventuell bei einer inländischen Börse gehandelt werden. Diese Reihenfolge entspricht dem üblichen Weg, in dem ein ausländischer Markt schrittweise und mit zunehmender Intensität – und auch zunehmenden Risiken – bedient werden kann:

- Exportgeschäft (direkter Verkauf; keine Vertreter in den USA)
- Beauftragung eines Handelsvertreters
- Errichtung einer Niederlassung
- Gründung oder Erwerb einer *Partnership*, einer selbständigen Gesellschaft oder einem *Joint Venture*

Exportgeschäfte und Beauftragung eines Handelsvertreters erfolgen generell auf Vertragsbasis. Formaler wird es bei der Errichtung einer Niederlassung, was steuerliche Konsequenzen haben kann. Jedoch wird die Form der Investition aus gesellschaftsrechtlicher Sicht nicht geändert – es wird in der Regel nur ein Büro gemietet und eine oder mehrere zuständige Personen bestellt. Die Gründung oder der Erwerb eines Unternehmens vor Ort bewirkt allerdings die Bildung einer neue Gesellschaftsform. Die erweiterten Kontakte mit dem amerikanischen Markt führen gleichzeitig zu einem höheren Risiko, in den USA verklagt zu werden. Dieses Thema, insbesondere die so genannte *minimum contacts*-Rechtssprechung, wird in Kapitel 5 erläutert.

Die Festlegung und Entwicklung des Gesellschaftsrechts ist grundsätzlich Sache der amerikanischen Bundesstaaten. Im Wesentlichen orientiert sich jedoch auch die Landesgesetzgebung an einer Reihe von Modellgesetzen (zum Beispiel für *Partnerships* der *(Revised) Uniform (Limited) Partner-*

ship Act (UPA, RUPA beziehungsweise ULPA, RULPA) und für *Gesellschaften* der *(Revised) Model Business Corporations Act* (MBCA beziehungsweise RMBCA). Einzelheiten der verschiedenen Gesellschaftsformen in den USA werden genauer untersucht.

Personengesellschaften (Unincorporated Business Entities)

Einzelkaufleute (Sole Proprietorships)

Die *Sole Proprietorship* ist mit dem deutschen Einzelkaufmann vergleichbar. Grundsätzlich kann jede Art von Gewerbe in dieser Rechtsform betrieben werden. Es besteht die Möglichkeit, einen Phantasienamen als Firma zu wählen. Das größte Risiko eines *Sole Proprietorship* stellt dabei die potenziell unbegrenzte Haftung dar, der der Einzelkaufmann unterliegt und die auch sein Privatvermögen einschließt. Teilweise kann dieses Risiko durch die Verwendung vertraglicher Haftungsbegrenzungen und/oder den Abschluss einer Versicherung zur Senkung der Unternehmensrisiken begrenzt werden. Jedoch kann das Haftungsrisiko nicht vollständig ausgeschaltet werden.

Gesellschaft bürgerlichen Rechts, Offene Handelsgesellschaft, Kommanditgesellschaft (Partnerships)

Die verschiedenen *Partnerships* sind in ihrer Struktur den deutschen Personengesellschaften ähnlich. Eine *Partnership* besteht aus mindestens zwei Personen, die als Miteigentümer ein Geschäft mit dem Ziel betreiben, Gewinne zu erwirtschaften. Die *Partnership* ist zwar keine juristische Person, gilt jedoch als eigene juristische Einheit neben den Gesellschaftern (*Entity distinct from its Partners*). Sie kann deshalb im eigenen Namen Eigentum erwerben, Verträge schließen, klagen und verklagt werden und entspricht darin der deutschen Offenen Handelsgesellschaft (OHG) und der Kommanditgesellschaft (KG).

Gemeinschaftliches Eigentum an den Vermögensgegenständen allein oder die Beteiligung an Unternehmensgewinnen ist nicht als *Partnership* einzuordnen. So wird man beispielsweise durch die Beteiligung an einem Investmentfonds nicht zum *Partner*, da trotz des gemeinsamen Ziels keine gemeinsame Tätigkeit besteht. Ist diese jedoch gegeben, so bildet das Recht, an den Gewinnen eines Unternehmens beteiligt zu sein, den Beweis, dass es sich um eine *Partnership* handelt und die beteiligten Personen als *Partner* einzuordnen sind.

Vergleichbar mit den Personenhandelsgesellschaften nach deutschem Recht ist der Bestand der *Partnership* von den *Partners* abhängig. Ein *Partner* kann zwar seinen Anspruch auf Gewinnbeteiligung veräußern. Seine sonstigen Rechte, insbesondere das Recht auf Teilnahme an der Geschäftsführung, sind jedoch nicht übertragbar. Nur mit Zustimmung der übrigen *Partner* kann ein neuer *Partner* an die Stelle des alten treten.

Gründung einer Partnership

Eine Partnership kann als Ergebnis einer schriftlichen oder mündlichen Vereinbarung entstehen. Ähnlich kann das Bestehen einer *Partnership* auch aus dem Verhalten der Einzelpersonen gegenüber Dritten abgeleitet werden. Aber der weitaus üblichere Weg, eine *Partnership* zu gründen, ist die Errichtung eines schriftlichen Gesellschaftsvertrages *(Partnership agreement)*.

Checkliste für einen Partnership-Vertrag

Ein *Partnership*-Vertrag sollte zumindest Bestimmungen enthalten, die folgende Aspekte regeln:
- Name und Hauptsitz des Geschäftsbetriebs der *Partnership*
- Zeitraum, genaues Datum oder Ereignis, das die Auflösung auslöst
- Einlagen, Geschäftsbücher und Bedingungen des Ausscheidens
- Aufteilung und Zuordnung der Gewinne und Verluste
- Geschäftsführungsstruktur (Stimmrechte, Austausch, Fragen von größerer Bedeutung)
- Bücher und Akten der *Partnership*
- Eigentumsrecht am partnerschaftlichen Eigentum
- Bestimmungen zum Tod eines *Partners* und zur Auflösung der Gesellschaft
- Liquidationsregeln
- Beilegung von Streitigkeiten und Durchsetzung von Beilegungsentscheidungen
- Regelung zu betrieblichen Fragen und Aufgabenverteilung

Grundsätzlich gilt hier die Vertragsfreiheit. Den Mitgliedern wird ein weiter Spielraum eingeräumt, ihre Rechte und Pflichten festzulegen. Sollte kein Gesellschaftsvertrag bestehen, sind die Teilnehmer an der Gesellschaft durch die andernfalls gültigen gesetzlichen Bestimmungen (*(Revised)UPA* beziehungsweise *(Revised)ULPA*) gebunden. Es bedarf keiner weiteren Erklärung, dass ein Vertrag eher dazu geeignet ist, die Ziele und Interessen der Mitglieder wiederzugeben, als die allgemein gültigen Bestimmungen des Partnerschaftsrechts. Der Gesellschaftsvertrag muss im Geschäftsbüro aufbewahrt werden und dort allen interessierten Parteien zugänglich sein.

Grundsätzlich wird zwischen *General Partnership* und *Limited Partnership* unterschieden.

(a) Die *General Partnership*

- Wesen und Gründung der *Partnership*

Die Gründung bedarf keiner Eintragung in einem Register, sondern erfolgt durch Zusammenschluss der *Partner*. Wie oben erwähnt, ist ein solcher Zusammenschluss oft in einem schriftlichen Vertrag (»*Partnership Agreement*«) dokumentiert. Er kann jedoch auch konkludent erfolgen. Eine Mindesteinlage ist nicht erforderlich, es sei denn, sie ist in dem *partnership agreement* vorgesehen.

- Rechte und Pflichten der *Partner*

Die *Partner* sind Miteigentümer am Gesellschaftsvermögen und grundsätzlich zu gleichen Teilen an dem Gewinn und Verlust beteiligt, es sei denn, der Partnerschaftsvertrag regelt die Gewinnverteilung auf andere Weise.

Die Stellung als *Partner* einer *General Partnership* beinhaltet treuhänderische Pflichten (*Fiduciary Duties*) gegenüber der *Partnership* und den übrigen Partnern. Der *Partner* verwaltet Einnahmen aus partnerschaftlichen Geschäften als Treuhänder für die *Partnership* und ist zur Rechenschaft verpflichtet. Die Hauptpflichten des Treuhänders (*Fiduciary Duties*) sind die Sorgfaltspflicht und die Treuepflicht (»*Duty of Care*« und »*Duty of Loyalty*«). Beide stammen aus dem *Case Law* und sind durch die Rechtsprechung festgeschrieben. Sie umfassen eine allgemeine Loyalität gegenüber der *Partnership*, die Pflicht zur Offenlegung sowie ein Wettbewerbsverbot der *Partner* untereinander. In ihren Kernprinzipien sind diese Pflichten vergleichbar – wenn nicht identisch – mit den entsprechenden Pflichten der Leitungsfunktionen in einer *Corporation*. Diese Pflichten werden im Teil Kapitalgesellschaften näher erläutert.

- Führung der *Partnerships*

Soweit keine abweichende Regelung im *Partnership Agreement* vereinbart ist, sind alle *Partner* gleichermaßen an der Geschäftsführung beteiligt und nach außen vertretungsberechtigt. Im Interesse der anderen *Partner* sowie Dritter ist dieses Recht jedoch dahingehend beschränkt, dass kein *Partner* Rechtshandlungen vornehmen kann, die die Geschäftstätigkeit des Unternehmens vereiteln würden.

- Haftung der *Partner*

Die *Partner* haften gegenüber Dritten persönlich und unbeschränkt für alle Verbindlichkeiten der *Partnership*. Für Ansprüche aus unerlaubter Handlung haften die *Partner* gesamtschuldnerisch, für vertragliche Verbindlichkeiten gemeinschaftlich. Die Haftung eines neuen *Partner* erstreckt sich unter Umständen auf Ansprüche, die vor seinem Eintritt in die *Partnership* entstanden sind. Daher sollte ein neuer *Partner* das Unternehmen sorgfältig überprüfen, bevor er als *Partner* eintritt.

Ansprüche gegen die *Partnership* richten sich zunächst gegen das partnerschaftliche Eigentum, das sämtliche Vermögenswerte umfasst, die bei der Gründung in die *Partnership* eingebracht wurden oder mit partnerschaftlichen Mitteln erworben wurden. In einem *General Partnership* haftet nur der *General Partner* mit seinem Privatvermögen, ähnlich wie der Komplementär einer deutschen KG. Aus diesem Grunde wird oft eine Kapitalgesellschaft mit beschränkter Haftung als *General Partner* genommen, analog der deutschen Konstruktion einer GmbH & Co. KG.

(b) *Die Limited Partnership*

- Wesen und Gründung der *Partnership*

Die *Limited Partnership* entwickelte sich aus dem Umstand, dass die herkömmlichen Partnerschaftsformen und -regelungen den Kapitalerhebungserfordernissen der Wirtschaft nicht mehr gerecht wurden, da nicht jeder *Partner*, der Vermögen in das Unternehmen einbrachte und am Gewinn beteiligt wurde, unbegrenzt für Verbindlichkeiten des Unternehmens haften wollte. Daher wurde eine Gesellschaftsform entwickelt, bei der zwischen einem *General* und einem *Limited Partner* unterschieden wird. Letzterer haftet nur mit seiner Einlage. Die *Limited Partnership* entspricht daher der Kommanditgesellschaft im deutschen Recht.

Anders als bei der *General Partnership* ist bei der Gründung die Erstellung einer Urkunde (»*Certificate*«) erforderlich, welche die wesentlichen Angaben über die Gesellschaft enthält und die bei einer staatlichen Stelle (zum Beispiel »*Secretary of State*«) eingereicht werden muss. Erst mit Einreichung dieser Urkunde ist die *Limited Partnership* wirksam gegründet. Ist die Einreichung nicht erfolgt, so haften alle Gesellschafter unbegrenzt und werden daher *Partner* einer *General Partnership*. Darüber hinaus ist die Einreichung folgender weiterer Informationen gesetzlich vorgeschrieben:

- Benennung eines eingetragenen Vertreters
- Bestimmung eines Firmensitzes
- Aufbewahrung gesellschaftsrechtlicher Unterlagen, wie der Partnerschaftsvertrag
- Angabe von Umständen, die zur Auflösung der Partnership führen
- Steuererklärungen

Die Firma muss den Zusatz *Limited Liability Partnership* oder eine Abkürzung (LP oder LLP) tragen.

- Besondere Rechtsstellung des *Limited Partners*

Limited Partners haften grundsätzlich nur bis zur Höhe ihrer Einlage, sind andererseits jedoch auch von der Geschäftsführung ausgeschlossen. Sind sie dennoch an der Geschäftsführung beteiligt, kann diese Haftungsbeschränkung entfallen. Entscheidend ist dabei nicht, ob sie gemäß Gesellschaftsvertrag zur Geschäftsführung befugt sind, sondern ob sie diese Tätigkeiten faktisch ausüben. Diese Frage kann vor einem Gericht, unter Umständen von einer Jury entschieden werden. Um diesem Risiko zu begegnen, wurden in einige einzelstaatliche Gesetze so genannte »*Safe Harbour Provisions*« eingefügt, die eine Liste von Handlungen enthalten, die ein *Limited Partner*, ohne seinen Status aufgeben zu müssen, vornehmen kann.

Die *Limited Partner* haben Informations- und Einsichtsrechte. Vom Gewinn profitieren sie entsprechend ihrer Einlage. Ihr Anteil ist übertragbar, ohne dass der Erwerber jedoch in die Stellung eines *Limited Partners* eintritt. Ähnlich einer KG führt das Ausscheiden *eines Limited Partner* nicht zur Auflösung der Gesellschaft. Die *Partnership* als Investmentform für ausländische Investoren kommt relativ selten vor. Eine Ausnahme bildet die Beteiligung an einer *Limited Partership* lediglich zum Zwecke der Kapitalanlage. Aber da agiert der Ausländer als Investor und nicht als Unternehmer.

Kapitalgesellschaften

In der Anfangsphase einer ausländischen Investition mag zunächst der Vertrieb von Waren und Dienstleistungen durch Handelsvertretungen empfehlenswert und ausreichend sein. Ist jedoch eine intensivere und langfristigere Tätigkeit im amerikanischen Markt beabsichtigt, so ist es in der Regel vorteilhafter, mit dem eigenen Unternehmen vor Ort in den USA vertreten zu sein. Übliche Gründe hierfür sind: das Image und die Präsenz am Markt zu verstärken, den Kundendienst in den USA sowie die Kontrolle oder Steuerung der geschäftlichen Aktivitäten zu verbessern.

Die älteste und bekannteste Form der Kapitalgesellschaft in den USA ist die *Corporation*. Sowohl die meisten inländischen als auch die Mehrzahl der Tochtergesellschaften ausländischer Unternehmen sind in dieser Form gegründet. Vor kurzem wurde eine neue Form der Kapitalgesellschaft, die *Limited Liability Company* (LLC), entwickelt, welche die gesellschaftsrechtlichen Vorteile der *Corporation* mit den steuerlichen Vorteilen der *Partnership* kombiniert. Die Gründung und Verwaltung einer LLC sind generell flexibler und leichter als bei der Corporation. Auf Einzelheiten beider Gesellschaftsformen wird nachfolgend genauer eingegangen.

Die Aktiengesellschaft (Corporation)

Die *Corporation* ist trotz des höheren Gründungs- und Verwaltungsaufwands immer noch der Favorit ausländischer Investoren, die eine Kapitalgesellschaft in den USA gründen möchten. Dies ist zum Teil historisch bedingt, da es bis vor kurzem keine vernünftige Alternative – wie jetzt mit der LLC – zur *Corporation* gab. Darüber hinaus wird die *Corporation* als Gesellschaftsform aus Imagegründen oft bevorzugt (ähnlich wie in der Schweiz traditionell die AG der GmbH vorgezogen wird).

Wesen der Gesellschaft

Corporations sind juristische Personen und daher von den Personen der Anteilseigner unabhängig und auf Dauer eingerichtet. Man unterscheidet zwei Arten der *Corporation*. Die Anteile der *Public Corporation* werden öffentlich gehandelt. Die Anteile der privaten oder *Close Corporation* befinden sich in den Händen weniger Anteilseigner, die ihre Anteile nicht allgemein zum Verkauf anbieten. Die erstere ähnelt der AG und wird von Großunternehmen bevorzugt. Die letztere der GmbH oder der Kleinen AG und ist eine klassische Form des Familienunternehmens. Die Voraussetzungen der *Close Corporation* werden unterschiedlich definiert: Oft wird eine Höchstzahl von Anteilseignern und eine Beschränkung der Veräußerbarkeit der Anteile festgelegt. Der Vorteil einer *Close Corporation* besteht im geringeren Verwaltungsaufwand, wie beispielsweise der Möglichkeit des Verzichts auf einen *Board of Directors* und *Shareholder Meeting*.

Gründung der Gesellschaft

Im Gegensatz zu *sole proprietorships* und den *Partnerships* müssen bei der Gründung einer *Corporation* bestimmte Formvorschriften eingehalten werden und weitergehende inhaltliche Angaben gegenüber staatlichen Stellen gemacht werden. Der Staat kontrolliert den Gründungsprozess einer Aktiengesellschaft, indem er die Angaben bestimmter Informationen fordert, bevor er dem Antrag zur Errichtung der *Corporation* stattgibt.

> **Checkliste für die Gründung einer Corporation**
>
> Die Gründung der Corporation wird erst mit ihrer Registrierung rechtlich wirksam. Mit der Registrierung ist die Satzung der Gesellschaft einzureichen. Dieses Dokument wird in den Bundesstaaten unterschiedlich bezeichnet (»*Articles of Incorporation, Articles of Organization*« oder «*Articles of Association*«), bezieht sich aber auf das Gleiche. Die Satzung hat folgende Grundinformationen zu enthalten:
> - Firma
> - Rechtsformzusatz (zum Beispiel *Inc., Corp., Ltd.*)
> - Adresse der Gesellschaft
> - Gesellschaftszweck
> - Empfangsberechtigte Vertreter beziehungsweise Zustellungsbevollmächtigte (*registered agent for service of process*)
> - die zum Zeitpunkt der Gründung gewählten *Directors* und bestellten *Officers*
> - Bestimmung des Geschäftsjahres
> - Grundkapital und Informationen zur Anteilsstruktur

(a) Firma und Rechtsformzusatz

Grundsätzlich kann die Bezeichnung des Unternehmens frei gewählt werden, solange sie nicht dazu geeignet ist, einen falschen Eindruck über den Gesellschaftszweck in der Öffentlichkeit zu erwecken, zum Beispiel durch den Zusatz »Bank«, ohne die für diese Tätigkeit erforderlichen

Genehmigungen zu besitzen. Die Firma muss einen Hinweis auf die Haftungsbegrenzung enthalten (beispielsweise *Corporation* oder *Corp.*, *Incorporated* oder *Inc.*, *Limited* oder *Ltd.* und in manchen Bundesstaaten auch *Company* oder *Co.*). Aufgrund der Entwicklung der englischen Rechtssprache und des *Common-Law*-Gesellschaftsrechts sind alle drei Alternativen möglich und gleichwertig. Eine *Corp.* ist daher eine *Inc.* und/oder eine *Ltd.* Die unterschiedlichen Bezeichnungen führen manchmal zur Verwirrung, da beispielsweise in Deutschland eine Aktiengesellschaft schlichtweg eine AG, eine Gesellschaft mit beschränkter Haftung eine GmbH ist.

Es erfolgt keine richtige Prüfung des Firmennamens. Nur wenn die Firma so offensichtlich mit einem bestehenden Firmennamen kollidiert – so zum Beispiel McDonald's Inc. – würde die zuständige Behörde Fragen stellen oder den Antrag ablehnen. Aber generell wird das Formular ohne Weiteres akzeptiert und die *Corporation* besteht schon ab dem Tag der Anmeldung. Es obliegt Dritten, wie bestehenden Unternehmen, Maßnahmen zu ergreifen, wenn sie eine Verwechslungsgefahr hinsichtlich des Namens sehen.

> **Praxistipp: Namensrecherche**
> Um einen Rechtsstreit wegen des Gebrauchs eines bestimmtem Firmennamens zu vermeiden, sollte vor der Gründung eine Namensrecherche durchgeführt werden. Einige Bundesstaaten verlangen sogar die Bekanntmachung der Absicht, einen bestimmten Firmennamen zu nutzen.
>
> Zunächst sollte in den Datenbanken der jeweils zuständigen bundesstaatlichen Behörde nach bereits registrierten Firmennamen recherchiert werden. Allerdings reicht dies nicht ganz aus, da diese Datenbanken in der Regel nur die in dem Bundesstaat registrierten Firmennamen beinhalten. Insofern ist eine erweiterte Recherche – bundesweit über einen professionellen Recherchedienst – zu empfehlen. Sobald man einen verfügbaren Firmennamen gefunden hat, kann man in den meisten Bundesstaaten den Namen für eine bestimmte Zeit reservieren. So kann man in Ruhe die Gründung der Corporation vorbereiten. Wenn die Zeit nicht ausreicht, kann man generell die Frist verlängern.

(b) Gesellschaftszweck

Ursprünglich war der Gesetzgeber in dem jeweiligen Bundesstaat für die Erteilung der Genehmigung einer Gesellschaft mit beschränkter Haftung (*corporate charter*) zuständig. Die Tätigkeiten der *Corporation* waren auf die in den Gesellschaftsstatuten aufgeführten Tätigkeiten beschränkt. Dies führte zu sehr langen Beschreibungen des Gesellschaftszwecks, damit eine von der *Corporation* vorgenommene Handlung nicht als unwirksam (*ultra vires*) interpretiert werden könnte.

Nach der industriellen Revolution in den USA verlor die *Corporation* als Gesellschaftsform ihren Seltenheitswert. Vielmehr wurde sie die gebräuchlichste Gesellschaftsform. Als die Zahl der *Corporation*-Anträge bei dem jeweiligen Gesetzgeber ins Unermessliche stieg, entschied dieser (in der Regel das Parlament auf bundesstaatlicher Ebene), seine Genehmigungsfunktion zu delegieren. Seitdem sind verschiedene Stellen (*Secretary of State, Corporations Division*) für sämtliche Fragen bezüglich *Corporations* zuständig. Im Anhang des Buches befindet sich eine Übersicht.

> **Praxistipp: Flexibilität beim Gesellschaftszweck**
>
> Als Gesellschaftszweck ist jede legale gewerbliche Tätigkeit möglich. Um zu vermeiden, dass eine Änderung beziehungsweise Ergänzung des Gesellschaftszwecks eine entsprechende Änderung beziehungsweise Ergänzung der Satzung bedingt, wird in den meisten Satzungen eine Formulierung aufgenommen, die sämtliche gewerblichen Tätigkeiten gestattet. Eine typische Formulierung dieser Gummiklausel lautet wie folgt (eventuell nach einer Aufzählung spezifisch vorgesehener Tätigkeiten): »... *and any other activity permitted by applicable law.*« Die Aufnahme einer solchen Formulierung im Gesellschaftszweck eröffnet grundsätzlich die Möglichkeit, jede denkbare legale wirtschaftliche Tätigkeit auszuüben. Jedoch könnten die *Officers* und *Directors* in Schwierigkeiten geraten, wenn Entscheidungen (zum Beispiel die Expansion in neue Produkt- oder geografische Märkte) fehlschlagen und sie von den Aktionären oder sonstigen Personen verklagt werden.

(c) Zustellbevollmächtigter (*Registered Agent for Service of Process*)

Die Benennung eines Zustellbevollmächtigten ist eine weitere Voraussetzung für die Gründung einer *Corporation*. Sollten die Gründer keinen benennen, gilt der zuständige Beamte – in der Regel der Leiter der für *Corporations* verantwortlichen Behörde (*Secretary of State* oder *Director of the Division Corporations*) – als Zustellbevollmächtigter. Insofern ist es immer vorteilhaft, eine bestimmte Person als *registered agent* zu bestellen. Sonst gelten sämtliche Zustellungen an den zuständigen Beamten als erfolgt und rechtlich wirksam, selbst wenn die Gesellschaft keine Kenntnis davon hat. So könnte zum Beispiel ein Kläger ein Versäumnisurteil gegen die Gesellschaft durch Zustellung über den zuständigen Beamten gewinnen. Es würde dem Unternehmen schwer fallen, ein solches Urteil anzufechten.

(d) Managementstruktur

In einer Gründungsversammlung werden die ersten *Directors* und *Officers* ernannt und die *By-Laws* (Geschäftsordnung) erlassen. Bei kleineren Unternehmen gibt es oft Überschneidungen zwischen den Personen, die als *Directors* und *Officers* handeln, inbesondere in der Anfangsphase. Bestimmte Kombinationen – beispielsweise die Besetzung der Ämter des *Presidents* und des *Secretarys* mit der gleichen Person – sind in vielen Bundesstaaten allerdings vom Gesetz untersagt. Die Namen und Anschriften der *Directors* und *Officers* müssen der zuständigen Behörde bekannt gegeben werden. Das Gleiche gilt für Änderungen der Person beziehungsweise der Kontaktinformationen.

Bei Tochtergesellschaften werden oft Vorstände oder Geschäftsführer der Muttergesellschaft als Funktionäre für die betreffenden Positionen in der US-Tochtergesellschaft benannt. In diesem Zusammenhang ist zu beachten, dass die rechtliche und operative Selbständigkeit der Tochtergesellschaft gewahrt ist. Andernfalls droht das Risiko der Konzernhaftung für Handlungen oder Unterlassungen der Tochtergesellschaft. Das Thema Konzernhaftung wird in Kapitel 5 genauer untersucht.

(e) Kapitalstruktur

Anders als im deutschen Recht kennt das US-Recht das Mindestkapital nicht. Stattdessen wird in der Regel die Eintragungsgebühr für die Gesellschaft als Grundkapital genommen. So kostet zum Beispiel im Bundesstaat Massachusetts die Gründung einer *Corporation* 200 Dollar. Aus diesem Betrag können bis zu 200000 Aktien (shares) geschaffen werden, jede mit einem Wert von 0.001 Dollar. Die genaue Anzahl der Aktien wird von den Gründern bestimmt. Selbstverständlich kann die Gesellschaft mit einem höheren Grundkapital ausgestattet sein. Für *Corporations*, die in bestimmten (risikoreichen) Sektoren tätig werden wollen, ist aus regulatorischen Gründen oft eine höhere Eintragungsgebühr erforderlich.

(f) Das Gründungsverfahren und Eintragungsverfahren

Die Verwaltungsbehörde, die für die Eintragung und Überwachung von Wirtschaftsunternehmen zuständig ist, prüft die Angabe der in den *Articles* erforderlichen Informationen. Sie nimmt jedoch keine Hintergrunduntersuchung des Unternehmens und/oder der Antragsteller vor. Bis zur Genehmigung der Eintragung der Gesellschaft durch die Verwaltungsbehörde besteht für die handelnden Personen, ähnlich wie im deutschen Recht, das Risiko einer persönlichen Haftung für Handlungen, die im Namen der neugegründeten und noch zu registrierenden Gesellschaft vorgenommen worden sind.

Anders jedoch als im deutschen Recht, bedürfen die Gründungsdokumente nach amerikanischem Recht keiner notariellen Beurkundung. Eine entsprechende rechtliche Anforderung besteht im Rechtssystem des *Common Law* nicht (siehe hierzu Kapitel 2 Vertragsrecht). Sollte eine erforderliche Erlaubnis oder Lizenz nachträglich nicht erteilt werden, so können die Gründer auf dem Klagewege für dieses Versäumnis zur Rechenschaft gezogen werden.

Rechte und Pflichten der Aktionäre (Shareholders)

Die Aktionäre sind die eigentlichen Eigentümer der Gesellschaft. Der *Shareholder* hat ein Recht auf seinen Anteil am Unternehmensgewinn. Auf die Geschäftstätigkeit der Gesellschaft kann er jedoch keinen direkten Einfluss nehmen. Eine indirekte Einflussmöglichkeit besteht durch das Vorschlagsrecht zur Tagesordnung einer Hauptversammlung und die Ausübung des Stimmrechts in der Hauptversammlung, zum Beispiel durch die Wahl des *Board of Directors*. Die Aktionäre können ihre Stimmrechte auf den *Shareholders Meetings* (Hauptversammlungen) entweder persönlich oder durch einen Stellvertreter (*Proxy*) ausüben. Bei notierten Unternehmen finden auch die wertpapierrechtlichen Bestimmungen Anwendung auf das Wahlverfahren der Hauptversammlung.

Ähnlich wie in Deutschland oder der Schweiz wird die Tätigkeit des *Proxy* bei Großunternehmen oft von Kreditinstituten oder anderen Finanzdienstleistungsunternehmen übernommen. Die Vorschriften hinsichtlich der Einberufung einer ordentlichen und außerordentlichen Hauptversammlung ähneln denen des deutschen Rechts. So muss jeder Gesellschafter unter Angabe der Tagesordnung rechtzeitig zur Hauptversammlung geladen werden.

Wie im deutschen Recht müssen wesentliche Änderungen der Unternehmensstruktur, wie beispielsweise der Erwerb oder Verkauf eines Betriebes oder die Verschmelzung mit anderen Gesellschaften, von den *Shareholders* genehmigt werden. Schließlich steht dem *Shareholder* auch ein begrenzter Anspruch auf Einsicht in die Geschäftsbücher zu.

Steht der Gesellschaft ein Anspruch zu, den sie jedoch nicht durchsetzt, so kann ein Aktionär den Anspruch in ihrem Namen geltend machen (*deri-*

vative suit), vergleichbar der »actio pro socio« nach deutschem Recht. Dieses Recht des Aktionärs dient der Überwachung von *Directors* und *Officers*. Der Aktionär muss zunächst die *Directors* zum Handeln auffordern. Lehnen diese ab, so kann der Aktionär diese Entscheidung gerichtlich überprüfen lassen. Um einer gerichtlichen Prüfung zu entgehen, richten *Boards of Directors* oft unabhängige Gremien ein, welche die Tätigkeitsaufforderungen von Aktionären prüfen. Ist dem *shareholder* selbst ein Schaden entstanden, so hat er zusätzlich einen direkten Klageanspruch. Oft schließen sich mehrere Aktionäre zusammen, um eine Sammelklage (*class action*) zu erheben (siehe auch Kapitel 5).

Führung der Gesellschaft (Corporation)

Während das Management der deutschen Aktiengesellschaft aus Vorstand und Aufsichtsrat (*two-tier*) besteht, ist die rechtliche Grundstruktur der *Corporation* einfacher. Die Organe der *Corporation* sind die Hauptversammlung (*Shareholders Meeting*) sowie der *Board of Directors*.

(a) Board of Directors
Die Leitung der *Corporation* obliegt dem *Board of Directors*. Die *Directors* sind in der Regel zunächst die Gründer der *Corporation*. Diese werden aber oft nach der Gründung durch andere *Directors* ersetzt. Insbesondere bei Großunternehmen tagen die *Directors* unter der Leitung eines Vorsitzenden, des *Chairman*. Der *Board of Directors* bestimmt die Geschäftspolitik und entscheidet über alle wesentlichen Fragen der Geschäftsführung. Die Mitglieder des *Board* werden von den Anteilseignern gewählt, unterliegen jedoch nicht deren Anweisungen. Eine genauere Beschreibung der Tätigkeiten eines *Director* erfolgt in Kapitel 4.

Die Anzahl der Directors hängt von den Bestimmungen des Gesellschaftsvertrags und von dem anwendbaren Gesetz – das in der Regel mindestens zwei *Directors* voraussetzt – ab. Verglichen mit der *Partnership* sind die *Directors* nicht automatisch die Eigentümer des Unternehmens, obwohl sie natürlich über einen Eigentumsanteil in Form von Aktien oder Optionen verfügen können.

Bei Großunternehmen wird zwischen unternehmenseigenen und unternehmensfremden *Directors* unterschieden *(executive* oder *inside* beziehungsweise *non-executive* oder *outside Directors)*. Während die *executive Directors* eng mit dem Unternehmen verbunden und permanent in die Führung des Unternehmens involviert sind, werden die *non-executive Directors* nur zeitweise (zum Beispiel bei Abstimmungen) für das Unternehmen tätig. Sehr häufig dienen bekannte Persönlichkeiten (ehemalige Politiker, berühmte Schauspieler) und renommierte Geschäftsleute als *outside Directors*. Diese Personen sollten eine unabhängigere und objektivere Einstellung zur Unternehmenspolitik haben. In dieser Hinsicht übernehmen sie eine Rolle, die der eines Aufsichtsratsmitglieds in einer deutschen Aktiengesellschaft ähnelt.

Die *Directors* haben gegenüber der Gesellschaft umfassende Sorgfalts- und Treuepflichten zu beachten, für deren Verletzung sie haften (*Duty of Care* und *Duty of Loyalty*). Die *Duty of Care* verpflichtet die Directors dazu, die Aufgaben sorgfältig auszuführen. Die *Duty of Loyalty* stellt sicher, dass der *Director* nicht zu Lasten der Gesellschaft – zum Beispiel durch Insichgeschäfte – handelt. In bestimmten Situationen (Unternehmenskäufe, Übernahmen) haben auch die Mehrheitsgesellschafter ähnliche Verpflichtungen.

(b) leitende Angestellte (*Officers*)

Officers wie zum Beispiel der *Chief Executive Officer, President, Vice President, Treasurer* (Schatzmeister) und *Secretary* übernehmen das Management im operativen Bereich. Insbesondere bei *Close Corporations* sind *Directors* oft gleichzeitig *Officers* der Gesellschaft. Ihre Struktur und Aufgabenverteilung sind jedoch von der konkreten Ausgestaltung der *By-Laws* (Geschäftsordnung) abhängig. Eine genauere Beschreibung der Tätigkeiten eines *Officers* finden Sie im Kapitel 4.

Officers handeln für die Gesellschaft und vertreten diese nach außen. Sie werden von den *Directors* bestellt und abberufen und unterliegen deren Weisungen. Bezüglich der Sorgfalts- und Treuepflichten gelten die für *Directors* entwickelten Anforderungen. Anders als in Deutschland ist im *Common Law* keine betriebliche Mitbestimmung vorgesehen. Es besteht kein gesetzliches Recht auf die Einrichtung eines Betriebsrats oder eine Vertretung der Arbeitnehmer in der Unternehmensführung. Nur in einigen Branchen gibt es in den Unternehmen einen Mechanismus zur Arbeitnehmervertretung. Dies ist jedoch Verhandlungssache – oft historisch bedingt – und nicht gesetzlich verankert.

Der *Chief Executive Officer (CEO)* und andere *Officers* sind für die Geschäftstätigkeit der Gesellschaft verantwortlich, was auch die Durchführung der Unternehmensstrategie beinhaltet. Dadurch, dass die *Officers* die ganze Zeit im Unternehmen arbeiten, sind sie näher am Geschäftsgeschehen als *Directors*, die oft nur sporadisch vor Ort sind und lediglich Beschlüsse fassen. Verglichen mit den *Directors* haben die *Officers* Entscheidungsbefugnis aufgrund ihrer spezifischen Funktion und handeln grundsätzlich nicht aufgrund gemeinsamer Beschlüsse. Grundsätzlich haben sie dieselben treuhänderischen Pflichten wie *Directors*.

Haftung der Aktionäre (Shareholders)

Einer der Hauptgründe für die Wahl einer *Corporation* oder *Limited Liability Company* ist die damit verbundene beschränkte Haftung. Grundsätzlich ist die Haftung der *Corporation* beschränkt auf das Gesellschaftsvermögen, solange die gesetzlichen Voraussetzungen für ihren Fortbestand erfüllt sind. *Corporations* haben vielfältige Berichtspflichten gegenüber den Verwaltungsbehörden, wie zum Beispiel die Meldung von Änderungen der Firma, des Managements, der Kapitalstruktur, des Gesellschaftszwecks. Darüber hinaus gibt es strenge Pflichten hinsichtlich der Trennung von Gesellschaftsvermögen und dem Vermögen der Gesellschafter beziehungsweise Aktionäre. Werden diese Auflagen nicht erfüllt, so kann die Gesellschaft das Privileg der begrenzten Haftung verlieren. Darauf bezieht sich die *Durchgriffshaftung*, die in Kapitel 5 untersucht wird.

Limited Liability Company

Wesen der Gesellschaft

Die *Limited Liability Company* ist eine Mischform, welche die Vorteile einer Personengesellschaft mit denen einer Kapitalgesellschaft verbindet. Sie wurde in den letzten 8 bis 15 Jahren entwickelt, um kleinen Unternehmen eine Alternative zur *Corporation* zu bieten.

Die *Limited Liability Company* hat eine eigene Rechtspersönlichkeit und insoweit beinhaltet sie Merkmale einer Kapitalgesellschaft. Als größter Vorteil einer *Limited Liability Company* wird die Möglichkeit der Besteuerung als *Partnership* angesehen. Wegen der *pass-through taxation* wird nur das Einkommen der Gesellschafter versteuert, nicht aber das der Gesellschaft. Die Gesellschafter (*Members*) wählen diese Besteuerung durch ein entsprechendes Kreuz der *check the box provisions* auf dem Steuerformular. Natürlich steht es ihnen offen, wie eine normale Kapitalgesellschaft (also doppelt) besteuert zu werden. Um dauerhaft in den Genuss dieses Steuervorteils zu gelangen, muss die *Limited Liability Company* bestimmte Voraussetzungen erfüllen, die sie von einer *Corporation* unterscheiden. Danach muss die *Limited Liability Company* mindestens zwei – am besten aber alle vier – dieser Voraussetzungen erfüllen, um weiterhin wie eine *Partnership* besteuert zu werden:

- Die Gesellschafter haften nur beschränkt für die Forderungen gegenüber der Gesellschaft.
- Die Gesellschaft steht unter zentraler Leitung.
- Die Beteiligung an der Gesellschaft ist frei übertragbar.
- Die Gesellschaft besteht unabhängig vom Bestand ihrer Gesellschafter.

Aber auch diese Bedingungen sind im Wandel, da es immer im Ermessen der Finanzbehörden liegt, wie die Gesellschaft steuerlich eingestuft wird. Deswegen ist ein Gespräch mit einem Berater und/oder der zuständigen Behörde immer zu empfehlen. Den Eigentümern einer LLC steht ein Wahlrecht darüber zu, wie das Management zu organisieren ist: *Member-managed* oder *manager-managed*. *Member-managed* bedeutet Management durch die Gesellschafter (*Members*) der LLC, während sich *manager-mamaged* auf das Management einer Gesellschaft bezieht, die von damit beauftragten Managern geleitet wird.

Gründung der Gesellschaft

Die Gründung erfolgt durch Ausstellen einer Urkunde (*Articles of Organization*), die beim *Secretary of State* des jeweiligen Staates eingereicht wird. Welche Informationen sie enthalten muss, ist je nach den Anforderungen der einzelnen Staaten unterschiedlich. Weitere Regelungen, insbesondere über das Verhältnis der Gesellschafter untereinander oder zur Geschäftsführung, werden in einem so genannten *Operating Agreement* geregelt, das nicht veröffentlicht werden muss. Ein Stammkapital in bestimmter Höhe nicht erforderlich.

Oft wird die Satzung einer *Limited Liability Company* vorsehen, dass die Anteile an der Gesellschaft nicht übertragbar sind und die Gesellschaft nicht unabhängig von ihren Gesellschaftern fortbestehen kann, damit die mit der Gesellschaftsform verbundenen Steuervorteile nicht verloren gehen. Die *Limited Liability Company* kann in einigen Staaten durch eine Person, grundsätzlich jedoch von zwei Personen gegründet werden. In der Regel ist eine Einmanngesellschaft zulässig. Diese Grundzüge unterliegen aber ständigen Änderungen, da die Regelungen hinsichtlich Gründung, Vertretung und die Übertragung der Geschäftsanteile immer mehr erleichtert werden.

Führung der LLC und Haftung

Alle Gesellschafter sind gleichermaßen zur Geschäftsführung und Vertretung der Gesellschaft berechtigt. Jedoch kann von dieser Regel insofern abgewichen werden, als die Geschäftsführungs- und Vertretungsbefugnisse auf ein besonderes *Board of Managers* übertragen werden können. Im Unterschied zu den Personengesellschaften (Ausnahme: die *Limited Partnership*) haften jedoch alle Gesellschafter nur beschränkt mit ihrer Einlage. Gegenüber der *Corporation* ist eine LLC generell mit weniger Verwaltungsaufwand verbunden, da den *Members* mehr Gestaltungsspielraum gegeben wird, die Management- beziehungsweise Verwaltungsstruktur zu vereinfachen. Zum Beispiel können sie im *Operating Agreement* festlegen, wie entschieden werden soll, wie oft und unter welchen Umständen eine Versammlung der *Members* erforderlich ist. Bei der *Corporation* wird diese Entscheidung schon durch das Gesetz vorgeschrieben, mit Ausnahme der Bereiche, in denen durch die Aufnahme einer bestimmten Regelung im Gesellschaftsvertrag von den gesetzlichen Bestimmungen abgewichen werden kann.

Entscheidungskriterien bei der Wahl der US-amerikanischen Gesellschaftsform

Neben den Haftungsfragen und der gewollten Struktur und Komplexität des Managements spielen die Steuern bei der Wahl der Gesellschaftsform eine erhebliche Rolle. In diesem Kapitel werden die Grundzüge der Besteuerung der einzelnen Gesellschaftsformen dargestellt. Letztlich ist die Besteuerung eines Unternehmens das Ergebnis der spezifischen gesellschaftsrechtlichen Gestaltung und des Ermessens des US-Finanzamts hinsichtlich der »Besteuerbarkeit« des Einkommens sowie der Abzugsfähigkeit der betrieblichen Ausgaben.

Obwohl sie eine wichtige Rollen spielen, sollten die steuerlichen Aspekte nicht allein entscheidend für die eine oder andere Gesellschaftsform sein. Vielmehr sollten sie unter der gemeinsamen Berücksichtigung der langfristigen und strategischen Managementplanung geprüft werden. Professionelle Beratung insbesondere bei diesen Themen ist daher dringend anzuraten. Die folgende Tabelle gibt einen Überblick über die wesentlichen Merkmale der vorab beschriebenen Unternehmensformen aus gesellschaftsrechtlicher und steuerrechtlicher Sicht:

Merkmal	Unternehmensformen, die nur auf einer Ebene besteuert werden (*sole proprietor; Partnerships;* wahlweise auch für LLCs, die die gesetzlichen Voraussetzungen für die Besteuerung wie eine *Partnership* erfüllen)	Unternehemensformen, die auf zwei Ebenen besteuert werden (*Corporations;* wahlweise auch für LLCs)
Rechtssicherheit der Gesellschaftsform	Sehr gut bei der *General Partnership*; etwas komplizierter bei der *Limited Partnership* wegen der beschränkten Eingriffsmöglichkeit der *Limited Partners* in das Geschäft der *Partnership*; ebenfalls komplizierter bei der LLC aufgrund der Tatsache, dass die Rechtslage in manchen Bundesstaaten hinsichtlich der Gründung sowie der Verwaltung und des Managements einer LLC noch im Fluss ist.	Sehr gut, solange die gesetzlichen Voraussetzungen erfüllt werden.
Beschränkte Haftung	Besteht nicht für den/die *sole proprietor(s)*, aber für die *Limited Partners* einer *Limited Partnership*, vorausgesetzt, sie mischen sich nicht zu weit in das operative Geschäft ein; besteht nicht für General *Partners* einer General *Partnership* oder für den General *Partner* einer General *Partnership*. Gleiches für eine LLC.	Ja, solange eine Durchgriffshaftung nicht gerechtfertigt ist.
Gründungskosten und -aufwand	Relativ gering, es sei denn, eine Struktur bzw. Regelwerk ist gewollt, die/das von der üblichen Norm abweicht.	Relativ gering, es sei denn, eine Struktur bzw. Regelwerk ist gewollt, die/das weit von der üblichen Norm abweicht.
Verwaltungsaufwand nach Gründung; Veräußerung von Geschäftsanteilen	Komplizierter bei den *Partnerships*, etwas leichter bei den LLCs.	Leicht; standardisierte Vorgehensweisen.
Beschränkungen hinsichtlich Beteiligungen	Insbesondere bei *Partnerships* von Freiberuflern und sonstigen gewerblichen Dienstleistern (z.B. Voraussetzung einer Lizenz im jeweiligen Bundesstaat, Beschränkung hinsichtlich Management durch *Partners*, die außerhalb des jeweiligen Bundesstaates ihren Wohnsitz haben).	Keine, mit Ausnahme von *Corporations* bzw. LLCs von Freiberuflern und sonstigen gewerblichen Dienstleistern (z.B. Voraussetzung einer Lizenz im jeweiligen Bundesstaat, Beschränkung hinsichtlich Management durch *Partners*, die außerhalb des jeweiligen Bundesstaates ihren Wohnsitz haben).

Besteuerung auf der Bundesebene	*Pass-through taxation*, d.h. die Gewinne des Unternehmens werden nicht besteuert, sondern allein die anteiligen Gewinne der jeweiligen *Partners* beziehungsweise *Members* als deren privates Einkommen.	Grundsätzlich eine doppelte Besteuerung, d.h. sowohl die Gewinne des Unternehmens als auch die Ausschüttungen an die jeweiligen *Shareholders* werden zusätzlich als Einkommen versteuert. (*Hinweis: President Bush möchte die doppelte Besteuerung von Dividenden der Corporations in der Legislaturperiode 2003 abschaffen.*)
Besteuerung auf Bundesebene	*Pass-through taxation*, d.h. die Gewinne des Unternehmens werden nicht besteuert, sondern allein die anteiligen Gewinne der jeweiligen *Partners* als deren privates Einkommen Grundsätzlich erfolgt die Besteuerung auf der Bundesebene.	Grundsätzlich eine Doppelbesteuerung, d.h. sowohl die Gewinne des Unternehmens als auch die Ausschüttungen an die jeweiligen Shareholders werden zusätzlich als Einkommen versteuert.(*Hinweis: Es gibt deutliche Unterschiede zwischen den Bundesstaaten bezüglich der Einkommensteuer.*)
Möglichkeit der Eigentümer, Verluste aus dem Unternehmen steuerlich geltend zu machen	Verhältnismäßig strenge Bedingungen, unter denen *Partners* Steuervorteile aus Geschäftsverlusten ziehen können.	Relativ einfach, solange die Geschäftsverluste binnen der gesetzlichen Frist geltend gemacht werden.
Flexibilität bei der Zuordnung von Gewinnen und Verlusten unter den Eigentümern	Sehr gut.	Grundsätzlich nicht möglich (Gleichbehandlung der *Shareholders*).
Ausschüttungen von Vermögen, das im Wert gestiegen ist (sog. *Capital Gains taxation*)	Grundsätzlich nicht steuerpflichtig, mit einigen wichtigen Ausnahmen.	Grundsätzlich steuerpflichtig.
Geschäftsjahr für Steuerzwecke	Beschränkte Flexibilität.	Sehr flexibel.
Vergütung der Arbeitnehmer (sog. *fringe benefits*, wie der Arbeitgeberanteil bei Versicherungskosten, Firmenwagen, Ausbildungskosten usw.)	Beschränkt.	Etwas eingeschränkt für die LLC; am günstigsten und flexibelsten für die *Corporation*.

Tabelle 3.1: Merkmale der Gesellschaftsformen

Die obige Tabelle stellt nur die Grundzüge der wesentlichen Merkmale dar, ohne Berücksichtigung der Besonderheiten in einem konkreten Fall. Eine Entscheidung über die Gesellschaftsform allein auf Grundlage der Frage, ob auf nur einer oder zwei Ebenen versteuert wird, ist kurzsichtig, wenn nicht schlichtweg falsch. Die negativen Aspekte der gesetzlichen Doppelbesteuerung (zum Beispiel einer *Corporation*) können durch andere Vorteile (zum Beispiel dem Spielraum bei der Vergütung des Managements sowie der Gestaltung der *fringe benefits* der Arbeitnehmer als Betriebsausgaben) ausgeglichen werden.

Haftungsrisiken von Management und Eigentümern

Die Aufgaben und Pflichten von *Partners* in einer *Partnership* sind vergleichbar mit denen der *Directors* und *Officers* einer *Corporation* sowie der *Members* einer *Limited Liability Company*. Es handelt sich bei all diesen Funktionen um die *fiduciary duties*, nämlich die *duty of care* und die *duty of loyalty*. Für eine genauere Analyse der jeweiligen Pflichten müssen die Besonderheiten der jeweiligen Gesellschaftsform berücksichtigt werden. Diese werden durch die Rechtsprechung des jeweiligen Bundesstaates entwickelt. Kapitel 6 enthält eine Beschreibung der strengeren Auslegung und Ausweitung dieser Pflichten durch die neue Gesetzgebung seit dem Enron-Skandal.

Haftung von Management: Directors und Officers

Wie erwähnt, haben *Directors* und *Officers* gegenüber der Gesellschaft treuhänderische Pflichten. Die zwei Hauptpflichten sind die Sorgfaltspflicht, die auf die Qualität der Entscheidungsfindung abzielt, und die Treuepflicht, die sich auf die Verpflichtung der *Directors* und *Officers* bezieht, das Interesse der Gesellschaft vor ihr eigenes Interesse zu stellen. Diese Pflichten bestehen unter Umständen auch für Mehrheitsgesellschafter beziehungsweise Mehrheitsaktionäre.

Sorgfaltspflicht (duty of care)

Die Sorgfaltspflicht beinhaltet, dass das Verhalten einer Person in der Position eines Entscheidungsträgers (also der *Director* oder *Officer*) den jeweiligen Gegebenheiten angemessen ist. Sie hat ihre Wurzeln in den deliktsrechtlichen Prinzipien (Fahrlässigkeit) des *Common Law* und enthält eine *ex-post*-Analyse, um zu entscheiden, ob eine bestimmte Entscheidung mit der angemessenen Umsicht und nach Anstellung der notwendigen Überlegungen sowie Beschaffung aller notwendigen Information getroffen worden ist. Die Beachtung, die einer bestimmten Sachfrage geschenkt wird, sollte ihrer Bedeutung und den möglichen Auswirkungen auf die Gesellschaft entsprechen. Bei Routineentscheidungen sind keine exakt genauen Überlegungen erforderlich; andernfalls würde die Arbeit einer Gesellschaft zum Stillstand kommen. Auf der anderen Seite reichen jedoch flüchtige oder reine »pro-forma«-Überprüfungen nicht aus, um einen *Director* oder *Officer* von seiner Sorgfaltspflicht zu entbinden.

(a) Anwendung und Umfang der Pflicht

In den Vereinigten Staaten erfordert die modellgesetzliche Bestimmung in diesem Bereich, dass Personen, die Sorgfaltspflichten zu beachten haben, ihre Verantwortlichkeiten in gutem Glauben wahrnehmen, mit der Sorgfalt einer durchschnittlich umsichtigen Person (*reasonable person*) in einer vergleichbaren Situation und unter ähnlichen Umständen handeln, und zwar zum Wohle der Gesellschaft. Aber ob die Handlung angemessen war oder nicht, hängt davon ab, welche Informationen die Person zur Zeit der Entscheidung hatte.

(b) Mildernde Faktoren und Mechanismen

Es ist zu beachten, dass die Bestimmungen des *Common Law* keine Perfektion auf Seiten des Entscheidungsträgers voraussetzen. Eine derart stringente Regelung würde womöglich die Unternehmensführung davon abhalten, irgendeine Entscheidung zu treffen, die mehr als ein minimales Risiko beinhaltet. Daher gehen die *Common-Law*-Systeme bezüglich der Sorgfaltspflicht von bestimmten Annahmen aus. Der *Model Business Corporation Act (MBCA)* legt zum Beispiel fest, dass

1.) *Directors* grundsätzlich davon ausgehen können, dass Manager und *Officers* ehrlich und vertrauensvoll sind;

2.) die Haftung dann nicht eintritt, wenn die betreffende Person sich in gutem Glauben auf die Information, die zum Entscheidungszeitpunkt verfügbar war, verlassen durfte.

Daher ist der Jurist mit der Aufgabe konfrontiert, herauszuarbeiten, wie die Fälle dieser typischen *Common-Law*-Begriffe wie »sich verlassen dürfen« (*reasonable reliance*) oder »guter Glaube« (*good faith*) zu interpretieren sind.

Die Reaktion des Managements auf das Haftungsrisiko hat in der Praxis dazu geführt, dass zahlreiche Mittel eingesetzt wurden, um die Wahrscheinlichkeit zu reduzieren, dass eine Entscheidung die Sorgfaltspflicht verletzt. Eine Möglichkeit besteht darin, die Aufgabe an andere Personen zu delegieren – häufig ist das ein Komitee, das mit der notwendigen Kompetenz ausgestattet ist, die ihm anvertraute Aufgabe anzugehen. So kann ein Unternehmen ein Prozessgremium (*Litigation Commitee*, das die Reaktion der Gesellschaft auf angedrohte oder tatsächliche gerichtliche Streitigkeiten analysiert), einen Finanzausschuss (*Finance Commitee*, der sich mit den Fragen der Unternehmensfinanzierung befasst) oder einen Technologieausschuss (*Technology Committee*, der die Reaktion auf und die Umsetzung von technologischen Entwicklungen koordiniert) einsetzen, der von unternehmensinternen Kräften und/oder Dritten, beispielsweise Beratern, besetzt wird.

Obwohl die Delegierung die *Directors* oder *Officers* nicht von ihren individuellen Verpflichtungen lossspricht, belegt ein solches Vorgehen jedoch, dass er oder sie sich auf die Unterstützung durch in der speziellen Sachfrage hochqualifizierte Personen verlassen hat. Die Sitzungen und Unterlagen solcher Gremien helfen der Gesellschaft, die Grundlagen für individuelle und kollektive Entscheidungen zurückzuverfolgen.

(c) Die »Business-Judgement«-Regel

Je nachdem, wie streng die Sorgfaltspflicht ausgelegt wird, können *Directors* und Managers in ihrer Entscheidungsfreiheit eingeengt werden. Im schlimmsten Fall kann dies dazu führen, dass eine Gesellschaft nicht rechtzeitig beziehungsweise nicht angemessen auf die Anforderungen und Änderungen des Marktes reagieren kann, was wiederum den Fortbestand des Unternehmens gefährdet.

Als partielle Abhilfe gegen dieses Risiko hat das *Case law* des *Common-Law*-Gesellschaftsrechts eine Rechtslehre entwickelt, die unter der Bezeichnung *Business-Judgement*-Regel bekannt ist. Sie gibt im Wesentlichen eine Vermutung darüber wieder, unter welchen Umständen die Sorgfaltspflicht als erfüllt gilt. Im Falle eines Rechtsstreites würde die Beweislast auf Seiten der Partei liegen, die eine andere einer Verletzung der Sorgfaltspflicht beschuldigt. Ihr obliegt es dann zu zeigen, dass die Handlung eines *Directors* oder *Officers* der im Gesetz vorgesehenen Annahme nicht entsprochen hat. Die Gerichte halten sich dabei zurück, sich in das nachträgliche Überdenken von Entscheidungen einbinden zu lassen, die durch *Directors* oder *Officers* gefällt wurden. Nur in schweren Fällen von Missmanagement würde ein Gericht dazu tendieren, die Verantwortlichen persönlich für die Folgen unternehmerischer Entscheidungen haftbar zu machen.

Treuepflicht (duty of loyalty)

Directors und *Officers* einer Aktiengesellschaft haben die Interessen des Unternehmens vor ihre eigenen persönlichen Interessen zu stellen. Bei der nachträglichen Prüfung der Gerichte wird ein Abwägungsmechanismus angewendet, nach dem der Entscheidungsträger die Folgen einer bestimmten Entscheidung für die Gesellschaft abschätzen muss. Nur wenn der objektive Schluss möglich ist, dass die Interessen des Unternehmens nicht im Hintergrund standen oder nicht in mehr als minimaler Weise außer Acht gelassen wurden, würde die Treuepflicht als erfüllt angesehen werden. Die Treuepflicht geht aus der treuhänderischen Natur der Beziehung zwischen *Director*, *Officer* und dem Unternehmen hervor. Der U.S. Supreme Court beschreibt sie folgendermaßen:

Ein Director ist ein Treuhänder ... Hier sind auch ein beherrschender oder kontrollierender Aktionär oder eine entsprechende Gruppe von Aktionären gemeint ... Ihre Geschäfte mit der Aktiengesellschaft unterliegen strenger Überprüfung und wo einer ihrer Verträge mit der Aktiengesellschaft, oder Handlungen, die diese betreffen, gerichtlich angefochten wird, liegt die Beweislast bei dem Director oder Aktionär. Er muss nicht nur nachweisen, dass er die Transaktion in gutem Glauben vorgenommen hat, sondern er muss auch die ihr innewohnende Fairness vom Standpunkt der Aktiengesellschaft und der an ihr Interessierten zeigen.

Da das *case law* die Treuepflicht auf Mehrheitsaktionäre ausgeweitet hat, entstehen im Zusammenhang mit Fusionen und Angeboten zur freundlichen Übernahme häufig Konflikte zwischen den Mehrheits- und den Minderheitsaktionären.

(a) Selbstgeschäfte

In den europäischen Rechtssystemen besteht für Einzelpersonen grundsätzlich ein gesetzliches Verbot, in eine Transaktion gleichzeitig in ihrer persönlichen und beruflichen (das heißt als *Director* oder *Officer*) Eigenschaft einzusteigen. Daher muss für die Situationen, in denen ein solches Vorgehen notwendig wird, das gesetzliche Verbot in dem zugrundeliegenden Dokument ausdrücklich ausgeschlossen werden (zum Beispiel durch Befreiung der Beschränkungen des § 181 BGB). Das *Common Law* nähert sich der Rechtsfrage vom entgegengesetzten Standpunkt. Statt ein ausdrückliches Verbot festzuschreiben, erlaubt das *Common Law* eine derartige Transaktion in dem Umfang, in dem das Geschäft nicht die Treuepflicht des Individuums gegenüber der Aktiengesellschaft verletzt.

(b) Interessenskonflikte

Dieser allgemeine Begriff bezieht sich auf den Fall, in dem eine wahrnehmbare Unvereinbarkeit zwischen den persönlichen Interessen des Handelnden und denen des vertretenen Rechtssubjektes (zum Beispiel die Aktiengesellschaft, in der er oder sie eine einflussreiche Position hat) gegeben ist. Ursprünglich erlaubten die Gerichte den Gesellschaften, Verträge mit *Directors* oder *Officers* zu annullieren. Später wurden solche Verträge so lange aufrechterhalten, bis sie fair und durch neutrale *Directors* bestätigt worden waren (*ratification*). Schließlich entwickelte sich die rechtliche Annahme, dass solche Verträge auch ohne Ratifizierung gültig sind, solange sie fair waren. Zwei der wichtigsten US-amerikanischen Regelwerke zum Gesellschaftsrecht, nämlich das Gesellschaftsrecht von Delaware und New York, stellen beispielsweise fest, dass ein Vertrag nicht allein deswegen ungültig oder annullierbar ist, weil ein Interessenskonflikt besteht. Damit hat sich der Schwerpunkt des Interesses auf die dem Vertrag innewohnende Fairness aus Sicht der Gesellschaft verlagert.

(c) Corporate Opportunities

Die Rechtsfrage von so genannten *corporate opportunities* (»Unternehmensangelegenheiten«) stellt sich, wenn eine Einzelperson sich einer Gelegenheit gegenübersieht, die gleichermaßen für die Person selbst wie auch für die *Corporation* von Interesse ist. Grundsätzlich muss das Individuum die Interessen der *Corporation* an erste Stelle setzen, was in diesem Zusammenhang bedeutet, dass es von der Gelegenheit keinen Gebrauch machen darf, bis sie ordnungsgemäß der Gesellschaft angeboten und daraufhin durch diese überdacht und abgelehnt wurde.

Versicherungsschutz für Directors und Officers: D&O Insurance und sonstige Versicherungen

Neben den die Haftung mildernden Faktoren besteht auch die Möglichkeit, die *Directors* und *Officers* vor einer Haftung wegen Pflichtverletzung zu schützen. Eine Versicherungspolice schließt die *Directors* und *Officers* unter bestimmten Voraussetzungen von der Haftung aus. Diese Versicherung wird »D&O Insurance«- also *Directors* und *Officers*- abgekürzt. Eine Versicherung über *D&O Insurance* ist häufig Voraussetzung dafür, dass Führungskräfte die ihnen angebotene Position annehmen. Darüber hinaus ist sie von besonderer Bedeutung, da gemäß den meisten *by-laws* das Unternehmen verpflichtet ist, die *Officers* und *Directors* von der aus deren Amt resultierenden Haftung freizustellen. Eine solche Verpflichtung wird auch in vielen Anstellungsverträgen festgeschrieben.

Viele deutsche und ausländische Unternehmen, die Tochtergesellschaften in den USA haben, genießen einen ähnlichen Versicherungsschutz für die Geschäftsführung (Vorstand oder Geschäftsführer). Oft besteht der Versicherungsschutz weltweit, einschließlich sämtlicher Tochtergesellschaften. Jedoch beinhalten viele Versicherungsverträge ausdrückliche Ausschlüsse für Ansprüche, die sich auf das Rechtssystem des *Common Law* des jeweiligen Landes begründen. Außerdem werden bestimmte Schadensarten, die außerhalb des *Common Law*-Systems unbekannt sind – beispielsweise *punitive* oder *exemplary damages* – ebenfalls vertraglich ausgeschlossen. Insofern ist es immer empfehlenswert, den genauen Versicherungsschutz in den USA mit dem Versicherungsgeber zu klären.

Sollte der über die Versicherung der Muttergesellschaft bestehende Versicherungsschutz für die US-Tochtergesellschaft unzureichend sein, ist der Abschluss einer D&O Versicherung mit einer US-amerikanischen Versicherungsgesellschaft – oder der amerikanischen Tochtergesellschaft einer ausländischen Versicherungsgesellschaft – zu empfehlen.

> **Hinweise bei der Wahl einer D&O Versicherung**
>
> Bei der Auswahl einer solchen Versicherung sind zumindest die folgenden Punkte zu beachten:
> - Das Angebot einer umfassenden D&O Versicherung macht das Unternehmen attraktiver für amtierende und potenzielle *Directors* und *Officers*. Einige werden eine Position in einem Unternehmen ohne ausreichenden Versicherungsschutz nicht akzeptieren, wenn sie mit ihrem Privatvermögen haften müssen.
> - Eine D&O Versicherung ist nicht nur unter dem Aspekt des Risikomanagements von Bedeutung. Viele Investoren – insbesondere *Venture Capitalists* – verlangen ausreichenden Versicherungsschutz für das Unternehmen bevor sie Finanzierungsgelder zur Verfügung stellen.
> - Insbesondere für *public companies* gewinnt ausreichender Versicherungsschutz zunehmend an Bedeutung. Aufgrund der Entwicklungen in den USA nach dem Enron Skandal (siehe hierzu Kapitel 6) ist das Risiko, dass *Directors* und *Officers* in die Haftung genommen werden, deutlich gestiegen. Das gilt insbesondere für die ordnungsgemäße und korrekte Verwaltung der Unternehmensfinanzen durch verantwortliche Entscheidungsträger.

- Ähnlich lautende oder gezielte Versicherungen müssen nicht identisch sein. Es gibt immer Besonderheiten, die berücksichtigt werden müssen. Da *Directors* und *Officers* in den USA häufig durch Arbeitnehmer wegen Diskriminierung (siehe hierzu Kapitel 4) verklagt werden, werden auch solche Risiken angemessen versichert. Mehr als die Hälfte der Klagen gegen D&O basieren auf solchen Ansprüchen. Manche Versicherungsgesellschaften haben derartige Risiken als Standard in ihre D&O-Versicherungsverträge aufgenommen, während andere den Abschluss einer separaten Versicherung – *Employment Practices Liability Insurance* – verlangen. Nach einer kürzlichen Studie wird geschätzt, dass circa 60 Prozent der Unternehmen in den USA mit einer Klage durch Mitarbeiter zu rechnen haben. Das Risiko einer arbeitsrechtlichen Auseinandersetzung betrifft sowohl bestehende oder gekündigte Arbeitnehmer als auch Kandidaten, deren Bewerbung um eine Stelle abgelehnt wird.
- Für die Versicherung von Risiken aus dem operativen Geschäft kommt die *Errors & Omissions Insurance* in Betracht. Diese Versicherung schützt den Versicherungsnehmer gegen Klagen beziehungsweise Ansprüche Dritter, insbesondere Endkunden, wegen einer Verletzung vertraglichen Verpflichtungen. Darüber hinaus werden Ansprüche, die aus Verstößen gegen Umweltrecht oder Produkthaftungsrecht resultieren, oft ausdrücklich ausgeschlossen. Daher müssen für diese Risiken entsprechende Versicherungen separat abgeschlossen werden.

Aufgrund der unterschiedlichen Wirtschafts- und Gesellschaftsstrukturen und Rechtssysteme ähnelt eine Gegenüberstellung der Versicherungsarten und Versicherungsbedingungen in den USA mit den diesen am nächsten kommenden deutschen Versicherungen einem Vergleich von Äpfeln und Birnen oder Orangen. Der Käufer oder Gründer eines US-Unternehmens sollte nicht davon ausgehen, dass der Versicherungsschutz dem deutschem Standard entspricht. Stattdessen ist es immer empfehlenswert, mit Hilfe eines Experten den bestehenden Versicherungsschutz genauer unter die Lupe zu nehmen und eventuell weitere Versicherungsverträge abzuschließen.

Haftung der *Corporation* beziehungsweise der Shareholders: *Piercing the Corporate Veil* (*Durchgriffshaftung*)

Einer der Hauptgründe für die Wahl einer *Corporation* oder *Limited Liability Company* ist die damit verbundene beschränkte Haftung. Grundsätzlich ist die Haftung der *Corporation* beschränkt auf das Gesellschaftsvermögen, solange die gesetzlichen Voraussetzungen für ihr Bestehen und Fortbestand erfüllt sind. Unter Umständen können die Gesellschafter mit ihrem Privatvermögen haften.

Eine unbekannte Größe: Die Joint-Venture-Gesellschaft

Das *Joint-Venture* stellt eine Form der geschäftlichen Zusammenarbeit dar, ohne dass die beiden Kooperationspartner miteinander gesellschaftsrechtlich verbunden sein müssen. Zwar können sie eine separate Gesellschaft gründen, deren Gesellschaftszweck die Zusammenarbeit an einem bestimmten Projekt ist. Ein *Joint Venture* kann aber auch auf rein vertraglicher Basis bestehen.

Ein klassisches Gebiet für *Joint Venture* ist die Forschung, da durch diese Form der Zusammenarbeit die bei der Entwicklung neuer Technologien entstehenden Kosten geteilt werden können. Die Einzelheiten einer solchen Zusammenarbeit werden in einem *Joint Venture*-Vertrag festgelegt. Dieser Vertrag regelt die Rechte und Pflichten der Vertragsparteien; er kann sowohl befristet als auch unbefristet geschlossen werden.

Ob eine separate Gesellschaft für das *Joint Venture* erforderlich ist, hängt von den Einzelheiten des vorgesehenen gemeinsamen Projekts ab. Als Faustregel gilt: Je komplizierter und langfristiger die vorgesehene Zusammenarbeit, desto passender und vorteilhafter ist die Gründung einer separaten Gesellschaft. Die Zusammenarbeit in einer solchen Kooperation lässt sich leichter kontrollieren und leiten, da durch die Gesellschaft eine Entscheidungs- und Verantwortungsstruktur vorhanden ist. Andererseits ist eine allein auf Vertragsbasis erfolgende Zusammenarbeit mit weniger Verwaltungsaufwand verbunden. Darüber hinaus sind Änderungen zum *Joint Venture*-Vertrag ohne großen Aufwand möglich, solange die Kooperationspartner sich über die diversen Themen einigen können.

Neugründung, Vorratsgesellschaften, Mantelkauf oder Beteiligung an einer bestehenden Gesellschaft

Grundsätzlich unterscheidet man fünf Arten des Eintritts in den US-amerikanischen Markt über eine Kapitalgesellschaft: Die Gründung einer neuen Gesellschaft, den Erwerb von oder die Beteiligung an einem bestehenden Unternehmen (entweder Vorratsgesellschaft, Mantelkauf, oder Beteiligung an einem operativen Unternehmen) sowie eine Kooperation mit einem bestehenden Unternehmen (Joint Venture). Das Joint Venture wurde im vorherigen Abschnitt dargestellt; die übrigen Möglichkeiten werden unter Abwägung ihrer Vorzüge und Nachteile im Folgenden kurz beschrieben.

> **Checkliste bei Foreign Direct Investment in die USA**
> Grundsätzlich gibt es vier Alternativen bei einem *Foreign Direct Investment*, die keinen Joint Venture darstellen:
> - **Neugründung**: Bei der Neugründung besteht die Möglichkeit, alle Aspekte der gewählten Gesellschaftsform beliebig zu regeln. Da man bei Null anfängt, besteht kein Risiko einer Haftung aus früheren Geschäftstätigkeiten der Gesellschaft, wie dies zum Beispiel beim Mantelkauf oder Unternehmenskauf der Fall sein kann. Da im Vergleich zu Deutschland die erforderliche Zeit für das Gründungsverfahren in den USA wesentlicher kürzer ist, spricht viel für diese Investmentmodalität.
> - **Vorratsgesellschaft**: Der Vorteil einer Firmengründung durch den Erwerb einer Vorratsgesellschaft (»*off-the-shelf*« oder »*shelf company*«) besteht darin, dass der Erwerber vom Tage des Kaufes bereits über eine eingetragene und betriebsbereite Gesellschaft verfügen kann. Außerdem können Fehler im Gründungsprozess vermieden werden, da die Gesellschaft ja bereits im Handelsregister eingetragen ist. Unter einer Vorratsgesellschaft versteht man eine bestehende Gesellschaft, die irgendeine Geschäftstätigkeit entfaltet hat. Insofern dürfte es auch keine operativen Haftungsrisiken geben. Da die Anbieter von Vorratsgesellschaften ihr Geld damit verdienen, kostet der Erwerb allerdings etwas mehr als eine Neugründung.
> - **Mantelkauf**: Der Erwerb einer Gesellschaft im Wege des Mantelkaufs unterscheidet sich vom Erwerb einer Vorratsgesellschaft dadurch, dass die dahinter stehende Gesellschaft in der Vergangenheit wirtschaftlich aktiv war. Insofern bestehen eventuell Haftungsrisiken aus

der früheren Geschäftstätigkeit. Der Vorteil des Mantelkaufs liegt darin, dass die dahinter stehende Gesellschaft oft über Eigenschaften oder Rechte verfügt – beispielsweise ein gewünschter Firmenname, Markenrechte, Genehmigungen oder Lizenzen – die für den Käufer von großer Bedeutung sind. Aufgrund der möglichen Haftung, die aus dem Erwerb entstehen könnte, ist eine detaillierte Untersuchung (*Due Diligence*-Prüfung) dieser Risiken immer zu empfehlen. Es gibt auch unseriöse Anbieter solcher Unternehmen, die gezielt ihr Geschäft auf ausländische Investoren abstellen. Sie betonen die Vorteile des Mantelkaufs, ohne die Haftungsrisiken (ausreichend) zu würdigen.

- **Erwerb einer Beteiligung**: Wenn ein ausländischer Investor lediglich an einer strategischen Beteiligung an einem operativen Unternehmen interessiert ist – und die Gründung einer neuen Tochtergesellschaft nicht anstrebt – ist der Erwerb einer Beteiligung an einem bestehenden US-Unternehmen zu bevorzugen. Die Beteiligung kann sogar bis zu 100 Prozent gehen, solange der Verkäufer dazu bereit ist. Durch eine Beteiligung kann der Erwerber Zugang zu wichtigen Informationen oder Technologie gewinnen, solange keine unüberwindbaren gesetzlichen oder firmenpolitischen Hürden im Weg stehen. Um die Möglichkeit auszuschließen, dass der Erwerber gewisse Haftungsansprüche »vererben« kann, ist, wie beim Mantelkauf, eine *Due Diligence*-Prüfung dringend zu empfehlen. Weitere Risiken bei Beteiligungen und Unternehmenskäufen werden in Kapitel 6 näher erläutert.

Grundlageninformation über Gesellschaften in den USA

Wie in Deutschland gibt es in den USA öffentliche Register, die über Basisdaten zu den Wirtschaftsunternehmen mit Sitz im jeweiligen Bundesstaat verfügen. Diese Informationen sind öffentlich und für jeden einsehbar und abrufbar – eventuell gegen Gebühr – ohne dass ein berechtigtes Interesse nachzuweisen wäre. Viele Informationen sind sogar im Internet abrufbar. Der Anhang zu Kapitel 3 beinhaltet eine Liste der jeweils zuständigen Behörden (mit Website-Adressen) in den 50 Bundesstaaten.

Für eine erste Prüfung der grundlegenden Information über eine US-Gesellschaft sind diese Quellen nützlich. Jedoch sollten sie nur als Ausgangspunkt betrachtet werden, da die Informationen aufgrund der den

Unternehmen eingeräumten Fristen zur Anzeige von Änderungen in ihrer Gesellschafts- und Managementstruktur nicht immer aktuell sind. Des Weiteren werden die von den Unternehmen eingereichten Informationen im Vergleich zu Deutschland und anderen Ländern weniger überprüft. Bei sehr wichtigen Transaktionen – wie beispielsweise Unternehmenskäufen oder Unternehmensbeteiligungen – empfiehlt es sich, den Status beziehungsweise die Struktur der Gesellschaft überprüfen zu lassen.

> **Praxistipp: Certificate of Good Standing**
>
> Sehr oft wird im Rahmen von Geschäften und Transaktionen ein *Certificate of Good Standing* verlangt. Dieses Dokument hat keine genaue Entsprechung in Europa. Darüber hinaus ist der Name des Dokuments insofern irreführend, als es eine Art Qualitätsmerkmal suggeriert.
>
> In Wirklichkeit ist ein *Certificate of Good Standing* nur ein Nachweis, dass das Unternehmen sämtliche erforderlichen Informationen fristgemäß eingereicht hat. Die eingereichten Informationen können sogar komplett falsch sein, aber das wäre für dieses Dokument irrelevant. Das Zertifikat ist nur eine formelle Bestätigung der Erfüllung bestimmter gesetzlichen Berichtspflichten. Über die Qualität des Unternehmens und die Zuverlässigkeit seines Managements sagt es trotz seines Titels aber nichts aus. Insofern stellt die *Certificate of Good Standing* allein keinen Vertrauensbeweis dar.

Ebenfalls erhältlich über viele dieser Webseiten sind Standardformulare für gesellschaftsrechtliche Vorgänge (Gründung, Fusion, Jahresbericht). In manchen Bundesstaaten ist die Benutzung dieser Vordrucke für den jeweiligen Vorgang unbedingt erforderlich. In anderen sind sie eher als Beispiele beziehungsweise Mindeststandards zu betrachten. In jedem Fall dienen die Formulare zum besseren Verständnis des rechtlichen Vorgangs sowie der Berichtspflichten in den diversen Bundesstaaten.

Die Wahl der Modalität eines Investments in den USA beruht auf einer Kombination von strategischen, juristischen, steuerlichen und kaufmännischen Faktoren. Auch der zeitliche Rahmen der Gründung beziehungsweise des Erwerbs spielt eine nicht unerhebliche Rolle. Durch sorgfältige Prüfung der verschiedenen Möglichkeiten und der Konsequenzen aus der Wahl einer bestimmten Gesellschaftsform können spätere Unwägbarkeiten vermieden werden. Die in diesem Kapitel enthaltenen Informationen sind allerdings nur als Ausgangspunkt zu betrachten. Die Einbeziehung erfahrener Berater kann zur Gestaltung einer optimalen Investmentstrategie erheblich beitragen.

Um von dem fachlichen Rat eines Beraters am besten profitieren zu können, können viele Informationen im Voraus kostenlos oder günstig über die zuständigen Behörden in dem jeweiligen Bundesstaat – eine Liste liegt als Anhang zu Kapitel 3 diesem Kapitel bei – angefordert werden. Eine Vielzahl von Handelskammern, Konsulaten, Inlandsinvestitionsbehörden und ähnlichen Organisationen können darüber hinaus wichtige Informationen zur Verfügung stellen, praktische Unterstützung leisten und hilfreiche Kontakte vermitteln. Eine Liste der Repräsentanzen einzelner US-Bundesstaaten in Deutschland und Europa befindet sich im Anhang zum Epilog.

Kapitel 4
Die menschliche Seite: Management, Arbeitnehmer und US-amerikanisches Arbeitsrecht

Erste Investitionsschritte: Engerer Kreis von Management und Angestellten

In der Regel wird ein ausländischer Investor in den USA vorsichtig vorgehen und je nachdem, wie das US-Geschäft läuft, die ursprüngliche Investition den Gegebenheiten anpassen, das heißt er wird seine geschäftlichen Aktivitäten ausweiten oder zurückfahren. Sehr häufig wird das US-Geschäft mit Handelsvertretern begonnen. Wenn die Investition sich gut entwickelt, kommt als nächster Schritt oft eine Geschäftsstelle in Betracht. Da aber ein Handelsvertreter oder eine Geschäftsstelle eine umfassende Betreuung des US-Marktes nicht immer ermöglichen, tätigen viele ausländische Investoren nach einer gewissen Zeit, ein echtes *Investment* – vergleiche *foreign direct investment* – in den USA.

Der erste Schritt eines direkten *Investments* ist meistens die Gründung einer neuen Gesellschaft, eines *Joint Venture* mit einem Partner vor Ort oder der Erwerb eines bereits bestehenden Unternehmens oder einer Beteiligung daran. Die Vor- und Nachteile dieser Strategien sowie Einzelheiten der verschiedenen Gesellschaftsformen werden in Kapitel 3 näher betrachtet.

Dieser Abschnitt befasst sich mit dem Management solcher *Investments*. Wegen der grundsätzlichen Unterschiede zwischen Management-Strukturen in den USA und in Europa werden die allgemeinen Rechte und Pflichten der jeweiligen Funktionen in einem US-Unternehmen kurz dargestellt. Da die US-Aktiengesellschaft – die *Corporation* – die häufigste Form eines *direct investment* ausländischer Investoren sein dürfte, konzentrieren sich die folgenden Betrachtungen im Wesen hierauf.

Das Board of Directors: Das oberste Management Gremium

Traditionell werden die meisten US-Aktiengesellschaften von einem *Board of Directors* geführt.

All corporate powers shall be exercised by or under the authority of, and the business and affairs of the corporation managed under the direction of, its board of directors, subject to any limitation set forth under the articles of incorporation or in any agreement authorized [by the shareholders ...]

Wie sich aus dem obigen Zitat aus dem für *Corporations* geltenden Mustergesetz entnehmen lässt, ist der Board of Directors primär für die Geschäftsführung verantwortlich. Es bleibt aber genügend Spielraum für Abweichungen. Klassische Abweichungen sind Strukturen, die den Gesellschaftern weitgehende Entscheidungskompetenz einräumen und insbesondere bei kleineren oder Familienunternehmen häufig vorkommen.

Die *Directors* haben gegenüber dem Unternehmen Treuepflichten, das heißt sie müssen stets im Interesse des Unternehmens handeln (siehe auch Kapitel 3). Die meisten Bundesstaaten setzen voraus, dass eine *Corporation* mindestens zwei *Directors* hat. Da eine Person sowohl als *Director* als auch als *Officer* agieren kann, ist es grundsätzlich möglich, das gesamte Management einer *Corporation* mit nur zwei Personen zu gestalten.

Bei Großunternehmen dagegen kann es eine Vielzahl von *Directors* geben sowie zusätzlich unterschiedliche Kategorien, wie beispielsweise *Inside* und *Outside Directors*. In den USA sind *Outside Directors* oft sehr bekannte Personen, Schauspieler oder ehemalige Politiker, die sowohl wegen ihrer Bekanntheit als auch wegen ihrer Einstellung und Erfahrung in das Management eines Unternehmens berufen werden.

Die Officers: Die leitenden Angestellten

Im *Common Law* ist die Aufteilung der Management-Kompetenzen zwischen Vorstand und Aufsichtsrat (*two-tier management structure*) unbekannt. Das ist ein Grund, weshalb die Entwicklung eines einheitlichen Gesellschaftsrechts in der EU oder einer EU-Gesellschaftsform so schwierig ist. Die Unterschiede zwischen den Gesellschaftsformen, wie sie in Großbritannien und Irland üblich sind, gegenüber den Gesellschaftsformen auf dem europäischen Kontinent lassen keine leichten Kompromisse oder Neugestaltungen zu. Vielmehr kennt das *Common Law* eine Aufteilung von Management-Kompetenzen zwischen dem *Board*, den Gesellschaftern und *Officers*.

Die *Officers* kümmern sich um das Alltagsgeschäft. Im Vergleich zum *Board of Directors*, das seine Entscheidungen im Rahmen regelmäßiger Sitzungen trifft, sind die *Officers* täglich am Arbeitsplatz und insofern viel näher an den aktuellen Entwicklungen und Mitarbeitern. Die *Officers* verfügen über weitgehende Entscheidungskompetenz, wobei die genaue Kompetenzzuweisung letztendlich in der Geschäftsordnung (*by-laws*) der Gesellschaft festgeschrieben wird.

Grundsätzlich sind weder Art noch Anzahl der *Officers* einer Corporation gesetzlich vorgeschrieben. Vielmehr wird im Gesetz betont, dass die Aufteilung der Kompetenzen in der *Corporation* eine angemessene Zuweisung der Zuständigkeiten und Verantwortlichkeiten gewährleisten soll. Insofern wird den Gründern beziehungsweise den Gesellschaftern viel Gestaltungsspielraum eingeräumt. Manche *Corporations* haben diesen Spielraum, durch den Versuch, die Kreativität der betroffenen Personen nicht einzuengen und eine relativ flache und demokratische Managementstruktur zu schaffen, genutzt. Das betraf insbesondere den High Tech-Sektor, in dem Positionen wie *Head Honcho* oder *Finance Guy* kreiert wurden. Seit dem Ende des Internet Booms sind solche Erscheinungen jedoch selten geworden, genauso wie der Trend zu *casual Fridays* und dergleichen sich umgekehrt zu haben scheinen. Die klassischen Funktionen der *Officer* in US-Unternehmen wird anhand von Beispielen aus standardisierten Stellenbeschreibungen in den *by-laws* im Folgenden kurz umrissen.

Die Zahl der erforderlichen Officers

The officers of the corporation shall be a president, one or more vice-presidents (the number thereof to be determined by the board of directors), a secretary, and a treasurer, each of whom shall be elected by the board of directors. Such other officers and assistant officers as may be deemed necessary may be elected or appointed by the board of directors. Any two or more offices may be held by the same person, except the offices of president and secretary.

Wie aus der obigen Standardregelung in den *by-laws* einer *Corporation* ersichtlich, obliegt es dem *Board* die Anzahl und die Auswahl der *Officers* festzulegen. In der Regel werden vier *Officers* bestellt: *President*, *Vice-President*, *Secretary* und *Treasurer*. Die Ausübung mehrerer *Officer* Funktionen in Personalunion, das heißt von der gleichen Person, ist – mit Ausnahme der Kombination *President* und *Secretary* – grundsätzlich erlaubt. Und zwar nicht deswegen, weil ein *President* immer eine/n Sekretär/in hat. Die Position des *Secretary* ist von großer Bedeutung in den *Common Law Corporations* und nicht mit der Position einer Sekretärin/eines Sekretärs in einem deutschen Unternehmen zu verwechseln.

> **President**
> The president shall be the sole principal executive officer of the corporation and, subject to control of the board of directors, shall in general supervise and control all of the business and affairs of the corporation. He shall, when present, preside at all meetings of the shareholders and of the board of directors. He may sign, with the secretary or any other proper officer of the corporation thereunto authorized by the board of directors, certificates of shares of the corporation and deeds, mortgages, bonds, contracts, or other instruments which the board of directors has authorized to be executed, except in cases where the signing and execution thereof shall be expressly delegated by the board of directors or by these By-Laws to some other officer or agent of the corporation, or shall be required by law to be otherwise signed or executed; and in general shall perform all duties incident to the office of president and such other duties as may be prescribed by the board of directors from time to time.

Als Faustregel gilt, dass der *President* die Hauptverantwortung für die Geschäftsführung trägt. Grundsätzlich genießt er oder sie weitgehende Vertretungsbefugnis, insbesondere auch im Hinblick auf die Unterzeichnung der Aktienzertifikate der *Corporation*, Kredit- oder sonstige Finanzverträge sowie allgemeine geschäftliche Verträge und Vereinbarungen. Um zu vermeiden, dass der *President* sämtliche Verträge der *Corporation* unterzeichnen muss, was auch zu Verzögerungen bei den Vertragsabschlüssen führen kann, wird die Vertretungsbefugnis für Verträge kleinerer Größenordnungen und geringerer Bedeutung häufig delegiert. Insbesondere bei Großunternehmen ist die Unterschrift des *President* nur bei Verträgen von zentraler Bedeutung für das Unternehmen notwendig. Der letzte Satz des obigen Auszugs aus der Stellenbeschreibung deutet wieder klar darauf hin, dass dem *Board* ein beachtlicher Spielraum bei der Gestaltung des Amtes und der Verantwortlichkeiten gegeben wird.

> **Vice-President**
> In the absence of the president or in the event of his death, inability, or refusal to act, the vice-president (or in the event there be more than one vice-president, the vice presidents in the order designated at the time of their election, or in the absence of any delegation, then in the order of their election) shall perform the duties of the president, and when so acting, shall have all the powers of and be subject to the restrictions upon the president. Any vice-

> *president may sign, together with the secretary or an assistant secretary, certificates for the shares of the corporation; and shall perform such other duties as from time to time may be assigned to him by the president or by the board of directors.*

Aus der Tätigkeitsbeschreibung wird klar, dass die stellvertretende Funktion der Hauptzweck des Amtes des *Vice-Presidents* ist. Diese stellvertretende Funktion erstreckt sich grundsätzlich auf sämtliche Kompetenzen des *President*, einschließlich einer allgemeinen Vertretungs- beziehungsweise Unterzeichnungsbefugnis. In einigen Unternehmen jedoch ist der Titel *Vice-President* etwas irreführend. Nicht immer gibt es nur einen *Vice-President*. Vielmehr ist es bei Großunternehmen oft der Fall, dass es Dutzende oder sogar Hunderte von *Vice-Presidents* gibt. Aufgrund des Geschäftsumfanges werden die Kompetenzen des *Presidents* auf mehrere Köpfe verteilt, generell mit recht spezifischen Verantwortlichkeiten, beispielsweise für eine bestimmte Branche, eine Produktlinie, einen Geschäftsbereich, eine Tätigkeit oder bestimmte geografische Regionen.

> **Secretary**
> *The secretary shall: a) keep the minutes of the proceedings of the shareholders and of the board of directors in one or more books provided for that purpose; b) see that all notices are duly given in accordance with the provisions of these By-Laws or as required by law; c) be custodian of the corporate records and of the seal of the corporation and see that the seal of the corporation is affixed to all documents the execution of which on behalf of the corporation under its seal is duly authorized; d) keep a register of the post office address of each shareholder which shall be furnished to the secretary by each shareholder; e) sign with the president, or a vice-president, certificates for shares of the corporation, the issuance of which shall have been authorized by a resolution of the board of directors; f) have general charge of the stock transfer books of the corporation; and g) in general perform all duties incident to the office of the secretary and such other duties as from time to time may be assigned to him by the president or by the board of directors.*

Wie der Stellenbeschreibung zu entnehmen ist, sind die Tätigkeiten des *Company Secretary* mit wesentlich mehr Verantwortung verbunden als der Begriff »*Secretary*« im deutschen Verständnis anmutet. Es geht um viel mehr als rein unterstützende administrative Tätigkeiten oder Telefonate für

für andere entgegenzunehmen, den Terminplan der anderen *Officers* zu koordinieren und Kaffee zu kochen. Der *Company Secretary* muss für

- die ordnungsgemäße Durchführung der Entscheidungsmechanismen des Unternehmens
- die Einhaltung der Fristen für Mitteilungen und Einladungen
- die Aktualisierung der Gesellschafterliste
- die einwandfreie Dokumentation des Unternehmesvorgänge (*corporate actions*)

sorgen, wobei er mit einer weitgehenden Vertretungsbefugnis ausgestattet ist.

Darüber hinaus ist der *Secretary* generell für die Richtigkeit wesentlicher Finanzierungsaspekte verantwortlich. Weil dieses Amt umfassende gesellschaftsrechtliche Kenntnisse voraussetzt, wird es oft von einem zugelassenen Anwalt, also einem US-amerikanischen *Lawyer*, wahrgenommen.

> **Treasurer**
> *The treasurer shall: a) have charge and custody of and be responsible for all funds and securities of the corporation; b) receive all give receipts for moneys due and payable to the corporation from any source whatsoever, and deposit such moneys in the name of the corporation in such banks, trust companies or other depositaries as shall be selected ... in accordance with these By-Laws; and c) in general perform all of the duties incident to the office of treasurer and such other duties as from time to time may be assigned to him by the president or by the board of directors. If required by the board of directors, the treasurer shall give a bond for the faithful discharge of his duties in such sum and with such surety or sureties as the board shall determine.*

Anders als beim *Company Secretary*, weist der Titel des *Treasurer* bereits deutlich auf die allgemeinen Verantwortlichkeiten dieses Amtes hin. Der Schwerpunkt liegt vor allem in der Hauptverantwortung für das Finanzmanagement des Unternehmens, einschließlich des Cashflow, der Aufbewahrung der Wertpapiere, sämtlicher Finanzinstrumente sowie der Vermögensgegenstände der *Firma*. Da diese Funktion umfassende Kenntnisse des Finanz- und Rechnungswesens sowie des Steuerrechts voraussetzt, ist der *Company Treasurer* oft ein vereidigter Wirtschaftsprüfer (*certified public accountant*) und/oder ein Diplom-Finanzwirt beziehungsweise Betriebswirtschaftler. Ob der *Treasurer* auch für die allgemeine Buchführung zuständig ist, hängt von der Größe der *Corporation* ab. Hinsichtlich der

Zuständigkeit für die Veröffentlichung betrieblicher Daten von Gesellschaften, die der Aufsicht der *Securities and Exchange Commission* (*SEC*) unterliegen, haben sich kürzlich grundsätzliche Änderungen ergeben, insbesondere durch den *Sarbanes-Oxley Act*. Diese Aspekte werden in Kapitel 6 ausführlicher erläutert.

Systemvergleichend sind einige Punkte hinsichtlich des Managements einer *Corporation* zu beachten:

- Im Vergleich zu Deutschland gibt es mehr Spielraum bei der Gestaltung des Managements, wobei die Mehrzahl der Firmen aus historischen Gründen eine traditionelle Struktur bevorzugt.
- Gesellschaftsrecht in den USA ist Bundesstaatsrecht, wobei die Gesetze recht ähnlich sind. Jedoch muss immer sichergestellt sein, dass die Besonderheiten der gesetzlichen Bestimmungen des jeweiligen Bundesstaates beachtet werden.
- Die Einhaltung der gesetzlichen Bestimmungen hinsichtlich der Gründung und des Managements der Gesellschaft ist weit mehr als »Papierkram«; die Nichtbeachtung dieser Bestimmungen kann gravierende Konsequenzen haben, beispielsweise die Unwirksamkeit von Entscheidungen der Geschäftsleitung oder die Durchgriffshaftung gegenüber den *Directors* und *Officers* selbst (siehe Kapitel 5).
- Überschneidungen zwischen Positionen und Status sind üblich, insbesondere bei kleineren Firmen. So kann zum Beispiel eine Person den Status *Director*, *Officer*, Arbeitnehmer und Gesellschafter haben. Die Rechte und Pflichten einer solchen Person hängen vom jeweils relevanten Status und den entsprechenden Umständen ab.

Hat ein *Director* oder *Officer* auch die Stellung eines Arbeitnehmers, so genießt er auch den Schutz der US-amerikanischen arbeitsrechtlichen Bestimmungen. Diese unterliegen wiederum dem Einfluss kultureller Faktoren, was für Ausländer durchaus zu Überraschungen führen kann. Die wesentlichen arbeitsrechtlich relevanten Gesetze werden nun im Einzelnen untersucht.

Expansion: Arbeitsverhältnisse, Angestellten und das US-Arbeitsrecht

»In den USA kann man von heute auf morgen gekündigt werden ... es gibt keinen Schutz für die Arbeitnehmer!«

Diese Auffassung wird von vielen Geschäftsleuten vertreten, wenn sie an die rechtliche Situation der Arbeitnehmer in den USA denken. Arbeitnehmer in den USA werden tatsächlich durch verschiedene Gesetze geschützt, aber nicht unbedingt in den Bereichen, die ein Europäer automatisch oder in erster Linie als schutzbedürftig betrachten würde. Zum Beispiel gibt es strenge Vorschriften in Bezug auf sexuelle Belästigung am Arbeitsplatz, den Besitz oder Gebrauch von Waffen und Drogen oder hinsichtlich einer etwaigen Pflicht zur ärztlichen Untersuchung vor Arbeitsbeginn. Außerdem gibt es eine Reihe von Gesetzen, welche jede Art von Diskriminierung – sei es aufgrund von Geschlecht, Alter, körperlicher Behinderung, Schwangerschaft, Religion – verbietet und bestraft. Diese Schutzbestimmungen sind teilweise eine Widerspiegelung dessen, was die Gesellschaft für wichtig hält.

Im Vergleich zu Europa mögen die Schwerpunkte des US-Arbeitsrechts etwas merkwürdig erscheinen. Für den ausländischen Arbeitgeber beziehungsweise Arbeitnehmer in den USA sind zumindest Grundkenntnisse hinsichtlich dieser Regelungen notwendig, um böse Überraschungen zu vermeiden.

Nachfolgend werden die wichtigsten arbeitsrechtlichen Gesetze auf Bundesebene in alphabetischer Reihenfolge mit der jeweils üblichen Abkürzung zusammengefasst. Diese finden Anwendung in jedem US-Bundesstaat, solange die jeweiligen gesetzlichen Voraussetzungen erfüllt werden. Ein Überblick der Arbeitsgesetze in den USA ist im Anhang A zu diesem Kapitel dargestellt. Über diese Gesetze hinaus gibt es jedoch weitere arbeitsrechtliche Vorschriften in einigen Bundesstaaten, die sogar über die bundesrechtlichen Vorschriften hinausgehen. Insofern ist es notwendig, bei den zuständigen Behörden des betreffenden Bundesstaates nachzufragen, ob derartige Regelungen existieren. Anhang B enthält Informationen darüber, welche Behörden auf der bundesstaatlichen Ebene für arbeitsrechtliche Angelegenheiten zuständig sind.

Gesetze über die Einstellung von Angestellten

Employee Polygraph Protection Act (EPPA)

In Deutschland gibt es kein Gesetz über die Nutzung von Lügendetektoren (in Englisch als *lie detectors* bekannt). Grundsätzlich verbietet das EPPA dem Arbeitgeber, von einem Bewerber oder Arbeitnehmer zu verlangen, dass er sich einer solchen Prüfung unterwirft. Es gibt eine sehr geringe

Zahl von Ausnahmen, hauptsächlich bei Tätigkeiten im Sicherheitsbereich oder bei risikoreichen und gefährlichen Arbeiten wie beispielsweise dem Umgang mit illegalen Drogen. Private Arbeitgeber unterliegen den EPPA Vorschriften, wenn sie auch die Bestimmungen des FLSA befolgen müssen. Auch die Tätigkeiten ausländischer Arbeitgeber fallen in den Anwendungsbereich des Gesetzes, sofern diese sich auf Lügendetektoren beziehen.

Das EPPA setzt voraus, dass Testergebnisse aus Überprüfungen mittels eines Lügendetektors vom Arbeitgeber nicht als alleiniger Grund für Entscheidungen verwendet werden darf, die Arbeitnehmer benachteiligen könnten (*adverse employment action*). Neben den Testergebnissen muss der Arbeitgeber weitere Beweise haben, die solche benachteiligenden Entscheidungen rechtfertigen würden. Wie erwähnt, beziehen sich die meisten Ausnahmen zum allgemeinen Verbot des Einsatzes von Lügendetektoren auf Tätigkeiten, die eine Sicherheitsdimension haben, wie zum Beispiel den Polizei- oder Geheimdienst. Private Arbeitgeber sind ebenfalls betroffen, sofern die jeweiligen Tätigkeiten ähnlicher Natur sind, wie bei Privatdetektiven oder privatem Sicherheitspersonal. Ebenfalls dazu gehören Tätigkeiten, die mit der Bekämpfung des illegalen Drogenhandels verbunden sind (Subunternehmer der zuständigen Behörde, der *Drug Enforcement Administration* oder DEA). Des Weiteren gibt es eine Ausnahme für Arbeitnehmer, die unter dem Verdacht stehen, sich gesetzeswidrig oder unzulässig zu verhalten, wie beispielsweise bei Diebstahl oder Bestechung. Die Durchführung einer Prüfung mittels Lügendetektor muss dem Arbeitnehmer im Voraus unter Angabe der Gründe für den bestehenden Verdacht mitgeteilt werden. Der Arbeitgeber muss darüber hinaus einen Schaden nachweisen, der auf das Verhalten des unter Verdacht stehenden Arbeitnehmers zurückzuführen ist. Die Untersuchungsergebnisse müssen jedoch immer durch zusätzliche Informationen und Beweise gestützt werden, bevor der Arbeitgeber eine entsprechende Entscheidung treffen darf.

Der betroffene Arbeitnehmer hat auch eine Reihe von Rechten, sowohl vor als auch nach der Durchführung einer solchen Untersuchung. Die Einzelheiten der geplanten Untersuchung müssen genau erklärt werden und dem Arbeitnehmer muss die Chance eingeräumt werden, Fragen dazu zu stellen. Auch die Durchführung der Untersuchung ist im Detail geregelt. So gibt es bestimmte persönliche Fragen, die nicht gestellt werden dürfen, die maximal zulässige Zeit für die Untersuchung sowie das Recht des Arbeitnehmers, die Untersuchung jederzeit abbrechen zu können. Das EPPA beinhaltet detaillierte Bestimmungen hinsichtlich der Qualifikation der Person, die den Test durchführt. Die Testergebnisse müssen dem

Arbeitnehmer mitgeteilt und mit ihm besprochen werden. Die Weitergabe der Untersuchungsergebnisse an Dritte ist nach dem Gesetz sehr begrenzt. Generell kommen nur Gerichte, Behörden oder sonstige öffentliche Institutionen in Betracht.

Fair Credit Reporting Act (FCRA)

Im Rahmen der Prüfung einer grundsätzlichen Eignung eines Bewerbers ist es zunehmend üblich, eine Art Bonitätsprüfung vorzunehmen. Die Zahlungsmoral des Einzelnen kann ein Indiz für seine Zuverlässigkeit sein. Neben den üblichen Prüfungen (*consumer reports*) der finanziellen Situation beziehungsweise der Einstellung des Betroffenen gibt es weitere, oft tiefer in die Privatsphäre eingreifende Untersuchungen (*investigative consumer reports*), die ebenfalls dem FCRA unterliegen. Bevor ein Arbeitgeber die Einholung einer oder beider Arten von Auskünften veranlasst, muss er einer bestimmten im Gesetz vorgeschriebene Vorgehensweise folgen. Dazu gehört die schriftliche Benachrichtigung und die Einholung der schriftlichen Zustimmung des Betroffenen sowie das Vorliegen dieser Zustimmung bei der Stelle, die die jeweiligen Informationen sammelt und zur Verfügung stellt.

Sowohl vor, als auch nach der Durchführung einer solchen Untersuchung unterliegt der Arbeitgeber beziehungsweise der Auftraggeber bestimmten Verpflichtungen. Bevor der Arbeitgeber aufgrund der Ergebnisse eine Entscheidung fällt, muss er dem Betroffenen sowohl eine Kopie des Berichts als auch ein Merkblatt der zuständigen Behörde (*Federal Trade Commission*) mit dem Titel «Prescribed Summary of Consumer Rights» aushändigen. Immerhin steht es dem Arbeitgeber frei, die gleiche, für den Betroffenen negative Entscheidung zu treffen – allerdings erst nach schriftlicher Benachrichtigung des Bewerbers und unter Angabe der Kontaktinformationen für den Ersteller des Berichts sowie eines Hinweises auf dessen Rechte, die Entscheidung anzufechten. Danach obliegt es dem Betroffenen, sich über den Inhalt des Berichts zu informieren und gegebenenfalls darin enthaltene falsche Informationen korrigieren zu lassen und diese Korrekturen dem Arbeitgeber mitzuteilen. Dann können neue Gespräche geführt werden, und zwar auf der Basis der geänderten faktischen Situation.

Die Einhaltung der Vorschriften des FCRA ist für den Arbeitgeber von großer Bedeutung, da andernfalls hohe Bußgelder oder Schadenersatzansprüche drohen könnten. Die zuständigen Behörden (siehe Anhang B) können bei der Klärung der gesetzlichen Voraussetzungen sowie bei der Zurverfügungstellung relevanter Informationen sehr behilflich sein. Außerdem gibt es eine wichtige Ausnahme zu den vom Gesetz vorgeschriebenen Berichten, nämlich Prüfungen, die der Arbeitgeber durchführt, entweder persönlich oder mit Hilfe eines Angestellten. Nur Informationen, die von Personen außerhalb des Unternehmens gesammelt werden, unterliegen den Bestimmungen des FCRA. Aber auch hier muss sorgfältig vorgegangen werden, da Bemühungen bestimmter Personen, wie zum Beispiel Rechtsanwälte, auch in den Anwendungsbereich des Gesetzes fallen. Im Vorfeld muss daher mit der zuständigen Behörde geklärt werden, ob eine beabsichtigte Vorgehensweise den Bestimmungen des FCRA unterliegt oder nicht.

The Immigration Reform and Control Act of 1986 (IRCA)

Die folgenden Anmerkungen beziehen sich allein auf den arbeitsrechtlich relevanten Teil dieses sehr umfangreichen Gesetzes. Grundsätzlich setzt der IRCA voraus, dass die Arbeitgeber für ihre Arbeitnehmer die Arbeits- und Aufenthaltserlaubnis für die USA nachweisen. Dies ist wiederum vom Status des Arbeitnehmers abhängig: Er ist entweder ein US-Bürger oder Staatsbürger, der eine entsprechende Bewilligung hat (*resident alien*). Der potenzielle Arbeitgeber muss die entsprechenden Arbeitspapiere bis zum dritten Arbeitstag überprüfen und dokumentieren. Das Gesetz beinhaltet eine Liste anerkannter Dokumente, die sowohl die Identität als auch die Erlaubnis, in den USA arbeiten zu dürfen, ausweisen müssen. Weiterhin hat der Arbeitgeber die vorgelegten Dokumente auch auf ihre Echtheit zu überprüfen. Sollte der potenzielle Arbeitgeber anzweifeln, dass die vorgelegten Dokumente echt sind, müsste er die Einstellung solange verweigern, bis der Bewerber einwandfrei gültige Dokumente vorlegen kann.

Neben der Kontrollpflicht muss der Arbeitgeber spätestens einen Tag nach der Einstellung – unter Umständen vor Beginn der Tätigkeit – das Standardformular INS Form I-9 vollständig ausgefüllt haben. Die Erfüllung beider Voraussetzungen ist zu dokumentieren. Bei einem Verstoß gegen den IRCA drohen nicht nur zivilrechtliche (Bußgelder) sondern auch strafrechtliche Konsequenzen (Freiheitsstrafe bis zu sechs Monaten). Aufgrund der aktuellen Entwicklung in den USA ist mit einer strengeren Anwendung dieser gesetzlichen Vorschriften zu rechnen. Sobald ein Arbeitgeber einen Arbeitnehmer beschäftigt, unterliegt dieser den Vorschriften des IRCA. Die Überprüfungs- und Dokumentationspflichten des Arbeitgebers gelten jedoch nicht für freie Mitarbeiter. Wenn der Bewerber den erforderlichen Status (*residential permit* und *work permit*) sowie die erforderliche Qualifikation aufweisen kann, soll weder sein Status – zum Beispiel kein US-Staatsbürger – noch sein Geburtsort einer Anstellung im Wege stehen. Ansonsten drohen die bei gesetzeswidriger Diskriminierung üblichen Sanktionen.

Antidiskriminierungsgesetze

Americans with Disabilities Act of 1990 (ADA)

Ziel des ADA ist es, Behinderte vor Diskriminierung zu schützen. Weiterhin schreibt der ADA bestimmte Maßnahmen und Hilfsmittel vor, die von der öffentlichen Hand und von Privatpersonen zu erbringen sind, um sicherzustellen, dass Behinderte ein möglichst normales Leben führen können. Bei den von Privatpersonen zu erbringenden Maßnahmen handelt es sich um Bestimmungen zur Schaffung besonderer Einrichtungen wie beispielsweise Rampen für Rollstühle oder speziell für Behinderte ausgerichtete Toiletten am Arbeitsplatz. Der öffentliche Dienst ist bemüht, Behinderten möglichst viele berufliche Ein- und Aufstiegschancen anzubieten. In diesem Kapitel sollen allein diese Aspekte des Gesetzes näher betrachtet werden.

Anwendungsbereich:

Das ADA findet Anwendung auf:
- Arbeitgeber mit 15 oder mehr Arbeitnehmern (*employees*)
- Arbeitsvermittlungsbüros
- Gewerkschaften und ähnliche Organisationen
- Unternehmensausschüsse und *Conmittees* mit Arbeitnehmer- und Arbeitgebervertretung
- Öffentliche Stellen und Institutionen auf Gemeindeebene

Schutzbedürftige Personen:

Nach dem Gesetzestext genießen qualifizierte behinderte Arbeitnehmer (*qualified individuals with a disability*) den Schutz des ADA. Sowohl beschäftigte Arbeitnehmer als auch Bewerber für Arbeitsstellen können sich auf die gesetzlichen Regelungen berufen. Aber nicht jeder kann Ansprüche aus dem Gesetz ableiten, da es sich nur auf Personen bezieht, die für einen bestimmten Job qualifiziert sind. Insofern fungiert das Gesetz nicht als Automatismus für die Beschaffung von Arbeitsplätzen für Behinderte.

Wichtig ist vielmehr, dass diese Personen über die jeweils erforderliche Qualifikation verfügen. Sie müssen die für den Job notwendigen Aufgaben ohne besondere Behandlung oder Ausnahmeregelung erfüllen können, jedoch mit etwaigen Anpassungen ihrer Arbeitsumgebung und -bedingungen. Hier wird die rechtliche Beurteilung beziehungsweise die Verantwortlichkeit etwas komplizierter, da das Gesetz so genannte »*reasonable accommodation*« vom Arbeitgeber verlangt. Der Arbeitgeber muss für die Umgestaltung des Arbeitsplatzes sorgen, um die Ausübung der Arbeit durch den Behinderten zu ermöglichen. Die Kosten für diese Umgestaltung trägt natürlich der Arbeitgeber.

Nicht jede Behinderung – gleichgültig ob körperlich oder geistig – verleiht den Status Behinderter (*disabled person*) im Sinne des ADA. Gemäß dem Gesetzestext muss die Behinderung einen wesentlichen Aspekt des normalen Lebens erheblich einschränken (*substantially limits a major life activity*). Manche Behinderungen, wie zum Beispiel Blindheit, Taubheit, Gehbehinderung (*blindness, deafness, lameness*) sind relativ leicht als ADA-relevant zu erkennen. Andere aber, insbesondere jene, die sich auf eine geistige Behinderung erstrecken, müssen im Zweifelsfall individuell von den Gerichten geprüft werden. In solchen Fällen ist die relevante bundesstaatliche Rechtsprechung bezüglich der jeweiligen Krankheit oder Behinderung zu prüfen. Zu solchen Fragen können auch die entsprechenden Behörden Auskunft geben.

Ausnahmen:

In Situationen, in denen eine Behinderung die Ausübung der Tätigkeit gefährden kann oder die Sicherheit und Gesundheit des Behinderten oder der anderen Mitarbeiter durch Einstellung beziehungsweise Betreuung aufs Spiel gesetzt werden (im Gesetzestext: *direct threat*, also ein aus der Behinderung oder deren Folgen resultierendes unmittelbares Risiko). Bei einem *direct threat* handelt es sich nicht um ein lediglich erhöhtes Risiko. Es muss sich um eine Situation handeln, die mit hoher Wahrscheinlichkeit eine Verletzung oder andere Schäden auf Seiten der behinderten Person oder anderer mit sich bringt.

Age Discrimination in Employment Act (ADEA)

Durch die Einführung des ADEA sollte die Diskriminierung älterer Arbeitnehmer auf dem Arbeitsmarkt und am Arbeitsplatz verhindert werden. Insofern ist das Gesetz von Bedeutung sowohl vor der Einstellung einer Person als auch während der Dauer der Beschäftigung. Die Zielrichtung des Gesetzes ist lediglich der Schutz von älteren Menschen (nach der Definition im Gesetz: ab 40 Jahre), womit ein Schutz vor Diskriminierung aufgrund eines »jungen« Alters im Gesetz nicht vorgesehen ist.

Anwendungsbereich:

Das ADEA findet Anwendung auf:
- Private Arbeitgeber mit 15 oder mehr Arbeitnehmern (*employees*)
- Arbeitsvermittlungsbüros
- Gewerkschaften und ähnliche Organisationen
- Öffentliche Stellen und Institutionen auf Gemeindeebene

Schutzbedürftige Personen:

Das Verbot der Diskriminierung betrifft sowohl Bewerber um einen Arbeitsplatz als auch bereits eingestellte Arbeitnehmer. Bei Bewerbern bedeutet das nicht nur die Gewährleistung von Chancengleichheit gegenüber anderen Kandidaten, sondern auch, dass einem älteren Bewerber die gleichen Bedingungen eingeräumt werden sollen, wie sie für die jeweilige Stelle vorgesehen sind, unbeschadet des Alters des Bewerbers. Die erste Voraussetzung hat Auswirkungen sogar auf den Inhalt von Stellenanzeigen. Die Anzeigen dürfen keine Präferenzen hinsichtlich des Alters des Kandidaten, wie zum Beispiel «Hochschulabsolvent« oder »jung« enthalten. Wer solche Stellenanzeigen in US-amerikanischen Zeitungen gesehen hat, weiß, dass diese Regelung nicht allen Arbeitgebern bekannt zu sein scheint. Nach dem ADEA jedoch sind sie illegal.

Auch im Laufe einer beruflichen Karriere darf ein Arbeitnehmer nicht aus Altersgründen diskriminiert werden. Das betrifft eine Vielzahl von Aspekten des Arbeitsverhältnisses, wie zum Beispiel Beförderung, Vergütung und sonstige Zulagen, Aufgaben und Tätigkeiten am Arbeitsplatz sowie Kündigungen. Geschäftspraktiken, die nach der Rechtsprechung als Diskriminierung gelten, sind beispielsweise: eine diskriminierende Behandlung von Arbeitnehmern bei Kündigungen aufgrund ihres Alters, eine großzügigere Vergütung oder passendere Aufgaben und Aufstiegschancen für jüngere Arbeitnehmer. Beschwert sich ein Arbeitnehmer über das Verhalten des Arbeitgebers und droht mit der Geltendmachung seiner Ansprüche unter dem ADEA und setzt diese sogar durch, sollte der Arbeitgeber auf keinen Fall versuchen, dies zu verhindern – oder noch schlimmer – zu bestrafen. Sonst riskiert er, dass er mit einem zusätzlichen Anspruch konfrontiert wird, nämlich der so genannten *retaliation*, der Reaktion des Arbeitgebers aus Rache oder Ärger. Das könnte die Sache nur schlimmer machen und nur Minuspunkte für den Arbeitgeber bei einer Schlichtung vor der zuständigen Behörde oder im Rahmen eines Prozesses einbringen.

Das ADEA verbietet nicht nur vorsätzliche oder bewusste Diskriminierung aus Altersgründen, sondern auch eine scheinbar neutrale Behandlung von Mitarbeitern, die aber eine besondere Gruppe – in diesem Fall die älteren Arbeitnehmer – härter treffen als die anderen. Ein klassisches Beispiel hierfür ist die gezielte Kündigung von den kostspieligeren, in der Regel älteren Arbeitnehmern. In einem solchen Fall könnte ein Arbeitgeber mit einer Klage rechnen, eine so genannte *disparate impact claim*. Die US-Gerichte vertreten unterschiedliche Auffassungen zu der Frage, inwieweit ein solcher Anspruch durch das Gesetz begründet ist. Der U.S. Supreme Court hat diese Frage noch nicht endgültig geklärt. Bis zur endgültigen Klärung dieser Frage, sollte ein Arbeitgeber bei Kündigungen eine objektiv stichhaltige Begründung dafür geben können, falls ältere Arbeitnehmer überwiegend betroffen sind. Im Streitfall würde der Arbeitgeber beweisen müssen, dass die Entlassung von verhältnismäßig mehr älteren Arbeitnehmern auf andere Gründe als auf deren Alter zurückzuführen ist.

Ausnahmen:

Es gibt einige Ausnahmen zu dem vom ADEA gewährten Gleichbehandlungsprinzip:

- *Bona fide seniority system*: Darunter ist eine institutionalisierte Bevorzugung von Angestellten zu verstehen, die bereits länger im Unternehmen sind. Hier sind sowohl die Transparenz des Systems als auch seine planmäßige Umsetzung von erheblicher Bedeutung.
- *Bona fide occupational qualification*: Der Job und die darunter fallenden Tätigkeiten an sich setzen voraus, dass sie von einer jüngeren Person übernommen werden. Bei solchen Tätigkeiten spielt die Gesundheit und/oder körperliche oder geistige Fitness eine wichtige Rolle.
- *Bona fide executives and high policymakers* – hier könnte das Unternehmen verlangen, dass leitende Angestellten ihre Stelle aufgeben, wenn bestimmte Kriterien (Altersgrenze mindestens 65 Jahre, Tätigkeit über die letzten zwei Jahre als bona fide executive oder high policymaker,

Pensionsverpflichtung von mindestens 44000 Dollar pro Jahr) erfüllt sind. Durch diese Ausnahmen wird der Notwendigkeit in vielen Unternehmen Rechnung getragen, auf den oberen Führungsebenen des Unternehmens Aufstiegschancen für andere zu schaffen.
- Feuerwehr und Polizisten.

Die genauen Ausnahmeregelungen und die entsprechenden Voraussetzungen im konkreten Fall können ziemlich komplex sein. Es ist empfehlenswert, sämtliche Fragen mit der jeweils zuständigen Behörde (siehe Anhang B zu diesem Kapitel) bereits im Vorfeld zu klären.

Older Workers Benefit Protection Act (OWBPA)

Das OWBPA wurde erlassen, um einige Unklarheiten aus dem ADEA zu beseitigen (eigentlich handelt es sich um einen Nachtrag zum ADEA). Das Gesetz schließt einen Kompromiss zwischen dem allgemeinen Verbot der Diskriminierung von Arbeitnehmern aus Altersgründen bei vergütungsrelevanten Leistungen und der Absicht des Arbeitgebers, die Personalkosten – insbesondere für ältere und langgediente Arbeitnehmer – gering zu halten. Nach dem OWBA darf ein Arbeitgeber unterschiedliche Vergütungssysteme auf der Grundlage des Alters der Arbeitnehmer anbieten, solange insgesamt dadurch keine Benachteiligung entsteht. Grundsätzlich kann ein Arbeitgeber eine solche differenzierte – streng genommen diskriminierende – Behandlung verteidigen, indem er nachweist, dass die Kosten für die umstrittene Leistung gleich waren (*equal costs defense*) oder dass der Unterschied beziehungsweise die Benachteiligung der älteren Arbeitnehmer durch eine andere Vergünstigung ausgeglichen ist (*offset defense*).

Wenn ein Arbeitgeber der Diskriminierung von Mitarbeitern aus Altersgründen beschuldigt wird, muss er nachweisen, dass eins von den beiden genannten Argumenten zutrifft. Um eine *equal cost defense* erfolgreich heranziehen zu können, müssen die folgenden Voraussetzungen erfüllt sein:

- Die umstrittene Leistung muss Bestandteil eines *bona fide employee benefit plan* sein.
- Die umstrittene Leistung betrifft keine pensionsrelevante Vergütung.
- Die unterschiedliche Behandlung ist im Plan vorgeschrieben.
- Die Kosten für die Arbeitnehmer sind unter dem Strich gleich.
- Die (geldwerte) Benachteiligung geht nicht über das absolut Erforderliche hinaus, um die Durchschnittskosten gleich beziehungsweise möglichst gering zu halten.

Es gibt weitere detaillierte Bestimmungen hinsichtlich der Bemessung der Kosten, aber diese können hier nicht im Einzelnen erläutert werden. Alternativ zur *equal cost defense* kann der Arbeitgeber den Ausgleich (*offset*) zu seiner Entlastung heranziehen, wenn die folgenden Bedingungen erfüllt sind:

- weggefallene Vergütungsbestandteile werden im Einzelfall durch andere Quellen, beispielsweise die öffentliche Hand, gedeckt
- frühzeitiger und freiwilliger Ruhestand des Arbeitnehmers
- Krankenversicherung wird durch Leistungen, wie eine Abfindung, ausgeglichen
- Ausgleich einer Abfindung durch zusätzliche Pensionszusagen
- der Arbeitnehmer arbeitet über das vorgesehene Alter hinaus und sammelt dadurch zusätzliche Vergütungsansprüche an
- der Arbeitgeber leistet bereits vor dem Ruhestand des Arbeitnehmers Pensionszahlungen (solche Zahlungen können angerechnet werden)
- der Arbeitnehmer erhält Zahlungen von der staatlichen Rentenkasse (Sozialversicherung, aber nur unter bestimmten Voraussetzungen)

Die einzelnen Bestimmungen im Zusammenhang mit der Aufrechnung (*offset*) sind relativ komplex und müssen im Einzelfall genau geprüft beziehungsweise mit der zuständigen Behörde im Voraus geklärt werden. Darüber hinaus gibt es besondere Regelungen für bestimmte Arten von *plans* beziehungsweise Leistungsvergütungen, deren Umfang und Komplexität eine vertiefte Diskussion hier nicht erlauben.

Ein zweiter, aber ebenso wichtiger Aspekt des OWPBA regelt die Gültigkeit von Verzichtserklärungen im Zusammenhang mit dem Recht des Arbeitnehmers, wegen Diskriminierung aus Altersgründen Klage zu erheben. In dem Gesetz wird klargestellt, dass nur freiwillige und bewusst gemachte Verzichtserklärungen wirksam sind. Diese Voraussetzungen werden von den Gerichten sorgfältig geprüft und streng ausgelegt. Wenn im Streitfall das Gericht zu dem Ergebnis kommt, dass der Arbeitnehmer nicht genau wusste, welche Folgen seine Verzichtserklärung für ihn haben, könnte unter Umständen die Erklärung für ungültig erachtet werden. Aus diesem Grund müssen Verzichtserklärungen sehr genau formuliert werden und sich auf die spezifische Leistung beziehungsweise den jeweiligen Vergütungsbestandteil beziehen.

Pregnancy Discrimination Act (PDA)

Wie der Name des Gesetzes schon andeutet, schützt das PDA schwangere Frauen vor Diskriminierung aufgrund ihrer Schwangerschaft, der Geburt eines Kindes oder mit der Schwangerschaft verbundenen Gesundheitsrisiken und Konsequenzen. Grundsätzlich werden die Versicherungs- und Krankheitsregelungen durch eine Schwangerschaft berührt, das heißt sie bestehen unverändert weiter fort. Wenn der Arbeitgeber entsprechende vergütungsrelevante Leistungen anbietet, darf er diese aufgrund der Schwangerschaft in keiner Weise verändern.

Anwendungsbereich:

Der PDA findet Anwendung auf:
- Private Arbeitgeber mit 15 oder mehr Arbeitnehmern (*employees*)
- Arbeitsvermittlungsbüros
- Gewerkschaften und ähnliche Organisationen
- Unternehmensausschüsse und Gremien der Arbeitnehmer- und Arbeitgebervertretung
- Behörden und Institute auf Gemeindeebene

Die Arbeitgeber müssen schwangeren Mitarbeiterinnen erlauben, ihre Tätigkeit weiter auszuüben, solange sie dazu in der Lage sind. Wenn der Arbeitgeber seinen Arbeitnehmern eine Krankenversicherung anbietet, muss diese die Schwangerschaft und die damit verbundenen gesundheitlichen Aspekte im gleichen Umfang wie alle anderen Krankheitsfälle abdecken. Eine Auszeit während der Schwangerschaft ist ebenfalls möglich, und die Mitarbeiterin hat nach ihrer Rückkehr in die Berufstätigkeit Anspruch auf die gleiche oder eine vergleichbare Stelle im Unternehmen. Im Allgemeinen sind solche Auszeiten unbezahlt, es sei denn, der Arbeitgeber hat dies anderweitig geregelt. Insofern ist das PDA ein relativ einfaches Gesetz. Komplikationen entstehen allerdings manchmal im Zusammenhang mit der Frage, was als ein mit der Schwangerschaft verbundenes Gesundheitsproblem (*related medical condition*) anzusehen ist. Grundsätzlich gehören sämtliche gesundheitlichen Komplikationen, die sich im Zusammenhang mit einer Schwangerschaft ergeben können, hierzu. Allerdings unterliegen Konsequenzen aus der Schwangerschaft, die nach der Geburt eintreten, wie zum Beispiel das Stillen des Kindes, nicht dem Schutz des PDA. Jedoch bieten einige Arbeitgeber den Frauen die Möglichkeit, ihre Kinder am Arbeitsplatz oder durch Gewährung entsprechender Pausen, zu stillen. Diese Regelungen sind von Bundesstaat zu Bundesstaat verschieden. Deshalb sollte der Arbeitgeber derartige Fragen mit der jeweils zuständigen Behörde klären.

Civil Rights Act of 1866 (Section 1981)

Obwohl dieses Gesetz nach dem US-Bürgerkrieg zum Schutz der «befreiten» Sklaven erlassen wurde, ist es auch heute für die Rechte von Arbeitnehmern von Bedeutung. Kernpunkte des Gesetzes sind die Gewährung des Rechts, Verträge abzuschließen und das Verbot der Diskriminierung am Arbeitsplatz. Das Gesetz findet Anwendung auf sämtliche öffentliche Stellen sowie auf private Arbeitgeber, unabhängig von der Unternehmensgröße. Darüber hinaus ist die herrschende Meinung, dass das Gesetz auch freie Mitarbeiter und jederzeit kündbare Arbeitnehmer (*at will employees*) mit einbezieht. Letztlich werden auch Partner in einer Partnerschaft einbezogen, anders als bei anderen Antidiskriminierungsgesetzen, wie dem ADEA, dem ADA und Title VII.

Section 1981 verbietet die Diskriminierung aufgrund der Herkunft oder Gruppenzugehörigkeit des Einzelnen. Das gilt sowohl bei der Einstellung als auch während des Arbeitsverhältnisses, zum Beispiel bei der Vergütung, Beförderung und sonstigen Vergünstigungen des Arbeitnehmers. Interessanterweise werden nicht alle Bürger durch Section 1981 geschützt, sondern nur Mitglieder von Gruppen, die in der Vergangenheit klar und über längere Zeit diskriminiert wurden. Das heißt, die meisten Minderheiten können Ansprüche aus dem Gesetz ableiten, während andere das eben nicht können.

Ein Arbeitnehmer, der glaubt, er wurde aufgrund seiner Herkunft diskriminiert, kann sich entweder vor der zuständigen Behörde (*Equal Employment Opportunity Commission*) oder vor einem Gericht im Rahmen eines Prozesses dagegen wehren. Gewinnt der Arbeitnehmer den Prozess, kann das für den Arbeitgeber sehr teuer werden. Neben »normalen« Schäden kann der Arbeitnehmer Schock und emotionale Leiden sowie in gravierenden Fällen *punitive damages* (siehe Kapitel 5 zum Prozessrecht) geltend machen. Um das Haftungsrisiko zu reduzieren, sollten Arbeitgeber sämtliche Kommunikation, insbesondere hinsichtlich Begründungen der Nichteinstellung, Nichtbeförderung und Kündigung detailliert schriftlich dokumentieren und aufbewahren. Sollte ein Arbeitnehmer oder Bewerber sich beschweren, empfiehlt es sich für den Arbeitgeber, darauf sofort und fair zu reagieren.

Title VII of the Civil Rights Act of 1964 (Title VII)

Dieses weitreichende Gesetz zur Bekämpfung dauerhafter Diskriminierung, insbesondere von Minderheiten, ist ein Produkt der sechziger Jahre und des damaligen Sozialbewusstseins in den USA. Seit In-Kraft-Treten hat es aber an Konturen gewonnen, die damals nicht vorhersehbar waren. *Title VII*, wie das Gesetz oft genannt wird, ist ein neutrales Gesetz, das Diskriminierung als solche verbietet. Es verbietet Diskriminierung aufgrund der Zugehörigkeit zu einer bestimmten Rasse (*race*), Religion, Hautfarbe, Geschlecht und Staatsangehörigkeit. Grundsätzlich werden alle durch Title VII geschützt, die zu einer *protected class* (schutzbedürftigen Gruppe) gehören. In der Zwischenzeit ist die *protected class* von der Rechtsprechung erweitert worden, zum Beispiel durch die Einstufung von Schwangeren als schutzbedürftig aufgrund des allgemeinen Verbots gegen geschlechtsbezogener Diskriminierung. Gleiches gilt für Homosexuelle.

Anwendungsbereich:

- Private Arbeitgeber mit 15 oder mehr Arbeitnehmern (*employees*)
- Arbeitsvermittlungsbüros
- Gewerkschaften und ähnliche Organisationen
- Unternehmensausschüsse und Gremien mit Arbeitnehmer- und Arbeitgebervertretung
- Behörden und Institute auf Gemeindeebene

Das Diskriminierungsverbot erstreckt sich auf sämtliche Aspekte des Arbeitsverhältnisses: Beförderung, Vergütung und sonstige Leistungen, Aufgaben und Tätigkeiten am Arbeitsplatz, Training, Auszeiten, Pensionen und – von großer Bedeutung – Kündigungen. Unter Diskriminierung versteht man die bevorzugte Behandlung einer Person oder Gruppe gegenüber einer schutzbedürftigen Person oder Gruppe. Auch eine Entscheidung, die auf Vermutungen oder stereotypen Vorstellungen hinsichtlich der *protected class* beruht – zum Beispiel, dass eine Frau nicht stark genug ist, Gewichte einer bestimmten Größenordnung zu heben – gilt als Diskriminierung. Der Arbeitgeber muss nachweisen können, dass seine Entscheidung auf Fakten und nicht auf Vermutungen beruht.

Zur benachteiligenden Behandlung einer geschützten Gruppe gehört auch die Belästigung (*harassment*) am Arbeitsplatz. Am bedeutendsten in dieser Hinsicht ist die sexuelle Belästigung, die nicht nur körperliche Belästigung umfasst, sondern auch die allgemeine Situation am Arbeitsplatz.

Wenn der Arbeitgeber gewisses Verhalten toleriert oder ignoriert, kann es zu Probleme führen, falls ein anderer Mitarbeiter dieses als Belästigung empfindet und sich bei dem Arbeitgeber beschwert. In den Zeiten der *political correctness* kann das weitgehende Konsequenzen mit sich bringen. Jeder, der sich durch eine bestimmte Verhaltensweise am Arbeitsplatz diskriminiert fühlt, kann vom Arbeitgeber verlangen, dass er diese Situation korrigiert, zum Beispiel durch den Erlass einer Regelung hinsichtlich des in Frage kommenden Verhaltens. Sollte er dies nicht tun, droht die Gefahr, dass der betroffene Arbeitnehmer durch Einschaltung der zuständigen Behörde (*Equal Employment Opportunity Commission* und/oder bundesstaatlichen Behörde) oder danach des Gerichts das gewünschte Ergebnis erzielt, jedoch mit viel höheren Kosten für den Arbeitgeber. Es sind nicht nur die Schadenersatzansprüche der Betroffenen zu zahlen, sondern auch deren Prozesskosten und bei gravierenden Verstößen sogar *punitive damages*.

Die neuen Technologien, insbesondere die elektronischen Kommunikationsmedien erschweren es dem Arbeitgeber, kontroverse oder gar anstößige Verhaltensweisen der Arbeitnehmer zu überwachen. Es ist zum Beispiel an vielen Arbeitsplätzen üblich geworden, dass Mitarbeiter sich gegenseitig private E-Mails, zum Beispiel Anhänge mit Witzen, schicken. Wenn jemand sich aufgrund des Inhalts solcher E-Mails beleidigt fühlt, kann er sich bei dem Arbeitgeber beschweren. Das gilt sogar für Mitteilungen dieser Art, die von außerhalb des Unternehmens kommen, beispielsweise von Kunden oder Lieferanten. Insofern empfiehlt es sich, auch unter diesen Gesichtspunkten eine klare Regelung bezüglich der Nutzung der neuen Medien zu schaffen. Für den Arbeitgeber sind die Risiken einer Inanspruchnahme wegen Title VII vielseitig und komplex. Insbesondere bei ausländischen Arbeitgebern kann das Verhalten, dass im eigenen Lande durchaus üblich oder zumindest als nicht anstößig empfunden wird, in den USA zu Schadensersatzansprüchen führen. Insofern ist es von großer Bedeutung, dass der Arbeitgeber sich über die Voraussetzungen von *Title VII* informiert und darüber hinaus den Managern ein darauf zugeschnittenes Training anbietet.

Der folgende Fall ist ein Extrembeispiel; er zeigt aber, wie kostspielig ein Verstoß gegen die Antidiskriminierungsgesetzes sein kann.

Astra USA Agrees To Provide $10 Million To Victims Of Discrimination
Largest in Agency History

BOSTON – Astra USA Inc., a pharmaceutical firm headquartered in Westborough, Massachusetts, with offices throughout the United States, will pay $ 9,850,000 plus interest to settle a sexual harassment lawsuit filed by the United States Equal Employment Opportunity Commission (EEOC). ... The settlement also provides for, among other things, the administration of all monetary claims, monitoring of Astra's compliance with its policy prohibiting sexual harassment, and training for all managers, supervisors and salespersons on recognizing and preventing sexual harassment in the workplace.

The EEOC's Chairman Paul Igasaki announced that this is the largest settlement of a sexual harassment lawsuit in the agency's history. Chairman Igasaki stated, »Our settlement insures that employees at Astra USA will be free of a sexually hostile work environment and that employees and former employees will be compensated. This is an important resolution not only because of the amount of the compensation but also because of the cooperation between Astra and the EEOC in reaching this agreement. I hope that other employers will follow Astra USA's lead in taking the necessary steps to prevent sexual harassment in the workplace and provide a remedy for those who have been victims of discrimination.«

In its lawsuit, filed in the United States District Court, EEOC alleged that Astra violated Title VII of the Civil Rights Act of 1964, by maintaining a sexually hostile work environment and retaliating against employees who reported or objected to such behavior. The EEOC's investigation revealed that at least since January 1993, Astra's management officials, including former President Lars Bildman, subjected the charging parties and other similarly situated female employees to a hostile work environment and in some instances, quid pro quo harassment. All of the charging parties were employed by Astra as sales representatives...

Pressemitteilung der Equal Employment Opportunity Commission (EEOC)

Uniformed Services Employment and Reemployment Rights Act (USERRA)

Der USERRA schützt die Rechte der Arbeitnehmer, die eine Auszeit genommen haben, um bei den US-amerikanischen Streitkräften zu dienen. Das Gesetz findet auf alle privaten Arbeitgeber Anwendung, unabhängig von der Anzahl der Angestellten. Geschützt sind sämtliche Mitglieder eines *uniformed service*, solange sie nicht unehrenhaft entlassen wurden (*dishonorable discharge*). Die Arbeitgeber sind verpflichtet, die Stelle für den Betroffenen nach seiner Rückkehr offen zu halten, sämtliche bisher erhaltenen Leistungen nach Rückkehr erneut anzubieten und solche Arbeitnehmer in keiner Weise zu diskriminieren.

Die Arbeitsunterbrechung kann bis zu fünf Jahre im Militärdienst, bei bestimmten Aufgaben sogar länger andauern. Der Arbeitnehmer kann bis zu einem Jahr nach Ende seiner Dienstzeit in den Streitkräften verlangen, wieder in seiner alten Position eingesetzt zu werden. Um dieses Recht zu wahren, muss der Arbeitnehmer seine gesetzlichen Verpflichtungen erfüllen, nämlich die Mitteilungspflicht vor Beginn der Auszeit sowie vor der gewünschten Wiederaufnahme der alten Tätigkeit. Die Arbeitgeber müssen solchen Verlangen nachkommen, es sei denn, sie können nachweisen, dass eine der drei gesetzlich vorgesehenen Ausnahmebedingungen vorliegt:

- Die Umstände des Arbeitgebers haben sich so dramatisch geändert, dass die Wiedereinstellung des Betroffenen nicht mehr zumutbar wäre.
- Die verlangte Stelle war von vornherein nur rein vorübergehender Natur und der Betroffene hatte hiervon Kenntnis, so dass er keine Erwartung auf eine Wiedereinstellung gehabt haben könnte.
- Der Arbeitnehmer hat sich während der Dienstzeit eine Verletzung zugezogen, durch die seine Wiedereinstellung nicht mehr zumutbar wäre.

Neben dem Recht auf Wiedereinstellung hat ein Arbeitnehmer weitere Rechte auf die Fortsetzung von Versicherungsverträgen und sonstigen finanziellen Zuwendungsleistungen durch den Arbeitgeber. Diese Rechte kann er entweder durch eine Beschwerde bei der zuständigen Behörde (*Veterans Employment and Training Service*, eine Abteilung des *Department of Labor*) oder im Rahmen einer zivilrechtlichen Klage geltend machen. Es gibt keine Fristen, innerhalb derer der Betroffene seine aus dem USERRA abzuleitenden Rechte geltend machen kann. Aus Sicht des Arbeitgebers ist es empfehlenswert, die gesetzlichen Regelungen zu beachten, wenn er nicht riskieren will, wegen Schadensersatzansprüchen sowie der Kosten der Durchsetzung von Rechten durch seine Arbeitnehmer in Anspruch genommen zu werden. Bei USERRA Gerichtsstreitigkeiten sind die Richter in der Regel eher arbeitnehmerfreundlich gestimmt.

Vergütung und sonstige Rechte des Arbeitnehmers

Consolidated Omnibus Budget Reconciliation Act (COBRA)

Das nach einer indischen Schlange klingende Gesetz hat ein weniger dramatisches, aber doch im Kern sehr wichtiges Ziel, nämlich die Fortsetzung der Krankenversicherung für Angestellte und deren Angehörige im Falle eines Arbeitswechsels. Für den Arbeitgeber kann das COBRA Gesetz einen schmerzvollen Biss mit sich bringen. Grundsätzlich wird Betroffenen die Möglichkeit gegeben, die Krankenversicherung bei Beendigung oder Änderung des Arbeitsverhältnisses unter den bisher geltenden Konditionen fortzusetzen. Die Einzelheiten dieses sehr komplexen Gesetzes verlangen genauso viel Geduld und Erfahrung, wie sie der indische Schlangenbeschwörer benötigt. Die Grundzüge des COBRA sind jedoch relativ leicht verständlich.

Anwendungsbereich:

Das COBRA findet Anwendung auf private Arbeitgeber, die mehr als 20 Arbeitnehmer beschäftigen. Dazu zählen auch Teilzeitbeschäftigte (*parttime employees*). Die Letzteren werden bei der Kalkulation entsprechend der jeweiligen Zahl der Arbeitsstunden mit berücksichtigt.

Schutzbedürftige Personen:

Geschützt werden *qualified beneficiaries*. Das sind Personen, die am Tage vor dem *qualifying event* (Stichtag) Teilnehmer am *group health plan* des Arbeitgebers waren. Mit anderen Worten: Arbeitnehmer und deren Angehörige, die über ein unternehmensspezifisches Versicherungssystem des Arbeitgebers Krankenversicherungsschutz genießen. Manche amerikanischen Unternehmen bieten diese Möglichkeit auch ihren freien Mitarbeitern oder leitenden Angestellten an, die keine angestellten Arbeitnehmer sind. Auch gegenüber diesen Personen ist der Arbeitgeber an die gesetzlichen Verpflichtungen zum Versicherungsschutz gebunden.

Die Verpflichtungen des Arbeitgebers gemäß COBRA kommen erst zur Anwendung, wenn ein *qualifying event* grundsätzlich die Beendigung oder Änderung eines Arbeitsverhältnisses nach sich zieht. Für den Arbeitnehmer bedeutet dies: Kündigung seitens des Arbeitnehmers, Kündigung durch den Arbeitgeber (Ausnahme: *gross misconduct*, das heißt vorsätzliches Fehlverhalten des Arbeitnehmers) oder eine Verkürzung der Arbeitszeit, die dazu führt, dass der Betroffene die für die Teilnahme an dem *group health plan* notwendigen Arbeitsstunden nicht mehr erreicht. Für Ehegatten der Arbeitnehmer sowie für Lebensgefährten gelten die gleichen Bedingungen als *qualifying events*, zusätzlich gelten jedoch noch die folgenden Umstände: Tod des Arbeitnehmers, Scheidung oder Trennung, der Arbeitnehmer qualifiziert sich für die gesetzliche Krankenkasse (*Medicaid*). Für Kinder, die vom Arbeitnehmer wirtschaftlich abhängig sind – *dependent children* – gilt das Gleiche wie für die Ehegatten, jedoch mit einer zusätzlichen Regelung: sollte ein Betroffener den Status *dependent* (abhängig) verlieren, sei es aufgrund gesetzlicher Regelungen oder aufgrund des Versicherungssystems, so würde er oder sie trotzdem in den Genuss der Regelungen gemäß COBRA kommen.

Die Verpflichtungen des Arbeitgebers richten sich danach, ob er den Versicherungsplan selbst verwaltet oder diese Aufgaben Dritten übertragen hat (was in den USA sehr üblich ist). Für den ersten Fall (Selbstverwaltung) hat der Arbeitgeber die Pflicht, den Arbeitnehmer über den Versicherungsplan schriftlich zu informieren (*initial notice*) – entweder bei der Einstellung oder zu dem Zeitpunkt, an dem die Voraussetzungen für die Aufnahme in die Versicherung durch den Arbeitnehmer erfüllt sind. Bei einem *qualifying event* – solange der Arbeitgeber hiervon Kenntnis hat – hat er die Betroffenen (Arbeitnehmer und/oder Angehörige) unverzüglich über deren Rechte gemäß COBRA zu informieren (*qualifying event notice*). Da der Arbeitgeber generell keine Detailkenntnisse über das Privatleben der Arbeitnehmer hat, sind diese verpflichtet, den Arbeitgeber über Scheidungen, Trennungen, Änderungen beim Status der Kinder und Unterhaltsberechtigten (von *dependent* zu nicht *dependent*) zu informieren.

Bei Geltendmachung seiner Rechte gemäß COBRA, kann der Betroffene für einen bestimmten Zeitraum die Fortsetzung der Krankenversicherung unter den gleichen – in der Regel günstigeren – Bedingungen aufrechterhalten. Der Betroffene muss die Kosten übernehmen und der Arbeitgeber kann eine Verwaltungsgebühr von bis zu zwei Prozent verlangen. Die genaue Deckungszeit (von 18 bis 36 Monaten) hängt von dem Status der Begünstigten (Arbeitnehmer, Angehörige, *dependent*) sowie dem jeweiligen *qualifying event* ab. Einzelheiten können mit der jeweils zuständigen Behörde (siehe Anhang B) geklärt werden. Sollte ein Arbeitgeber seinen Verpflichtungen gemäß COBRA nicht nachkommen, kann der Betroffene seine Rechte zivilrechtlich einklagen und zwar im Rahmen der jeweiligen Bestimmungen des ERISA (ein weiterer Teil des Komplexes Arbeitsrecht in den USA), einem Gesetz, das im Folgenden genauer erläutert wird.

Equal Pay Act (EPA)

Das Ziel des EPA – nicht zu verwechseln mit der Environmental Protection Agency, auch EPA abgekürzt – ist recht einfach: Männer und Frauen sollen für die gleiche Arbeit die gleiche Vergütung erhalten. (Wie im Grundgesetz von Deutschland ebenso festgelegt.) In Deutschland ist das Thema Gleichbehandlung seit der Wiedervereinigung durch die noch bestehenden Unterschiede zwischen dem Lohnniveau der alten und der neuen Bundesländer häufiger in der Diskussion. Wie nachfolgend ausführlicher erläutert, ist die Durchführung der gesetzlichen Vorschriften des EPA etwas komplizierter als es die leicht verständliche Zielsetzung vermuten ließe.

Anwendungsbereich:

Grundsätzlich fällt jedes Unternehmen mit einem Jahresumsatz von mindestens 500000,00 Dollar unter den EPA. Eine weitere Anwendungsregelung unterwirft aber jedes Unternehmen, das im *interstate commerce* (bundesstaatliche grenzüberschreitende Geschäftstätigkeit) tätig ist, den gesetzlichen Vorschriften. Da die meisten Unternehmen Geschäfte betreiben, die über die Grenzen der einzelnen amerikanischen Bundesstaaten hinausgehen, bedeutet dies im Endeffekt, dass fast jedes Unternehmen dem EPA unterliegt.

Bei der Anwendung der gesetzlichen Vorschriften in den USA ist man genau den gleichen Spezifika ausgesetzt wie in Deutschland, wie zum Beispiel der Tatsache, dass manche Arbeit nicht unbedingt immer »gleichwertig« (*equal*) ist. Nach dem Gesetz reicht es aus, wenn die miteinander zu vergleichenden Tätigkeiten sehr ähnlich sind, um die Regelungen anwenden zu können. Maßgebend sind nicht die Bezeichnungen der Positionen, die Stellenbeschreibung oder die jeweiligen Aufgaben und Tätigkeiten, sondern vielmehr die tatsächliche Arbeit, die mit dem Job im Zusammenhang stehen. Im Falle eines Streits würde geprüft werden, inwieweit es sich um einen Job handelt, der die vom Wesen her gleiche oder eine vergleichbare Qualifikation, gleichen Einsatz und Verantwortung verlangt (*substantially equal skill, effort and responsibility*) und zwar unter den gleichen oder vergleichbaren Arbeitsbedingungen.

Gleiche Vergütung bedeutet nicht nur Gehalt und Lohn, sondern alles, was unter einer breiten Auslegung von Vergütung zu verstehen ist. Das sind zum Beispiel Urlaub, Versicherungen, Altersversorgung oder Firmenwagennutzung. Wenn ein Arbeitgeber solche zusätzlichen Leistungen oder Vergünstigungen anbietet, müssen diese geschlechtsneutral angeboten werden. Das heißt aber nicht, dass die Gestaltung der Vergütungsstruktur genau vereinheitlicht werden muss. Unter dem Strich soll aber niemand in dieser Hinsicht aufgrund seines/ihres Geschlechts in irgendeiner Weise benachteiligt werden. Die Regelungen des EPA erlauben jedoch ungleiche Behandlung, beispielsweise durch Vergütungsstrukturen, die einen variablen Teil beinhalten – aber solche Systeme müssen ebenfalls geschlechtsneutral sein.

Ausnahmen:

Es gibt vier Ausnahmen zu den im EPA verankerten Gleichbehandlungsgrundsatz:

- Loyalität (*Seniority*). Darunter versteht man die bevorzugte Vergütung von Arbeitnehmern, die länger in einem Unternehmen gewesen sind. Das gilt auch, wenn aufgrund der historischen Entwicklung oder rein zufällig die »Senioren« ganz oder überwiegend Männer oder Frauen sind.
- Leistung (*Merit*). Eine Anerkennung besonderer Leistungen oder besonders erfolgreich arbeitender Mitarbeiter ist erlaubt.
- Quantität oder Qualität der gefertigten Produkte. Der Arbeitgeber kann Sonderleistungen anbieten, wie einen Bonus für eine höhere Anzahl gefertigter Produkte und/oder die Fertigung von Produkten besonders guter Qualität.
- Sonstige Vergütungen, solange geschlechtsneutral. Diese allgemeine Ausnahmeregelung soll dem Arbeitgeber etwas Freiraum schaffen. Beispielsweise könnte er eine Zulage für die Nachtschicht anbieten.

Um nachzuweisen, dass er nicht gegen die Regelungen des EPA verstößt, muss der Arbeitgeber die Vergütungsstruktur im Unternehmen detailliert dokumentieren. Insbesondere Unterschiede in der Vergütung von Arbeitnehmern aufgrund geschlechtsspezifischer Aspekte müssen begründet werden, weil hier eine der gesetzlichen Ausnahmebestimmungen zum Tragen kommt.

Employee Retirement Income Security Act (ERISA)

Jeder, der schon einmal mit Mergers & Acquisitions (M&A) in den USA zu tun hatte, hat diese Abkürzung wahrscheinlich schon einmal gesehen. Das ERISA ist eine der wichtigsten gesetzlichen Vorschriften bezüglich der Pensionsverpflichtungen von Unternehmen sowie eine der am häufigsten vorkommenden Streitpunkte bei M&A Verhandlungen. Bei größeren Unternehmen können die Verbindlichkeiten, die sich dahinter verbergen, in die Millionen gehen. Wer sich mit ERISA Bestimmungen zu befassen hat, sei es als Manager einer US-Tochtergesellschaft oder Teilnehmer an M&A Vertragsverhandlungen, muss zumindest über Grundkenntnisse der Inhalte dieses Gesetzes verfügen.

ERISA findet auf *employee benefit plans* Anwendung, das Regelwerk eines Unternehmens hinsichtlich seiner allgemeinen sozialen Leistungen für die Mitarbeiter, insbesondere der Altersversorgung. Das Gesetz schreibt Mindestnormen für die Gestaltung, Implementierung und das Management derartiger Pläne fest. Es wird zwischen *pension plans* und *welfare plans* unterschieden. *Pension plans* beziehen sich auf die Bildung von Rücklagen, um später die Betriebsrenten an die ehemaligen Arbeitnehmer – oder an deren Angehörige – auszuzahlen, während die *welfare plans* sich auf sonstige Sozialleistungen des Unternehmens beziehen, die den Mitarbeitern gewährt, aber nicht direkt ausgezahlt werden. Die zweite Kategorie kann sehr umfangreich sein und eine Reihe von Zusatzleistungen umfassen, wie beispielsweise Krankenversicherung, Pflegeversicherung, Lebensversicherung, Unfallversicherung, Kinderbetreuung, finanzielle Unterstützung für die Ausbildung der Kinder, kostenlose oder ermäßigte Rechtsberatung, die das Unternehmen seinen Mitarbeitern gewährt.

Der Kernpunkt des Gesetzes bezieht sich auf die Einhaltung der vorgeschriebenen Mindestnormen. Sollte der Arbeitgeber die Anforderungen des Gesetzs nicht erfüllen, gehen sämtliche steuerlichen Vorteile verloren, die für die Gewährung solcher Mindestleistungen vorgesehen sind. Darüber hinaus könnte ein Arbeitgeber, der gegen das Gesetz verstößt, mit Sanktionen bestraft werden, in gravierenden Fällen mit einer Freiheitsstrafe. Aus diesem Grund ist die Entscheidung, was ein Arbeitgeber realistischerweise und in welcher Form seinen Mitarbeitern als Vergütung gewähren kann, von großer Bedeutung. Auch aus diesem Grunde wird bei Unternehmenskäufen den Pensions- beziehungsweise den ERISA-Verpflichtungen besondere Beachtung geschenkt.

Anwendungsbereich:

Grundsätzlich unterliegen alle Arbeitgeber, die ihren Arbeitnehmern Leistungen unter den genannten Plänen (*pension, welfare plan*) anbieten, den gesetzlichen Vorschriften, und zwar unabhängig von der Anzahl der beschäftigten Arbeitnehmer. Einige Ausnahmen bestehen für *benefit plans* von öffentlichen oder kirchlichen Organisationen. Eine wichtige Ausnahme für international tätige Unternehmen besteht für *plans*, die außerhalb der USA verwaltet werden, und zwar primär zugunsten von Arbeitnehmern, die keine US-Bürger sind. Insofern besteht für Arbeitgeber, die Arbeitnehmer in die USA entsenden oder die teilweise US-Bürger in ihr einheimisches Vergütungssystem integrieren möchten, etwas Spielraum.

Hauptverpflichtungen nach dem ERISA:

Die Verpflichtungen nach dem ERISA sind sehr umfangreich und komplex. Aus diesem Grunde wird in der Regel ein auf diesem Gebiet versierter Verwalter eingeschaltet, um den *benefit plan* zu gestalten und umzusetzen. Nur bei Großunternehmen wird die Verwaltung intern durchgeführt. Die wesentlichen Erfordernisse für den Plan werden nachfolgend zusammengefasst:

1. Informations- und Berichtspflichten
Die Verwalter des *benefit plans* müssen die Teilnehmer und die Begünstigten über Folgendes informieren beziehungsweise diesen entsprechendes Material zur Verfügung stellen:

- eine leicht verständliche Beschreibung der verschiedenen Leistungen im Rahmen des Plans (*summary plan description*)
- sämtliche Änderungen des Planes
- einen Jahresbericht
- Informationen über eine eventuelle Erstellung des Plans
- im Zusammenhang mit einigen Plänen, Berichte, die dem Finanzamt und Arbeitsamt vorgelegt werden
- Eintreten einer eventuellen Unterfinanzierung
- auf Anfrage, eine detaillierte Kontenübersicht des Arbeitnehmers

2. Teilnahmeregelungen

Da ERISA-Pläne verhältnismäßig kostenintensiv sein können, streben die Arbeitgeber an, nur den Arbeitnehmern die entsprechenden Leistungen zu gewähren, von denen sie annehmen, dass sie längere Zeit für das Unternehmen tätig sein werden. Deswegen wird in der Regel versucht, die Teilnahme an diesen *plans* zu beschränken. ERISA gestattet solche Beschränkungen aber nur in gewissem Umfang. Grundsätzlich müssen sämtliche Arbeitnehmer, die das Alter von 21 Jahren erreicht haben und schon ein Jahr (definiert als mindestens 1000 Arbeitsstunden) beim Arbeitgeber tätig sind, die Möglichkeit haben, an dem *plan* teilzunehmen. Arbeitnehmer dürfen nicht aus Altersgründen vom *plan* ausgeschlossen werden.

Als Anreiz für die Arbeitnehmer langfristig im Unternehmen zu bleiben, haben die *plans* normalerweise *vesting rules*. *Vesting rules* sind Bestimmungen, die regeln, in welchem Zeitraum der Arbeitnehmer Rechte auf diverse Zusatzleistungen erlangen und wann er sie in Anspruch nehmen kann. Dieses Regelwerk ähnelt den Regelungen vieler gesetzlicher Rentenkassen oder Versorgungssystemen in Deutschland: je länger und je mehr eingezahlt wird, desto mehr kann der Betroffene später bei Inanspruchnahme seiner Rechte verlangen. Die Beiträge, die der Arbeitnehmer selber einzahlt, stehen ihm automatisch und in voller Höhe zu (*100 per cent-vested*). Der Arbeitgeberanteil muss entweder binnen fünf (*cliff-vesting*) oder sieben Jahren (*gradual vesting*) dem Arbeitnehmer zur Verfügung stehen. Eine typische *cliff-vesting* Struktur ist der jährliche Erwerb von Rechten auf 20 Prozent des Arbeitgeberanteils, so dass man nach fünf Jahren auf 100 Prozent kommt. Wenn der Arbeitgeber aber eine weiter hinausgezögerte Inanspruchnahme durch den Arbeitnehmer wünscht, könnte der Plan ein *gradual vesting* von nur 20 Prozent nach drei Jahren vorsehen, mit Anspruch auf jeweils 20 Prozent über die nächsten vier Jahre. Die spezifische Struktur der Leistungspläne legt eine strategische Personalentscheidung zugrunde und kann von Branche zu Branche recht unterschiedlich sein. Der Arbeitgeber muss sich aufgrund der Bedingungen im Arbeitsmarkt und in der Branche entscheiden, wie er seine Mitarbeiter am wirksamsten an das Unternehmen bindet.

3. Bildung von Rücklagen

ERISA verlangt von den Arbeitnehmern, dass jährliche Rücklagen gebildet werden, um künftige Verpflichtungen abdecken zu können. Diese Voraussetzung gilt jedoch nur für so genannte *defined benefit plans*. Hierbei handelt es sich um Leistungssysteme, die einen festen Betrag – zum Beispiel 2 Prozent des Durchschnittsgehalts multipliziert mit der Dauer der Tätigkeit im Unternehmen – gewährleisten. Die Kalkulation solcher Verpflichtungen ist generell sehr kompliziert und sollte von Versicherungsfachleuten durchgeführt werden.

4. Treuepflichten

Die Planverwalter – also entweder der Arbeitgeber oder dessen Beauftragter – haben den Teilnehmern gegenüber die Pflichten eines Treuhänders. Das bedeutet, dass sie ihre Aufgaben allein im Interesse der Teilnehmer zu erfüllen haben. Wer genau hat diese Treuepflichten? In einem Wort: *fiduciaries*. Bei dem Begriff *fiduciaries*, und demgemäß den Pflichten eines Treuhänders kommt es darauf an, wer Kontrolle über die Vermögensverwaltung hat. Externe Planverwalter können *fiduciaries* sein, wenn sie Entscheidungskompetenz hinsichtlich der Vermögensverwaltung haben. Wenn sie aber nur rein buchhalterische oder klassische Verwaltungsaufgaben übernehmen, ist das Vorliegen solcher Kompetenzen grundsätzlich zu verneinen. Typische Beispiele externer *fiduciaries* sind Vermögensberater, Investmentberater oder so genannte *trustees* (Treuhänder) bei Banken. Aber auch der Arbeitgeber selbst könnte als *fiduciary* in Betracht kommen, wenn er – als tatsächlicher Planverwalter oder durch weitgehende Ausübung der Kontrolle über den Plan durch *officers* – über solche Entscheidungskompetenz verfügt. Es ist daher von entscheidender Bedeutung, eine klare Abgrenzung der jeweiligen Kompetenzen bezüglich des Sozialleistungsplans zu haben, und zwar von Anfang an.

Die »positiven« Treuepflichten eines *fiduciary* sind: nur im Interesse der Teilnehmer zu handeln; die Anlagestrategie des *plan* zu beachten; die Anlagen ausreichend zu diversifizieren, um Verluste zu vermeiden und die Tätigkeit mit der erforderlichen Sorgfalt eines Vermögensberaters auszuüben. Die »negativen« Treuepflichten im Sinn von unerlaubten Handlungen umfassen: im eigenen Interesse zu handeln, unerlaubte Kommissionen oder sonstige Vergütung für die Vermögensverwaltung zu verlangen, im Interesse Dritter gegen die Interessen der Teilnehmer zu handeln. Darüber hinaus gibt es Einschränkungen hinsichtlich der Anlageformen, zum Beispiel *Investments in assets*, die sich außerhalb der Gerichtsbarkeit US-amerikanischer Gerichte befinden sowie Transaktionen mit bestimmten Personen.

Die zweite Kategorie der *fiduciaries* bezieht sich auf so genannte *parties in interest*, nämlich Drittparteien, die mit großer Wahrscheinlichkeit einem

Interessenskonflikt unterliegen. Zu dieser Gruppe gehören folgende Parteien: die *fiduciaries* selbst sowie deren Beauftragte und Mitarbeiter, eine eventuelle Gewerkschaft des Unternehmens, Inhaber einer mittelbaren oder unmittelbaren Beteiligung von 50 Prozent der Anteile des Arbeitgebers, Aktionäre mit einem Anteil von 10 Prozent oder mehr sowie Partner und Personen, die für den *plan* Dienstleistungen übernehmen und Angehörige sämtlicher vorgenannter Gruppen. Außerdem sind folgende Anlagen mit *plan assets* grundsätzlich untersagt: Investments und Transaktionen mit Immobilien, die Einräumung von Darlehen, Transaktionen mit *parties in interest*, bestimmte Beteiligungen an dem Arbeitgeber oder einem verbundenen Unternehmen. Alle diese Bestimmungen sollen dazu dienen, dass die *plan assets* nur im Interesse der Teilnehmer verwaltet werden und zwar unter Beachtung der berufsethischen Grundsätze der Vermögensverwaltung.

5. Verwaltung

Die Verwaltungsverpflichtungen betreffen die ordnungs- und planmäßige Umsetzung der Anlagestrategie sowie der Verwaltung und Dokumentation der Ergebnisse. Außerdem muss es hinsichtlich der Ausübung von Rechten aus dem *plan* konkrete Regelungen geben. Sollte ein Antrag auf Auszahlung verweigert werden, muss der Antragsteller hierüber unter Angabe der jeweiligen Verweigerungsgründe schriftlich informiert werden. Darüber hinaus muss der Antragsteller die Möglichkeit haben, diese Entscheidung anzufechten. Sollte ein Antragsteller seine Rechte unter dem *plan* ausüben, darf der Arbeitgeber beziehungsweise der Planverwalter ihn in keiner Weise daran hindern (das Verbot der *retaliation*). Sollte ein Antragsteller immer noch Schwierigkeiten bei der Ausübung seiner Rechte haben, steht ihm der Weg zum Gericht offen. Im Rahmen eines Zivilverfahrens könnte er versuchen, seine Rechte unter dem *plan* geltend zu machen, einschließlich einstweiliger Verfügungen, um unerlaubte Handlungen zu blockieren. Das Gleiche gilt für *fiduciaries*, die sogar verpflichtet sind, Rechte geltend zu machen oder unerlaubte Handlungen zu verhindern.

6. Versicherung

Für *defined pension plans* gibt es die zusätzliche Verpflichtung, das Planvermögen gegen unzureichende Rücklagen zu versichern. Dies erfolgt durch die Zahlung von Prämien an die *Pension and Benefit Guaranty Corporation*, die im Falle einer Unterfinanzierung die finanziellen Lücken eines *plans* deckt. In der Vergangenheit gab es häufig Schwierigkeiten bei Verschmelzungen und Fusionen sowie Liquidationen oder Einstellungen eines *plans*, wobei manche Teilnehmer am Ende mit einer unzureichenden oder gar keiner Versorgung konfrontiert waren. Durch die verbindliche Pflicht zur Versicherung der Sozialleistungen sollen genau solche Fälle verhindert werden.

Fair Labor Standards Act (FLSA)

Der FLSA befasst sich mit den folgenden Themen: Mindestlohn (*minimum wage*), maximal zulässige Arbeitszeit, Überstunden und die Beschäftigung von Minderjährigen. Da die meisten Arbeitgeber – insbesondere ausländische Arbeitgeber – am »höheren Ende« des Arbeitsmarktes tätig sind, wird hier nur sehr allgemein auf dieses Gesetz eingegangen.

Anwendungsbereich:

Neben der öffentlichen Hand unterliegen auch private Arbeitgeber mit einem jährlichen Mindestumsatz von 500000 Dollar den Bestimmungen des FLSA. Darüber hinaus findet der FLSA Anwendung auf private Arbeitgeber, die im bundestaatüberschreitenden Handel (*interstate commerce*) tätig sind. Letzteres führt dazu, dass die meisten privaten Firmen den Vorschriften des FLSA unterliegen. Grundsätzlich genießen alle Arbeitnehmer den Schutz des Gesetzes, es sei denn, sie gehören zu einer davon ausdrücklich ausgenommenen Gruppe. Der FLSA beinhaltet einen Katalog von Arbeitnehmergruppen, auf die das Gesetz keine Anwendung findet. Die meisten Gruppen fallen unter Saisonarbeit oder Tätigkeiten, die nur vorübergehender Natur oder kleineren Umfangs sind – vergleichbar mit den Mini-Jobs (325 beziehungsweise 400 Euro) in Deutschland. Am interessantesten für die Arbeitgeber sind die folgenden Ausnahmen: EDV-Spezialisten, freie Mitarbeiter und Führungskräfte (*salaried executive, administrative and professional employees*). Die letzte Gruppe – oft als *white collar workers* beschrieben – bezieht sich grundsätzlich auf Führungskräfte, die ein jährliches Bruttogehalt beziehen verglichen mit einer Vergütung, die sich auf der Grundlage eines Stundenlohns berechnet. Das Gesetz sieht eine Reihe komplizierter Tests vor, um festzustellen, wer unter diese Gruppe fällt. Grundsätzlich werden alle Arbeitnehmer erfasst, die typische Managementaufgaben übernehmen, mit einer relativ breiten Entscheidungskompetenz ausgestattet sind und deren Funktion im Allgemeinen eine besondere Ausbildung und/oder Erfahrung voraussetzt.

Gesetzliche Verpflichtungen:

Da die Mehrzahl der Arbeitgeber Konditionen für qualifizierte Arbeitnehmer anbieten, die über der gesetzlichen festgeschriebenen Mindestvergütung liegen, ist das Thema *minimum wage* in diesen Bereichen überwiegend irrelevant. Sogar ein Mitarbeiter von McDonald's verdient in der Regel 20-40 Prozent mehr als das gesetzliche Minimum (derzeit 5,15 Dollar pro Stunde). Der FLSA ist jedoch von zusätzlicher Bedeutung im Hinblick auf die erlaubte Arbeitszeit. Grundsätzlich ist der Arbeitgeber verpflichtet, alle Stunden, die zugunsten des Unternehmens vom Arbeitnehmer geleistet werden und/oder vom Arbeitgeber verlangt werden, zu vergüten. Auch die Zeit, in der der Arbeitnehmer auf Abruf zur Verfügung stehen muss – *on-call time* (also Bereitschaftsdienst) – muss voll vergütet werden, selbst wenn der Arbeitnehmer in dem Zeitraum nicht zum Einsatz kommt. Ein klassisches Beispiel von *on-call* Arbeit ist ein EDV-Fachmann, der für Notfälle zu bestimmten Zeiten erreichbar ist. Der FLSA regelt auch die geleisteten beziehungsweise zu leistenden Überstunden und setzt voraus, dass diese Zeit mit 150 Prozent des normalen Stundensatzes vergütet wird. Als Überstunden gelten alle Stunden, die über 40 Stunden pro Woche hinausgehen. Auch hierzu gibt es eine Reihe von Ausnahmen, die in der Regel branchenabhängig sind, bei denen diese Überstundenregelung nicht greift. Letztlich beinhaltet der FLSA eine Vielzahl von Beschränkungen hinsichtlich Tätigkeiten, die nicht von Minderjährigen am Arbeitsplatz durchgeführt werden dürfen, wie zum Beispiel die Benutzung bestimmter Werkzeuge und Maschinen.

Sollte ein Arbeitgeber gegen die Vorschriften des FLSA verstoßen, drohen hohe Bußgelder und Schadensersatzzahlungen. Ein Arbeitnehmer, der seine Ansprüche gegen einen Arbeitgeber erfolgreich durchsetzt, erhält sämtliche ihm nach dem Gesetz zustehenden Vergütungen sowie Zinsen. Bei einem vorsätzlichen Verstoß des Arbeitgebers gegen das Gesetz können zusätzlich Bußgelder verhängt werden. Um solche Sanktionen zu vermeiden, empfiehlt es sich, über die Einzelheiten der rechtlichen Situation in dem jeweiligen Bundesstaat zu informieren (siehe Anhang B).

> **Praxistipp: Vorsicht vor strengeren Standards**
> Der FLSA legt Mindestnormen fest, wobei in manchen Bundesstaaten der Standard jedoch höher als in anderen ist. Es ist daher für den Arbeitgeber sehr wichtig, den Status, die Tätigkeiten sowie die tatsächlich geleistete Arbeit seiner Mitarbeiter genau zu dokumentieren. Einer der

am häufigsten vorkommenden Verstöße gegen den FLSA ist die falsche Einstufung von Arbeitnehmern, die eher einfachere Tätigkeiten verrichten, als ein *salaried executive* oder *administrative/professional employee*, um die gesetzliche Regelung hinsichtlich Überstunden zu umgehen. Bei einer Überprüfung durch die zuständigen Behörden kommt es auf die tatsächliche Tätigkeit statt den Jobtitel an.

Family and Medical Leave Act (FMLA)

Dieses Gesetz bestimmt, dass die betroffenen Arbeitgeber den Arbeitnehmern eine Arbeitsunterbrechung von bis zu zwölf Wochen im Jahr erlauben müssen, falls sie oder ihre Angehörigen gesundheitliche Probleme haben. Darüber hinaus wird eine Auszeit gewährt (entsprechend der deutschen Elternzeit), wenn eine Arbeitnehmerin ein Kind bekommt und für das Kind zu Hause bleiben möchte.

Anwendungsbereich:

Alle Arbeitgeber, die mehr als 50 Arbeitnehmer beschäftigen, sind von den Vorschriften des FMLA betroffen.
Eine arbeitsfreie Zeit von zwölf Wochen muss grundsätzlich gestattet werden, wenn

- der Arbeitnehmer von einer schweren Erkrankung (*serious health condition*) betroffen ist,
- ein Angehöriger ernsthaft erkrankt ist (*serious health condition*),
- der Arbeitnehmer Vater oder Mutter wird oder ein Kind adoptiert hat.

Wenn der Arbeitnehmer selbst betroffen ist, muss die Erkrankung ihn an der Ausübung wesentlicher Aufgaben (*essential duties*) seiner Tätigkeit behindern. Nach der Rechtslage sind Aufgaben wesentlich, wenn der Job spezifische Aufgaben umfasst, nur wenige Arbeitnehmer diese Aufgaben durchführen können oder die Aufgabe so spezialisiert ist, dass der Arbeitnehmer speziell zu diesem Zweck einstellt wurde. Um zu beurteilen, was wesentlich ist, würde ein Gericht die Stellenbeschreibung, die Ansichten des Arbeitgebers, die erforderliche Ausbildungsdauer, die für die Ausführung der Aufgabe notwendige Zeit, die Arbeitserfahrung von ehemaligen sowie derzeitigen Stelleninhabern berücksichtigen.

Der Kreis von Angehörigen im Sinne des FMLA beschränkt sich auf Eltern, Ehepartnern und Lebensgefährten sowie Kinder, einschließlich adoptierter Kinder. Der Betroffene muss außerstande sein, für sich selbst zu sorgen. Gründe dafür sind zum Beispiel eine körperliche Behinderung oder die Unfähigkeit, ohne Fremdhilfe zu Terminen reisen zu können. Auch die notwendige psychologische Unterstützung von Angehörigen ist ein relevanter Faktor.

Diese Auszeit ist grundsätzlich unbezahlt. Sowohl der Arbeitgeber als auch der Arbeitnehmer kann verlangen, dass noch verbleibende Urlaubstage auf die Auszeit angerechnet werden. Obwohl eine solche Auszeit grundsätzlich unbezahlt ist, müssen Arbeitgeber ihren üblichen Anteil an sämtlichen vergütungsrelevanten Leistungen, wie beispielsweise Krankenversicherung, Arbeitslosenversicherung und Rentenversicherung, weiter zahlen. Weiterhin muss dem Arbeitnehmer am Ende der Auszeit die Rückkehr an seine alte Stelle garantiert oder eine vergleichbare Position angeboten werden.

Eine wichtige – aber nur in wenigen Situationen greifende – Ausnahme von dieser Verpflichtung besteht für *key employees*. Für diese muss der Arbeitgeber die betreffende Position nicht frei halten, wenn er dadurch erheblich benachteiligt wird. Eine erhebliche Benachteiligung wird generell so verstanden, dass das Unternehmen durch den Ausfall des Arbeitnehmers wirtschaftlichen Schaden erleidet. Zu *key employees* zählen *officers*, *directors* und andere leitende Angestellten. Der Gesetzgeber legt diesen Begriff jedoch recht allgemein aus, so dass der Arbeitgeber hier beim Nachweis der Unentbehrlichkeit dieser Arbeitnehmer-Position etwas Spielraum hat. Angesichts der Zielrichtung des Gesetzes steht diese Ausnahme aber nur in seltenen Fällen zur Verfügung.

Bei der Inanspruchnahme der Elternzeit muss der Arbeitnehmer bestimmte Regeln beachten. Dabei ist vor allem die Anzeigepflicht von mindestens 30 Tagen vor dem geplanten Termin der Auszeit von Bedeutung. Wenn diese 30-Tage-Frist faktisch nicht möglich ist – beispielsweise bei einem Unfall oder einer plötzlich auftretenden Krankheit – muss der Arbeitnehmer sich zwar nicht daran halten. Er muss aber den Arbeitgeber über die Erkrankung umgehend informieren. Im Übrigen ist der Arbeitnehmer verpflichtet, die Erkrankung nachzuweisen, falls dies vom Arbeitgeber verlangt wird. Die Bestimmungen zum Inhalt eines solchen Nachweises (*certification*) sind sehr detailliert. Das *U.S. Department of Labor*, die hierfür zuständige Behörde, stellt ein Standardformular zur Verfügung. Wenn der Arbeitgeber die Richtigkeit oder Vollständigkeit dieses Nachweises bezweifelt, kann er durch Einholung eines zweiten Gutachtens versuchen, die Ablehnung einer Auszeit zu begründen.

Für Arbeitgeber ist von großer Bedeutung, dass das Gesetz sämtliche gesundheits- oder familienbezogenen Situationen umfasst, ohne dass der Arbeitnehmer seine Rechte nach dem FMLA ausdrücklich erwähnen muss. Hilfsweise bietet das *Department of Labor* Merkblätter an, die der Arbeitgeber dem Arbeitnehmer zur Verfügung stellen kann. Arbeitgeber sollten solche Bitten ihrer Mitarbeiter um Auszeiten ernst nehmen. Macht ein Arbeitnehmer im Rahmen eines Prozesses seine Ansprüche geltend, wird der Arbeitgeber nicht nur sämtliche Schäden wie beispielsweise entgangene Vergütung, Kosten für die Betreuung des Betroffenen, gesetzlich begründete Schadensersatzansprüche und Zinsen, sondern auch die Anwaltskosten der Gegenseite tragen müssen.

Sonstige Arbeitsgesetze

The Occupational Safety and Health Act (OSHA)

Das OSHA Gesetz soll gewährleisten, dass der Arbeitsplatz sicher und möglichst frei von Gefahren für Leib und Leben ist. Das Gesetz hat drei Kernpunkte:

– Einhaltung der jeweiligen Bestimmungen
– Sicherheit am Arbeitsplatz
– Überprüfungsbefugnis der öffentlichen Hand

Zur Frage der Einhaltung der jeweiligen Bestimmungen regelt das Gesetz Mindestnormen hinsichtlich der Sicherheit, die entweder von der Bundesbehörde oder der jeweils zuständigen Behörde in einigen Bundesstaaten festgelegt werden (*state plan states*), die im Anhang C aufgeführt sind. Bezüglich Sicherheit erstreckt sich das OSHA auf eine Reihe von Gefahren und Risiken am Arbeitsplatz, die der Arbeitgeber durch entsprechende Schutzmaßnahmen zu verhindern, zumindest aber zu minimieren verpflichtet ist. Letztlich setzt das Gesetz voraus, dass der Arbeitgeber mit den zuständigen Prüfern (*inspectors*) bei deren Untersuchungen kooperiert.

Anwendungsbereich und Verpflichtungen:

OSHA findet auf alle Arbeitgeber Anwendung, die mindestens einen Arbeitnehmer beschäftigen. Das Gesetz hat eine Vielzahl detaillierter Vorschriften, die sich auf einzelne Branchen, Betriebe und Tätigkeiten erstrecken. Um sich über die jeweils relevanten Vorschriften zu informieren, sollte mit der zuständigen Behörde Kontakt aufgenommen werden. Zusammengefasst ist OSHA primär für die folgenden Branchen relevant: Schifffahrt, Bauindustrie, Agrarwirtschaft sowie das produzierende Gewerbe. Die Mindestanforderungen des OSHA erstrecken sich auf erforderliche Ausbildungsmaßnahmen und Unterweisung vor Aufnahme einer Tätigkeit, die Qualität und Instandhaltung von Werkzeugen und Maschinen am Arbeitsplatz sowie die allgemeine Organisation der Arbeitsprozesse. Dabei sieht die OSHA allein darin einen Verstoß, wenn die jeweils relevanten Vorschriften, selbst dann, wenn kein Unfall dadurch verursacht wird und kein Arbeitnehmer zu Schaden kommt, nicht beachtet werden. Umgekehrt gilt aber auch: Ein Arbeitgeber kann sich unter Einhaltung der Regelungen OSHA-konform verhalten, obwohl am Arbeitsplatz Unfälle passiert sind. Insofern ist es ratsam, sich ausführlich mit den gesetzlichen Bestimmungen vertraut zu machen.

Für Arbeitgeber, die sich nicht an die gesetzlichen Vorschriften halten, drohen Sanktionen sowohl von Seiten der öffentlichen Hand als auch von Privatpersonen im Rahmen einer zivilrechtlichen Klage. Für »leichte« Verstöße gegen die Sicherheitsvorschriften drohen Bußgelder und Auflagen, die gerügten Mängel abzustellen. In gravierenden Fällen kann ein Arbeitgeber mit strafrechtlichen Konsequenzen konfrontiert werden, zum Beispiel wenn ein Arbeitnehmer wegen eines mangelhaft gesicherten und gefährlichen Arbeitsplatzes ums Leben kommt. Darüber hinaus steht Arbeitnehmern beziehungsweise deren Angehörigen der Gerichtsweg offen, ihrerseits Ansprüche gegen den Arbeitgeber durchzusetzen. In gravierenden Fällen kann die Schadenssumme Millionenhöhe erreichen. Das gilt auch für die Fälle, in denen die Schadenssummen grundsätzlich auf den unter einem *worker compensation scheme* geschuldeten Betrag begrenzt sind. Die Einzelheiten der Regelungen zu *worker compensation* können hier wegen ihrer Komplexität nicht dargestellt werden. Der Hauptzweck besteht in einer vordefinierten Schadensregelung für die Haftung von Arbeitgebern bei Unfällen am Arbeitsplatz beziehungsweise im Rahmen eines Arbeitsverhältnisses. Der Arbeitgeber, der versucht, aus Kostengründen die OSHA Vorschriften zu umgehen, spart sicherlich an der falschen Stelle.

National Labor Relations Act (NLRA)

Das NLRA regelt die Beziehung zwischen Gewerkschaften und Arbeitgeber. Sämtliche Arbeitgeber, die im *interstate commerce* tätig sind, unterliegen den arbeitsrechtlichen Bestimmungen des NLRA. Jedoch hat das National Labor Relations Board (NLRB), die Behörde, die die Einhaltung der gesetzlichen Vorschriften kontrolliert, bisher entschieden, nur bei Auseinandersetzungen größeren Umfangs als zuständige Instanz aufzutreten. Die Behörde hat einen Katalog von Mindestvoraussetzungen festgelegt, der darlegt, wann sie sich in die Beziehungen zwischen Arbeitgeber und Gewerkschaft einmischen wird. Kleinere Unternehmen bleiben von einer solchen Einmischung grundsätzlich verschont.

Der Schutz des NLRA und schutzbedürftige Personen:

Grundsätzlich genießen alle Arbeitnehmer den Schutz des NLRA. Jedoch gelten Führungskräfte (*managers* und *supervisors*) sowie freie Mitarbeiter (*independent contractors*) nicht als Arbeitnehmer im Sinne des Gesetzes. Der NLRA hat als Zielsetzung, das Recht der Arbeitnehmer durch die Gründung einer Gesellschaft oder vergleichbaren Organisation zu schützen, die ihre Interessen am Arbeitsplatz vertritt und unfaire Praktiken verhindert. Um die Vertretungsbefugnis der Arbeitnehmer zu erlangen, muss eine Gewerkschaft von der Mehrheit der Arbeitnehmer getragen werden, und zwar in Form einer *bargaining unit*. Unterstützt die Mehrheit der Arbeitnehmerschaft die Gewerkschaft, so kann diese den Arbeitgeber um Anerkennung bitten und so die Erlaubnis erlangen, namens und im Auftrag aller Arbeitnehmer kollektiv zu verhandeln. Sollte der Arbeitgeber diesen Auftrag ablehnen, kann die Gewerkschaft die NLRB um Unterstützung bitten, ob die Gewerkschaft als Vertretung der Arbeitnehmer anzuerkennen ist oder nicht. Dafür muss die Gewerkschaft im Rahmen einer geheimen Wahl die Mehrheit der Stimmen erhalten.

Der NLRA untersagt es den Arbeitgebern, die Arbeitnehmer in unfairer Weise hinsichtlich der Bildung oder Beibehaltung einer Gewerkschaft zu beeinflussen. Zum Beispiel kann ein Arbeitgeber verlangen, dass Verhandlungen über die Bildung oder das Weiterbestehen einer Gewerkschaft außerhalb der Geschäftszeiten und Räumlichkeiten des Arbeitgebers stattfinden. Hier kommt jedoch automatisch eine verfassungsrechtliche Dimension hinzu, die beide Seiten betrifft, da hier die Meinungs-, Rede- und Versammlungsfreiheit (*freedom of opinion, right of free speech and assembly*) zur Anwendung kommt. So dürfen Arbeitnehmer zum Beispiel Informationen über eine Gewerkschaft am Arbeitsplatz verteilen, es sei denn, der Arbeitgeber hat ein allgemeines Verbot zur Verteilung von Informationen jeglicher Art erteilt. Die modernen Kommunikationsmittel haben diese Aspekte

– zum Beispiel durch die Nutzung der elektronischen Kommunikationsmittel wie E-Mail – erheblich kompliziert. Wenn der Arbeitgeber die Benutzung von E-Mail auch zu Privatzwecken gestattet, darf er die Benutzung von E-Mail zur Verbreitung von Informationen über Gewerkschaften nicht verhindern.

Aber auch die Gewerkschaften unterliegen Bestimmungen über die Organisation und Durchführung ihrer Tätigkeiten. Sie dürfen in keiner Weise die Unterstützung von den Arbeitnehmern erzwingen. Darüber hinaus muss jede Wahl – sei es zur Aufnahme in einer Gewerkschaft oder zur Bestellung neuer Vertreter – ordnungsgemäß durchgeführt werden. Sobald eine Gewerkschaft ordnungsgemäß gewählt und gegründet ist, kann sie mit dem Arbeitgeber ein *union security agreement* vereinbaren. Dieses setzt voraus, dass die Mitgliedschaft in einer Gewerkschaft Bedingung für die Einstellung sein kann. Manche Bundesstaaten haben aber diesen Aspekt des Gesetzes entschärft, indem sie die Vereinbarung solcher *union security agreements* ausdrücklich verbieten. Diese Staaten werden auch als *right to work states* bezeichnet, die es Arbeitnehmern freistellen, einer Gewerkschaft beizutreten oder nicht. Die Arbeitnehmer in solchen Bundesstaaten dürfen in keiner Weise benachteiligt oder diskriminiert werden, wenn sie entscheiden, einer Gewerkschaft nicht beizutreten. Eine Liste der *right to work states* ist im Anhang C abgedruckt.

Die zweite Zielrichtung des NLRA, die Bekämpfung unfairer Praktiken am Arbeitsplatz (*unfair labor practices*) hat für die Arbeitgeber folgende Bedeutung: Verbot der Diskriminierung von Arbeitnehmern aufgrund ihrer Mitgliedschaft beziehungsweise Nichtmitgliedschaft in einer Gewerkschaft, die Pflicht, mit der Arbeitnehmerseite fair und ernsthaft zu verhandeln, Verbot der Organisation von Gewerkschaften, die in Wirklichkeit vom Arbeitgeber kontrolliert werden (*sham unions*) und die faire Behandlung von Arbeitnehmern im Falle eines Streiks.

Der letzte Punkt ist von großer Bedeutung. Grundsätzlich dürfen Arbeitnehmer streiken, solange der Streik legal ist, also entweder einen wirtschaftlichen Hintergrund hat oder als Protest gegen unfaire Praktiken geführt wird. Wenn die Arbeitnehmer allein für bessere Lohn- und Arbeitsbedingungen streiken, darf der Arbeitgeber diese Arbeitnehmer aussperren und durch neue ersetzen. Bei Streiks wegen unfairer Geschäftspraktiken ist dies nicht erlaubt.

Für die Gewerkschaften bringt der NLRA die Verpflichtung mit sich, keinen Zwang auf die Arbeitnehmer auszuüben sowie das Verbot illegaler Streiks. Streiks sind illegal, wenn damit illegale Praktiken oder Verlangen der Arbeitnehmer beziehungsweise der Gewerkschaft durchgesetzt werden sollen, wie den Boykott eines Kooperationspartners des Unternehmens oder die Anerkennung einer nicht rechtmäßig gewählten und gegründeten Gewerkschaft.

Hinweis: die Erfüllung der jeweiligen Verpflichtungen kann nur durch Einschaltung der NLRB erzwungen werden, der Gerichtsweg steht hierfür nicht frei.

Worker Adjustment and Retraining Notification Act (WARN)

In Europa sind Kündigungsfristen in der Regel weitaus länger als in den USA; durchschnittlich einige Monate in der EU im Vergleich zu zwei bis drei Wochen in den USA. Insofern gibt es in Europa weniger Bedarf für ein Gesetz wie den *Worker Adjustment and Retraining Notification Act*, das dazu dienen soll, die Arbeitnehmer bei Entlassungen und Betriebseinstellungen vorzuwarnen. Das WARN findet Anwendung auf private Arbeitgeber, die mehr als 100 Angestellte beschäftigen. Bei der Bemessung der Fristen werden auch die Arbeitszeiten von Teilzeitkräften berücksichtigt, so dass ein Arbeitgeber zum Beispiel den gesetzlichen Vorschriften unterliegt, wenn er 100 oder mehr Angestellte, einschließlich Teilzeitkräfte, beschäftigt, die insgesamt mehr als 4000 Stunden pro Woche arbeiten.

Der Schutz des WARN erstreckt sich nur auf zwei Situationen, nämlich die Schließung eines Betriebes (*plant closing*) oder Massenentlassung (*mass layoffs*). Diese Bedingungen werden im Gesetz ausführlich definiert. Ein *plant closing* bedeutet die permanente oder vorübergehende Schließung eines Betriebes (*single site of employment*), die zu der Entlassung von 50 oder mehr Vollzeitangestellten innerhalb von 30 Tagen führt. Insofern sind hier vor allem Produktionsstandorte betroffen. Das zweite Beispiel eines WARN-relevanten Ereignisses ist die Massenentlassung, die nach dem Gesetz durch den Abbau von Arbeitskräften innerhalb von 30 Tagen an einem Standort entweder

- zum Verlust von 500 oder mehr Vollzeitangestellten führt oder
- zum Verlust von 50 bis 499 Vollzeitangestellten, wenn die Zahl der entlassenen Arbeitnehmer mindestens 33 Prozent der gesamten Arbeitnehmer des Unternehmens darstellt.

Die Pflichten des Arbeitgebers in einer der dargestellten Situationen ist einfach beschrieben: Er hat die betroffenen Arbeitnehmer mindestens 60 Tage vor Durchführung der Maßnahme, nämlich Schließung und/oder

Entlassungen, schriftlich darüber zu informieren. Eine kürzere Vorwarnfrist ist möglich wenn die Maßnahmen zum betreffenden Zeitpunkt nicht vorhersehbar waren, das Unternehmen in ernste finanzielle Schwierigkeiten geraten ist, die eine frühere Vorwarnung nicht erlaubten oder im Falle von höherer Gewalt (Sturm, Erdbeben). Eine Ausnahme von der Informationspflicht besteht, wenn der zu schließende Betrieb von Anfang an nur vorübergehend oder zeitlich befristet arbeiten sollte und die Betroffenen im Vorfeld davon in Kenntnis gesetzt worden waren und bei einer von der Gewerkschaft organisierten Arbeitssperre oder einem Streik.

Entsprechend den betreffenden Umständen hat der Arbeitgeber eine Mitteilungspflicht gegenüber den Betroffenen/Arbeitnehmern, deren Vertreter beziehungsweise deren Gewerkschaft sowie der im jeweiligen Bundesstaat verantwortlichen Stelle. Was genau mitgeteilt werden muss, hängt von der spezifischen Situation ab. Generell soll die Mitteilung die folgenden Informationen beinhalten: welche genaue Maßnahme – Schließung oder Arbeitsverkürzung – vorgesehen ist; wann die Maßnahme(n) durchgeführt werden soll(en); ab wann eine eventuelle Kündigung gelten soll; ob Prioritätsrechte, beispielsweise aufgrund Betriebszugehörigkeit, gewährt werden sowie Angabe einer Kontaktperson im Unternehmen, die bei weiteren Fragen zur Verfügung steht.

Die Erfüllung der Bestimmungen des WARN durch den Arbeitgeber ist von großer Bedeutung, da er im Falle eines Verstoßes sämtliche Verluste der betroffenen Arbeitnehmer ausgleichen muss. Darüber hinaus kämen Bußgelder sowie die Gerichts- und Anwaltskosten der Arbeitnehmer in Betracht. Durch eine Zusammenlegung der Arbeitnehmeransprüche – zum Beispiel im Wege einer Sammelklage oder *class action* (siehe Kapitel 5 Prozessrecht) – können die Arbeitnehmer bei Prozessgewinn vor Gericht die Maßnahmen für den Arbeitgeber sehr teuer machen. In der Regel wird es für den Arbeitgeber bei einem Verstoß wesentlich teurer, als die Kosten, die er bei der Durchführung der betrieblichen Maßnahmen zu sparen gehofft hat. In diesem Zusammenhang ist es unabdingbar, dass der Arbeitgeber sich solche Maßnahmen frühzeitig und genau überlegt, um negative Folgen zu vermeiden. Und auch bei den WARN Risiken gilt der Rat, die Einzelheiten in den Vorschriften im voraus zu berücksichtigen, da manche Bundesstaaten sogar strengere Vorschriften haben.

Personal Responsibility and Work Opportunity Reconciliation Act (PRWORA)

Dieses Gesetz befasst sich mit der Verbesserung der Zahlungsmoral von unterhaltspflichtigen Arbeitnehmern. Für die unterhaltsberechtigten Personen stellt die Zahlungsverweigerung durch zum Unterhalt verpflichtete Arbeitnehmer ein ernstes Problem in den USA dar. Deswegen hat der Gesetzgeber entschieden, betroffene Arbeitgeber einzubinden, die Wahrscheinlichkeit der Erfüllung von Unterhaltsverpflichtungen zu erhöhen. Das PRWORA schreibt vor, dass ein Arbeitgeber die jeweils zuständige Behörde über Neueinstellungen informieren muss. Diese Behörde unterhält ein Register unterhaltspflichtiger Personen, die ihren Verpflichtungen nicht nachkommen. Die Behörde kann den Arbeitgeber auffordern, einen Teil der Vergütung eines betroffenen Mitarbeiters zurückzuhalten und diesen an die Unterhaltsberechtigten abzuführen.

Anwendungsbereich:

Das PRWORA findet Anwendung auf:

- Private Arbeitgeber
- Arbeitsvermittlungsbüros
- Gewerkschaften und ähnliche Organisationen
- Unternehmensausschüsse und Gremien mit Arbeitnehmer- und Arbeitgebervertretung
- Behörden und Institute auf Gemeindeebene

Auch wenn ein Arbeitnehmer nach einer Auszeit oder einer Kündigung seinen ursprünglichen Arbeitsplatz wieder einnimmt (*rehirees*), muss der Arbeitgeber den Behörden hierüber berichten. Ebenso sind Angaben über Teilzeitkräfte zu machen, wenn vorgesehen ist, dass diese länger als 20 Tage im Unternehmen beschäftigt sein werden.

Ausnahmen:

Einige Gruppen sind von den Bestimmungen des PRWORA ausgenommen, nämlich:

- Freie Mitarbeiter
- Arbeitnehmer, die außerhalb der USA arbeiten
- Arbeitnehmer, die im Rahmen eines Unternehmenskaufs, einer Fusion oder Reorganisation übernommen werden

Die Informationen, die an die Behörden weitergeleitet werden müssen, umfassen allgemeine Daten des Arbeitnehmers: Name, Anschrift, Sozialversicherungsnummer. Obwohl doch recht einfach, kann die Befolgung dieses Gesetzes sehr zeitaufwändig für den Arbeitgeber sein, insbesondere wenn er Arbeitnehmer in mehreren Bundesstaaten beschäftigt. Um die Verwaltung zu vereinfachen, erlaubt das Gesetz die Wahl einer Behörde nur in einem einzigen der betreffenden Bundesstaaten, so dass der Arbeitgeber nur diese eine Behörde informieren muss. Diese koordiniert dann den Informationsaustausch mit den Behörden in anderen Bundesstaaten. Es gibt ein Standardformular, das so genannte W-4, das die erforderlichen Informationen abfragt und die Erfüllung der gesetzlichen Vorschriften erleichtert. Es ist empfehlenswert, dieses Formular zu verwenden und am ersten Arbeitstag eines neuen Arbeitnehmers gleich einzureichen.

Unsere eigenen Leute drüben: Arbeitnehmerentsendung und US-Einwanderungsrecht

Das US-Einwanderungsrecht (*immigration law*) ist ein überschaubares Rechtsgebiet, das aber tiefe Kenntnisse hinsichtlich der Klassifizierungen der diversen Visa sowie der aktuellen Tendenzen und Richtlinien der zuständigen Behörde, der *Immigration and Naturalization Service* (*INS*) voraussetzt. Wie in den meisten Ländern versucht der US-amerikanische Gesetzgeber eine Politik zu formulieren, die einerseits den Eintritt notwendiger und guter Arbeitskräfte aus anderen Ländern ermöglicht, andererseits aber die Stellen von den US-amerikanischen Bürgern beziehungsweise Aufenthaltsberechtigten nicht gefährdet. Für den ausländischen Arbeitgeber, der jemanden in die USA entsenden möchte, sind die Regelungen bezüglich der Klassifizierungen der Arbeitnehmer zu beachten. Einige der wichtigsten Kategorien aus Sicht des ausländischen Arbeitgebers werden im Folgenden dargestellt. Weitere Informationen hierzu sind von der INS (www.ins.gov) sowie von *immigration specialists* erhältlich.

H-1B:	Diese Kategorie betrifft professionelle (*specialty occupation/ professional*) Arbeitnehmer und setzt eine ausreichende Ausbildung in einem bestimmten Gebiet voraus. Die Zahl der H-1B Visa ist begrenzt und wird stets ausgeschöpft. Darüber hinaus gibt es strikte Regelungen hinsichtlich der Vergütung des Arbeitnehmers sowie bezüglich Verlängerungen der Visa. 1998 wurden neue Beschränkungen vom Gesetzgeber einge-

führt, weil befürchtet wurde, dass manche Arbeitgeber Stellen von US-Arbeitnehmern mit billigeren Arbeitskräften vom Ausland über die H-1B ersetzt hatten. Die Nachweispflichten und Dokumentationspflichten wurden durch die gesetzlichen Änderungen verschärft. Der Arbeitgeber muss bei der örtlich zuständigen INS Behörde den H-1B Antrag stellen. Die erforderliche Bearbeitungszeit variiert von drei Wochen bis vier Monaten, also sehr unterschiedlich von Region zu Region. Wenn genehmigt, gilt das H-1B Visum für maximal drei Jahre, mit der Möglichkeit einer Verlängerung auf weitere drei Jahre.

L-1: Diese Kategorie betrifft *inter-company transferees*, nämlich *executives* und *managers* (L-1A) und *specialized knowledge employees* (L-1B), die in den letzten drei Jahren ein Jahr oder länger bei einer Tochtergesellschaft, Branche oder einem verbundenen Unternehmen gearbeitet haben. Die L1-B setzt Kenntnisse hinsichtlich der Produkte oder Märkte voraus, die über den normalen Kenntnisstand hinaus gehen. Bei der L-1B und auch bei anderen Kategorien von Visa führt die allgemeine Definition bei dem Antrag zu Schwierigkeiten. Da viel im Ermessen der zuständigen Behörde liegt, ist die Einschaltung eines *immigration experts* empfehlenswert.

E-1, E-2: Die E-1 (*treaty trader*) und E-2 (*treaty investor*) Kategorien sind auch für ausländische Arbeitgeber von Interesse, wenn sie eine Mehrheitsbeteiligung an einem US-Unternehmen haben und der Arbeitnehmer dort eingesetzt werden soll. Diese Kategorien stehen nur Unternehmen aus den Ländern zur Verfügung, die ein Handelsabkommen mit den USA haben, wie Deutschland und die Schweiz. Bei dem E-1 muss der Antragsteller nachweisen, dass mehr als die Hälfte seines Auslandsgeschäfts mit den USA gemacht wird. Bei einem E-2 Visum muss der Arbeitgeber zeigen, dass er eine bedeutende Investition in das US-Geschäft getätigt hat. Es gibt keinen Mindestbetrag, sondern bestimmte Tests (*proportionality* und *marginality*) der Angemessenheit der Investition. Beide Visa werden normalerweise bei der US-Botschaft im Heimatland beantragt.

Es gibt weitere Visumkategorien – zum Beispiel *persons of extraordinary ability or achievement* – m die für den ausländischen Arbeitgeber eventuell in Frage kommen. Diese sind aber noch komplexer und werden hier nicht weiter behandelt. Das *Visa Waiver Pilot Programme* stellt ein weiteres interessantes Programm für deutsche und schweizerische Arbeitgeber dar. Nach dem Programm dürfen Staatsbürger aus bestimmten Ländern in die USA einreisen und dort geschäftlich tätig sein, solange sie weniger als 90 Tage im Lande bleiben. Für kürzere Aufenthalte von Führungskräften vermeidet man die aufwändige INS-Kommunikation. Wegen der Vielzahl und Komplexität der Möglichkeiten der Arbeitnehmerentsendung in die USA, ist fachlicher Rat immer empfehlenswert. Seit dem 11. September 2001 kontrolliert die INS verschärfte die Einwanderungsregelungen.

Fazit

Bei der Besetzung von Stellen innerhalb eines US-Unternehmens ist die Prüfung der Notwendigkeit eines Visums unentbehrlich. Darüber hinaus sind die arbeitsrechtlichen Bestimmungen in den USA zu beachten. Diese weichen manchmal sehr von den Bestimmungen in Deutschland beziehungsweise der EU ab. Während manche Punkte genau und stringent geregelt werden (sexuelle Belästigung, Besitz oder Gebrauch von Drogen oder Waffen am Arbeitsplatz), erscheinen andere aus der Sicht eines Arbeitnehmers aus der EU (beispielsweise Kündigungsregelungen, Mitbestimmungsrechte) relativ vernachlässigt. Diese rechtlichen Divergenzen basieren zum Teil auf kulturellen Unterschieden, mit denen ein ausländischer Arbeitgeber in den USA konfrontiert wird. Ihre Bedeutung sollte nicht unterschätzt werden, insbesondere im Hinblick auf das Prozessrisiko in den USA, das bei Arbeitsverhältnissen höher ist als in der EU. Wie im Kapitel zum Prozessrecht betont wird, können Ansprüche aus Arbeitsverhältnissen in den USA Probleme sogar für die Muttergesellschaft im Ausland verursachen!

Kapitel 5
Das ›lausige‹ Rechtssystem:
US-Prozessrecht und Streitigkeiten in den USA

Einleitung

«*Suffer any wrong that can be done you rather than come here!*«
(Bleak House, Chapter I, in Chancery, by Charles Dickens)

Während des Bundestagswahlkampfes im September 2002 führten Äußerungen der Justizministerin Hertha Däubler-Gmelin zu Irritationen und einem gespannten Verhältnis zwischen den Regierungen in Berlin und Washington. Frau Däubler-Gmelin hat u.a. das US-Rechtssystem als »lausig« bezeichnet. Die Aussage bezog sich auf die Todesstrafe in den USA. Es gibt aber auch andere Aspekte des US-Rechtssystems, die viele Leute als »lausig« bezeichnen würden, insbesondere die Prozessfreudigkeit der Amerikaner sowie die hohen Schadenssummen bei manchen Zivilprozessen. Es ist nicht der Sinn dieses Kapitels, das US-amerikanische oder sonstige *Common Law*-Prozessrechtssysteme zu verteidigen, sondern das Kapitel will vielmehr einige Aspekte im amerikanischen Prozessrecht etwas sachlicher darstellen, um somit einige vorhandene Missverständnisse zu beseitigen.

Die Anwendung US-amerikanischen Rechts und Überblick über das US-Prozessrecht

Wie kommt es dazu, dass man das Vergnügen hat, in einen Rechtsstreit in den USA verwickelt zu werden? Die kurze Antwort lautet: Man hat sich entweder den US-amerikanischen Gerichten unterworfen (z.B. durch Unterzeichnung eines Vertrags mit einer entsprechenden Gerichtsstandsklausel) oder man hat etwas getan oder unterlassen (nicht unbedingt in den USA), was aus der Sicht der US-Gerichte dort einen Gerichtsstand begründet. Die erste Variante ist relativ klar und wurde ausführlich in Kapitel 2 dargestellt. Einzelheiten der zweiten Möglichkeit werden im Folgenden näher erläutert.

Prozessuales Recht

Gerichtsstand und die Zuständigkeit US-amerikanischer Gerichte

Am häufigsten ergibt sich die Zuständigkeit der US-amerikanischen Gerichte aus der Anwendung einer entsprechenden Vertragsklausel (Kapitel 2 zum Vertragsrecht). Die meisten amerikanischen Vertragsparteien – wie die meisten Geschäftsleute bei internationalen Verträgen – bevorzugen die Beilegung von Streitigkeiten »zu Hause«. Aber die Bereitschaft von Vertragsparteien, vor US-Gerichten zu prozessieren, ist nur eine Seite der Medaille. US-Gerichte dürfen die Zuständigkeit nur wahrnehmen, wenn dies durch das US-Prozessrecht erlaubt ist. Beide setzen das Vorhandensein von *subject matter jurisdiction* sowie *personal jurisdiction* voraus. Dieses Prinzip gilt sowohl für die absichtliche Unterwerfung der Parteien unter die Rechtszuständigkeit der Gerichte in den USA, als auch für den nicht beabsichtigten Fall, also Handlungen oder Unterlassungen, die sich auf andere Parteien auswirken, die Klage in den USA erheben.

a) Subject Matter Jurisdiction
Subject matter jurisdiction betrifft die Frage, ob das jeweilige Gericht für die Rechtsmaterie zuständig ist, die Gegenstand der beabsichtigten gerichtlichen Auseinandersetzungen sind. In erster Linie muss also zunächst festgestellt werden, ob die Bundesgerichte oder die Gerichte der einzelnen Bundesstaaten für den Rechtsstreit zuständig sind. Grundsätzlich sind die Bundesgerichte für die folgenden Streitigkeiten zuständig:

- wenn es sich um die Auslegung bzw. Anwendung von US-Bundesrecht handelt (sog. *federal question jurisdiction*)
- wenn die Parteien aus unterschiedlichen Bundesstaaten stammen – oder eine Partei Ausländer ist – (*diversity jurisdiction*). *Diversity jurisdiction* hat einige zusätzliche Voraussetzungen; so muss der Streitwert über 75000 Dollar liegen und bei Streitigkeiten zwischen mehreren Parteien darf es keine Parteien auf der Gegenseite geben, die aus dem gleichen Bundesstaat oder Land kommen wie eine der Parteien, die auf der Klägerseite steht (*complete diversity*).

Da die meisten Streitigkeiten zwischen internationalen Geschäftspartnern auf Verträge zurückführen sind, ist die Frage der *diversity jurisdiction* von großer Bedeutung. Sollte eine der prozessrechtlichen Voraussetzungen nicht erfüllt sein, dann sind die Gerichte auf der bundesstaatlichen Ebene und nicht die Bundesgerichte für den Rechtsstreit zuständig. Manchmal hat der Kläger sogar eine Wahl zwischen den Bundesgerichten und den bundesstaatlichen Gerichten.

b) Personal Jurisdiction

Neben der themenbezogenen *subject matter jurisdiction* ist es erforderlich, dass das jeweilige Gericht befugt ist, über einen bestimmten Beklagten zu »richten«, oder anders gesagt, dass das Gericht für die Person des Beklagten zuständig ist. Bei natürlichen Personen ist die *personal jurisdiction* oft durch die – auch vorübergehende – Anwesenheit im jeweiligen Bundesstaat begründet. Bei juristischen Personen wird die *personal jurisdiction* entweder durch einen Sitz im Bundesstaat oder durch bestimmte Handlungen begründet, die Auswirkungen in dem betreffenden Bundesstaat haben. Letzteres wird durch die *minimum contacts* Prüfung festgestellt.

Die Prüfung, ob ein Beklagter ausreichend Kontakt mit einem Bundesstaat hatte, um die *personal jurisdiction* bzw. Zuständigkeit des Gerichts zu begründen, ist sehr komplex und basiert auf eine Rechtsprechung, die über Jahrzehnte entwickelt worden ist. Grundsätzlich wird geprüft, ob die streitigen Aktivitäten des Beklagten »dauerhaft und systematisch« waren und auf die Einwohner beziehungsweise Märkte in dem jeweiligen Bundesstaat abzielten. Bei dieser Prüfung muss berücksichtigt werden, dass die Aktivitäten nicht im jeweiligen Bundesstaat stattgefunden haben müssen. Eine Anzeige in einer Zeitung in einem Bundesstaat, die auch von vielen Lesern in einem anderen Bundesstaat gesehen wird, könnte ausreichen, die Zuständigkeit des Gerichts zu begründen. Gleiches gilt für Werbung über Hörfunk oder Fernsehen. Und eine Webseite, über die Geschäfte mit Endkunden in den USA abgeschlossen werden können, reicht grundsätzlich auch aus, um die *personal jurisdiction* bundesweit zu begründen.

Eine genaue Prüfung der *personal jurisdiction* im konkreten Fall wird umso komplizierter, je weiter die Aktivitäten des Beklagten in Bezug auf den jeweiligen Bundesstaat entfernt waren. Der US *Supreme Court* hat Grenzen gezogen, die bei der Prüfung der *minimum contacts* zugrunde zu legen sind. Grundsätzlich dürfen die Kontakte des Beklagten nicht so «minimum« bzw. geringfügig sein, dass eine Zuständigkeit die traditionellen Grundsätze von Fairplay und Gerechtigkeit verletzen würde («*does not offend the traditional notions of fair play and substantial justice.*«). Dennoch können nach der aktuellen Rechtsprechung die Kontakte objektiv gering – und sogar ausschließlich außerhalb des jeweiligen Bundesstaates – sein, und trotzdem die Voraussetzungen von »*fair play and substantial justice*« erfüllen.

Worldwide Volkswagen Corp. vs. Woodson

Einer der wichtigsten Fälle der *minimum contacts* Rechtsprechung war eine Klage gegen den Volkswagen Konzern. Ein Kläger, der von New York nach Arizona umgezogen war und auf dem Weg dorthin einen Unfall im Bundesstaat Oklahoma hatte, hatte eine Klage gegen Volkswagen USA sowie die Volkswagen AG erhoben. Die Beklagten haben die Zuständigkeit des Gerichts in Oklahoma, wo Volkswagen über keine Filialen verfügte oder sonstige Geschäftsverbindungen hatte, bis in die letzte Instanz angefochten. Das US Supreme Court hat die Zuständigkeit des US-Gerichts auch über die deutsche Muttergesellschaft bejaht, da er die geschäftlichen Tätigkeiten von Volkswagen in den USA als so umfangreich ansah, dass diese die *minimum contacts* erfüllten.

Mit der Begründung der Entscheidung hat die *minimum contacts* Rechtsprechung an Bedeutung gewonnen. Das Gericht hat eine zweistufige Prüfung des Sachverhalts vorgenommen und die folgenden Fragen aufgeworfen:

- *Did the defendant purposely avail itself of activities directed toward the forum?* (so genannte »*purposeful availment*« Voraussetzung)
- *Did the defendant solicit business, engage in a course of activity, or derive substantial revenue from the forum?*

Bei dem ersten Faktor handelt es sich um die Frage, inwieweit ein Beklagter Aktivitäten oder Tätigkeiten ausgeübt hat, die Auswirkungen im jeweiligen Forum, das heißt im jeweiligen Bundesstaat hatten. Bei dem zweiten geht es darum, inwieweit der Beklagte – egal ob als Resultat der Aktivitäten betreffend das jeweilige Forum oder eher als Nebeneffekte von Aktivitäten woanders – von den Auswirkungen dieser Aktivitäten profitiert hat (z.B. durch Umsätze). In diesem Fall waren nach Ansicht des Gerichts die Aktivitäten bzw. die Kontrolle der Muttergesellschaft hinsichtlich des US-Geschäfts nicht ausreichend, um die *personal jurisdiction* in Oklahoma zu begründen.

In manchen Bundesstaaten gibt es ein weiteres Mittel, wodurch die bundesstaatlichen Gerichte ihre Zuständigkeit über Streitigkeiten bzw. die *personal jurisdiction* über Beklagte außerhalb des Bundesstaats begründen, nämlich die *long-arm statutes*. Dies sind Gesetze auf bundesstaatlicher Ebene, die eine Zuständigkeit der Gerichte vorsehen, wenn die Aktivitäten des Beklagten – unabhängig davon, wo diese stattfanden – bedeutende Auswirkungen im Bundesstaat haben. Diese Gesetze müssen verfassungskonform sein, d.h. die *personal jurisdiction* darf nicht so weit ausgedehnt werden, dass die Prinzipien der Gerechtigkeit und Fairness dem Beklagten gegenüber verletzen würde. Aber wie dem oben beschriebenen Fall zu entnehmen ist, braucht man keine intensive Berührungspunkte mit dem Forum zu haben, um die Grenze zur *personal jurisdiction* zu überschreiten.

Das folgende Diagramm zeigt den normalen Ablauf eines Zivilverfahrens in den USA. Zuerst müssen die Fragen der *jurisdiction* geklärt werden. Wenn diese bejaht werden, hat der Beklagte die Möglichkeit, sämtliche Einwände zur Klage vorzubringen. Danach findet – eine frühzeitige Zurückweisung der Klage ausgenommen – der Informationsaustausch im Rahmen des *discovery* Verfahrens statt. Sollte eine Seite nach dieser Phase nicht schon gewinnen (z.B. weil die Klage bereits als begründet und nachgewiesen – oder grundlos – gesehen wird), beginnen die prozessualen Vorbereitungen für das Gerichtsverfahren (z.B. Wahl der Mitglieder der *jury*). Nach Ablauf des Verfahrens gibt es ein Urteil. Dieses kann angefochten (appeal) werden, je nachdem, ob die Parteien mit dem Resultat einverstanden sind oder nicht. Als letzter Schritt muss der Kläger im Obsiegensfall das Urteil vollstrecken, falls der Beklagte nicht freiwillig zahlt.

Dangerous Liaisons: Durchgriffs- und Konzernhaftung

Einer der Hauptgründe für die Gründung einer neuen Gesellschaft oder die Ausgliederung eines Geschäftsbereichs in eine neue Gesellschaft ist die gewollte beschränkte Haftung. Durch die Gründung einer separaten unabhängigen Gesellschaft soll das Haftungsrisiko aus dem Geschäft, das über diese Gesellschaft abgewickelt wird, auf das jeweilige Gesellschaftsvermögen beschränkt sein. Jedoch ist diese beschränkte Haftung nur insoweit und solange gewährleistet, als die Anteilseigner des Unternehmens die rechtlichen Voraussetzungen der beschränkten Haftung beachten. Diese sind nicht nur bei der Gründung relevant, sondern auch während der gesamten operativen Laufzeit der Gesellschaft. Durch das *Case Law* ist ein Rechtsinstitut entwickelt worden, das in bestimmten Fällen die beschränkte Haftung außer Kraft setzt – oder durchgreift (Durchgriffshaftung). Wenn die Durchgriffshaftung vom Gericht bejaht wird, werden die Gesellschafter haftbar gemacht, und zwar mit ihrem Privatvermögen.

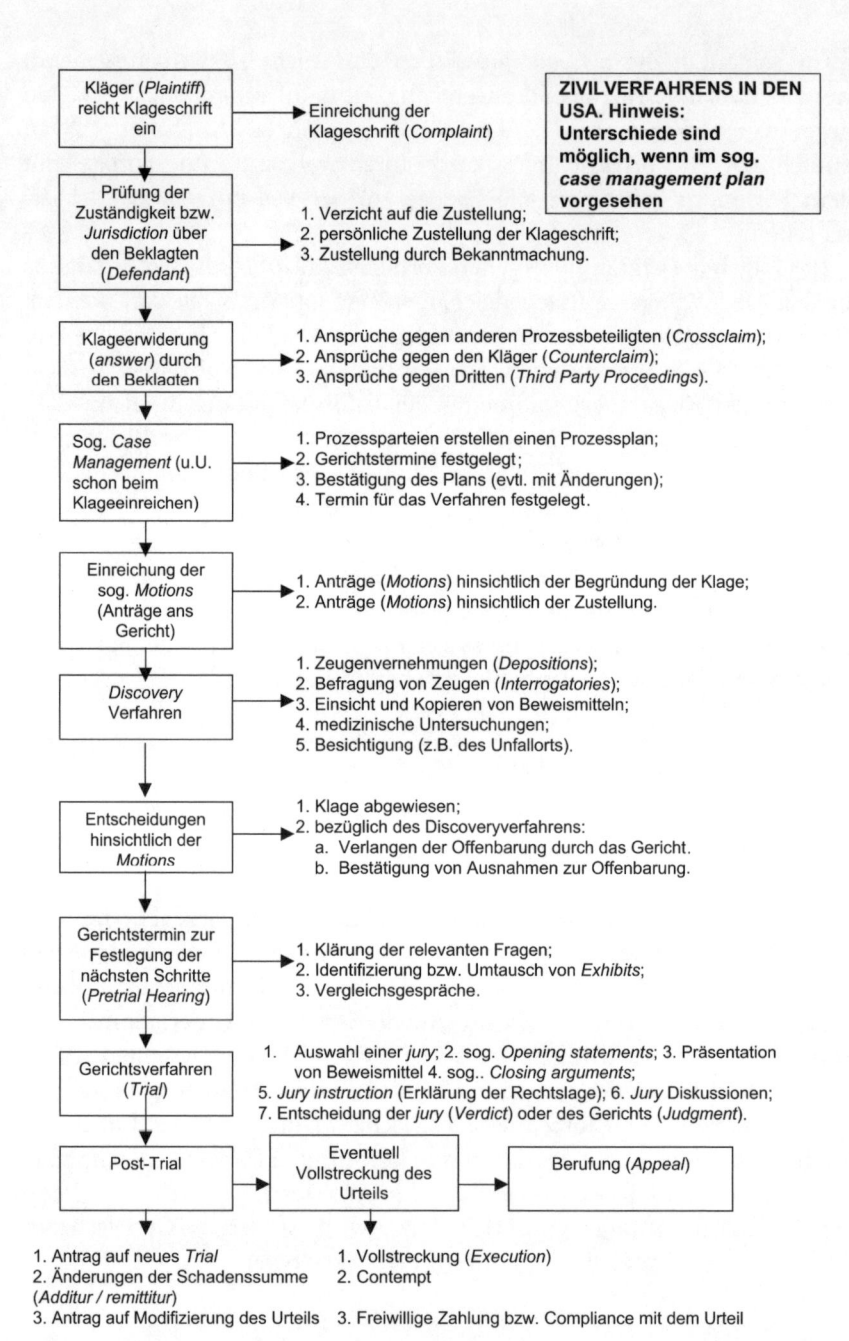

Abbildung 5.1: Überblick der prozessualen Schritte in den USA

```
┌─────────────────────┐
│ Kläger (Plaintiff)  │     ┌─ Einreichung der         ┌─────────────────────────┐
│ reicht Klageschrift ├────▶│  Klageschrift (Complaint)│ ZIVILVERFAHRENS IN DEN  │
│ ein                 │                                │ USA. Hinweis:           │
└──────────┬──────────┘                                │ Unterschiede sind       │
           ▼                                           │ möglich, wenn im sog.   │
┌─────────────────────┐     1. Verzicht auf die Zustellung;  │ case management plan    │
│ Prüfung der         │     2. persönliche Zustellung der Klageschrift; │ vorgesehen │
│ Zuständigkeit bzw.  ├────▶3. Zustellung durch Bekanntmachung.          └────────┘
│ Jurisdiction über   │
│ den Beklagten       │
│ (Defendant)         │
└──────────┬──────────┘
           ▼
┌─────────────────────┐     1. Ansprüche gegen anderen Prozessbeteiligten (Crossclaim);
│ Klageerwiderung     │     2. Ansprüche gegen den Kläger (Counterclaim);
│ (answer) durch      ├────▶3. Ansprüche gegen Dritten (Third Party Proceedings).
│ den Beklagten       │
└──────────┬──────────┘
           ▼
┌─────────────────────┐     1. Prozessparteien erstellen einen Prozessplan;
│ Sog. Case           │     2. Gerichtstermine festgelegt;
│ Management (u.U.    ├────▶3. Bestätigung des Plans (evtl. mit Änderungen);
│ schon beim          │     4. Termin für das Verfahren festgelegt.
│ Klageeinreichen)    │
└──────────┬──────────┘
           ▼
┌─────────────────────┐
│ Einreichung der     │     1. Anträge (Motions) hinsichtlich der Begründung der Klage;
│ sog. Motions        ├────▶2. Anträge (Motions) hinsichtlich der Zustellung.
│ (Anträge ans        │
│ Gericht)            │
└──────────┬──────────┘
           ▼
┌─────────────────────┐     1. Zeugenvernehmungen (Depositions);
│                     │     2. Befragung von Zeugen (Interrogatories);
│ Discovery           ├────▶3. Einsicht und Kopieren von Beweismitteln;
│ Verfahren           │     4. medizinische Untersuchungen;
│                     │     5. Besichtigung (z.B. des Unfallorts).
└──────────┬──────────┘
           ▼
┌─────────────────────┐     1. Klage abgewiesen;
│ Entscheidungen      │     2. bezüglich des Discoveryverfahrens:
│ hinsichtlich der    ├────▶   a. Verlangen der Offenbarung durch das Gericht.
│ Motions             │        b. Bestätigung von Ausnahmen zur Offenbarung.
└──────────┬──────────┘
           ▼
┌─────────────────────┐
│ Gerichtstermin zur  │     1. Klärung der relevanten Fragen;
│ Festlegung der      ├────▶2. Identifizierung bzw. Umtausch von Exhibits;
│ nächsten Schritte   │     3. Vergleichsgespräche.
│ (Pretrial Hearing)  │
└──────────┬──────────┘
           ▼
┌─────────────────────┐     1. Auswahl einer jury; 2. sog. Opening statements; 3. Präsentation
│ Gerichtsverfahren   │        von Beweismittel 4. sog.. Closing arguments;
│ (Trial)             ├────▶5. Jury instruction (Erklärung der Rechtslage); 6. Jury Diskussionen;
│                     │     7. Entscheidung der jury (Verdict) oder des Gerichts (Judgment).
└──────────┬──────────┘
           ▼
┌─────────────┐   ┌──────────────────┐   ┌─────────────────┐
│ Post-Trial  ├──▶│ Eventuell        ├──▶│ Berufung        │
│             │   │ Vollstreckung des│   │ (Appeal)        │
│             │   │ Urteils          │   │                 │
└──────┬──────┘   └────────┬─────────┘   └─────────────────┘
       ▼                   ▼
1. Antrag auf neues Trial         1. Vollstreckung (Execution)
2. Änderungen der Schadenssumme   2. Contempt
   (Additur / remittitur)
3. Antrag auf Modifizierung des Urteils  3. Freiwillige Zahlung bzw. Compliance mit dem Urteil
```

Das »lausige« Rechtssystem: US-Prozessrecht

a) Haftung der Shareholders: *Piercing the Corporate Veil* (*Durchgriffshaftung*)

Es ist kein Geheimnis, dass bei den Klägeranwälten in den USA die Zahlungsfähigkeit der Beklagten bei der Konzipierung der Prozessstrategie genau unter die Lupe genommen wird. Das nennt sich bei den amerikanischen Anwälten das *deep pockets*-Prinzip. Schon am Anfang wird geprüft, ob es einen zahlungsfähigen Beklagten gibt. In Situationen, in denen die mutmaßlich schuldige Partei wohlhabende Gesellschafter hat oder mit einem anderen, finanziell besser ausgestatteten Unternehmen verbunden ist, wird oft versucht, diese als Mitbeklagten ins Boot zu holen. Das Rechtsinstitut der Durchgriffshaftung ermöglicht ein solches Vorgehen.

> **Merkmale der wesentlichen Faktoren bei der Durchgriffshaftung in den USA**
>
> Die Regeln bezüglich der Durchgriffshaftung in den USA ähneln denen im deutschen Recht. Die wichtigsten Merkmale, die von einem Gericht geprüft werden, sowie einige praktische Hinweise werden im Folgenden zusammengefasst:
>
> - Ein Argument für die Durchgriffshaftung ist die mangelnde Beachtung der gesetzlichen Formalitäten im Hinblick auf *Corporations*. Das sind z.B. die Einreichung einer vollständigen Satzung sowie aller sonstigen erforderlichen Dokumentationen (Jahresberichte, Steuererklärungen u.a.); das Abhalten von Sitzungen des *Board of Directors*; die Bestellung sämtlicher erforderlicher *Officers*. Wenn die Formalitäten nicht beachtet werden, so steigt das Risiko einer Durchgriffshaftung. Das Gleiche gilt analog für die LLC.
> - Ein weiterer Faktor bei der Beurteilung einer Durchgriffshaftung ist die Kapitalisierung des Unternehmens. Wenn das Unternehmen materiell unterkapitalisiert ist, ist die Wahrscheinlichkeit einer Durchgriffshaftung um so größer. Die Prüfung, inwieweit eine Unterkapitalisierung vorliegt, ist nicht einfach. In den meisten Bundesstaaten gibt es kein gesetzlich vorgeschriebenes Mindestkapital. Vielmehr soll das Kapital der Gesellschaft den jeweiligen Geschäftsbereichen und den damit verbundenen Risiken entsprechen. Die Feststellung einer ausreichenden Kapitalausstattung setzt eine genaue Prüfung der Risikolage des Unternehmens voraus. Man muss nicht unbedingt in der Lage sein, sämtliche bestehende und vorhersehbare Verbindlichkeiten zu zahlen, sollte aber genügend Liquidität aufweisen, um

das laufende Geschäft auch während schwieriger Zeiten zu finanzieren.
- Wie im deutschen Recht gilt bei Gesellschaften mit beschränkter Haftung das Trennungsprinzip. Das Vermögen der Gesellschaft soll in keiner Weise mit dem Vermögen der Gesellschafter bzw. Aktionäre vermischt werden (Vermögensvermischung). Wenn die *Shareholders* einer *Corporation* (oder *Members* einer LLC) das Gesellschaftsvermögen zu privaten Zwecken nutzen, ist das ein weiteres Indiz für eine Durchgriffshaftung. Vermögensvermischung ist insbesondere bei kleineren Gesellschaften problematisch. Wenn die Gesellschafter das Unternehmen ganz oder teilweise finanzieren, z.B. durch die Einräumung von Krediten, muss dies zu Marktbedingungen geschehen und vollständig dokumentiert werden.
- Eine Durchgriffshaftung kommt viel häufiger zum Tragen, wenn die geltend gemachten Ansprüche auf dem Deliktsrecht basieren. Bei vertraglichen Ansprüchen ist das Ermessen des Gerichts weniger gefragt, da bei solchen Fällen die Parteien absichtlich miteinander zu tun hatten. Anders ist es generell bei deliktsrechtlichen Ansprüchen, wo in der Regel die Kläger keine absichtliche (Geschäfts-)Beziehung mit dem Beklagten, dem Unternehmen, hatten.
- Nach der Statistik ist das Risiko einer Durchgriffshaftung höher für natürliche Personen (ca. 40% der Gerichtsentscheidungen), die Gesellschafter einer Gesellschaft mit beschränkter Haftung sind (Corporation oder LLC), als für Gesellschafter, die selber juristische Personen sind (ca. 28%). Die Statistik ist für viele überraschend, da man generell meinen sollte, dass die Richter weniger zugunsten juristischer Personen entscheiden. Aber bei natürlichen Personen bzw. Gesellschaftern sind die obigen drei Punkte (Vermögensvermischung, Nichtberücksichtigung der gesetzlichen Vorschriften, Unterkapitalisierung) wohl öfter problematisch, insbesondere bei *Closed Corporations*.

Da die Durchgriffshaftung eine Frage des Gesellschaftsrechts ist, muss immer das jeweilige Bundesstaatsrecht berücksichtigt werden. Die Bundesstaaten haben eine unterschiedliche Rechtsprechung zu dem Thema. Manche Bundesstaaten sind konservativer (z.B. Delaware, wo die meisten amerikanischen Großunternehmen ihren Sitz haben), während andere etwas liberaler sind (d.h. sie tendieren dazu, eine Durchgriffshaftung zu bejahen).

b) Internationale Anwendung der Durchgriffshaftung: Konzernhaftung

Im internationalen Kontext könnte die Durchgriffshaftung eines in den USA ansässigen Unternehmens zur Haftung ausländischer Personen oder Unternehmen führen. Die Kernprinzipien hierbei sind gleich, aber es gibt Besonderheiten bei der Prüfung des Verhältnisses zwischen der Muttergesellschaft und der US-Tochter.

1.) Die rechtliche Situation

Bei der Beurteilung durch ein US-Gericht, ob eine Durchgriffshaftung begründet ist, konzentriert man sich auf das Mutter-Tochter-Verhältnis. Die Rechtslage in den USA ähnelt der Situation im deutschem Recht, wobei die amerikanischen Gerichte grundsätzlich eher dazu neigen, die Voraussetzungen dieses Rechtsinstituts als erfüllt anzusehen. Da Gesellschaftsrecht bundesstaatliches Recht ist, wird im Folgenden nur auf die allgemeinen Grundlagen eingegangen.

Merkmale der Konzernhaftung in den USA

Eine Konzernhaftung ist zu bejahen, wenn »ausreichende« Anhaltspunkte für die folgenden Punkte bestehen:

a) eine gegenseitige (Mutter-Tochter)-Geschäftsbeziehung
b) eine zentrale Verwaltung der Arbeitgeber-Arbeitnehmer Verhältnisse
c) eine gemeinsame Verwaltung und
d) gemeinsame Eigentümerschaft oder Finanzkontrolle

Zu a) sind folgende Faktoren von Bedeutung:
- direkte Einbeziehung der Muttergesellschaft in das Tagesgeschäft der Tochtergesellschaft im Hinblick auf Produktion, Vertrieb, Marketing und Werbung
- gemeinsame Nutzung von Arbeitnehmern, Einrichtungen, Anlagen und Unterlagen
- die Vernetzung von Bankkonten und Finanzierung
- die Leistung von Gehaltszahlungen für Mitarbeiter der Tochtergesellschaft durch die Muttergesellschaft
- die Erstellung der Steuererklärungen für die Tochtergesellschaft durch die Muttergesellschaft

Zu b) sind die folgenden Faktoren zu beachten:
- Hat die Tochtergesellschaft eine eigene Personalabteilung?
- Verfolgt die Tochtergesellschaft eigene Einstellungsstrategien und trifft sie Entscheidungen im Hinblick auf Einstellungen und Entlassungen eigenverantwortlich?

- Werden Bewerbungsunterlagen an die Muttergesellschaft übersandt? Wie groß ist der Einfluss der Muttergesellschaft bei Personalentscheidungen?
- Welches Ausmaß hat der Austausch von Arbeitnehmern zwischen Mutter- und Tochtergesellschaft?

Diese Faktoren ergeben sich aus dem relevanten *Case Law* der US-amerikanischen Gerichte. Grundsätzlich wird die rechtliche Selbständigkeit der Tochtergesellschaft respektiert, solange die erforderliche Sorgfalt bei der Organisation sowie dem Management der Tochter gesichert ist. Es kommt auf das Ausmaß der Mitwirkung der Muttergesellschaft an. Selbstverständlich darf eine Muttergesellschaft sämtliche Kontrollrechte ausüben, die sie nach den geltenden rechtlichen Vorschriften genießt. So führt der Status der Muttergesellschaft als 100%ige Eigentümerin der Anteile an der Tochtergesellschaft dazu, dass die Mutter über diesen Weg sehr viel bestimmen kann. Jedoch muss das interne Entscheidungsverfahren bei der Tochtergesellschaft »systemkonform« erfolgen, das heißt gemäß den rechtlichen Vorschriften. Die operativen Aspekte der Geschäftsführung der Tochtergesellschaft sollen den hierfür eingestellten und zuständigen Personen überlassen werden.

2.) Interpretation des Case Law und praktische Hinweise

Viele Geschäftsleute glauben, dass allein die Gründung einer separaten Gesellschaft die Gesellschafter vor sämtlichen aus dieser Gesellschaft resultierenden Haftungsrisiken schützt. Die Erwartung ist manchmal umso höher im internationalen Kontext, da man die geographische und rechtliche Entfernung mit einer völlig separaten Welt verbindet. Jedoch ist die beschränkte Haftung im Mutter-Tochter Verhältnis nur insoweit gesichert, dass die Merkmale der Unabhängigkeit der Tochtergesellschaft berücksichtigt werden. Diese unterliegen, ähnlich wie bei der Durchgriffshaftung im allgemeinen (inländischen) Kontext, einigen besonderen Aspekten. Die typischen Problemquellen bei der Konzernhaftung (*parent-subsidiary liability*) werden unten zusammengefasst.

Praktische Hinweise zur Vermeidung der Konzern- bzw. Durchgriffshaftung

Obwohl eine 100%ige Sicherheit gegen die Konzern- bzw. Durchgriffshaftung nicht besteht, trägt die Beachtung der folgenden Problemquellen zur Vermeidung solcher Risiken bei:

- Personalunion: Sehr häufig üben (leitende) Angestellte der Muttergesellschaft gleichzeitig Managementstellen in der US-Tochtergesellschaft aus. An sich ist das kein Problem. Es muss nur immer beachtet werden, dass Entscheidungen der US-Tochtergesellschaft ordnungsgemäß (d.h. nach den Bestimmungen der Satzung bzw. *by-laws*) getroffen werden. Also müssen solche Personen immer in ihrer Eigenschaft als *Officer* bzw. *Director* wählen bzw. entscheiden. Sonst steigt das Risiko, dass ein Kläger aus dem tatsächlichen operativen Geschäftsablauf ein Indiz der Konzernhaftung begründen kann. Dies gilt insbesondere bei Fragen hinsichtlich des Personals der Tochtergesellschaft.
- Buchführung und Vermögensvermischung: Es muss eine klare Trennung zwischen den Finanzen der Mutter- und der Tochtergesellschaft geben. Insbesondere sollen Geschäfte zwischen beiden genau dokumentiert und zu marktnahen Preisen abgeschlossen werden. Wenn eine genaue Zuordnung von Assets nicht vorhanden ist (*intermingling of assets*), ist das ein weiterer Indiz für die Konzernhaftung.
- Finanzierung: Als konkretes Beispiel eines Verbots der Vermögensvermischung sowie des Gebots der getrennten und ordnungsgemäßen Buchführung ist die Finanzierung der Tochtergesellschaft durch die Mutter. Die Einräumung eines Kredits muss durch eine schriftliche Vereinbarung erfolgen und den geltenden Marktbedingungen (sprich: üblicher Zinssatz) entsprechen.
- Gewinnverteilung bzw. -verwendung: Wenn gemeinsame Geschäfte im jeweiligen Markt abgewickelt werden, muss die finanzielle Zuordnung der Gewinne fair sein. Zum Beispiel soll die Tochtergesellschaft nicht sämtliche Verluste tragen, während die Muttergesellschaft alle gewinnbringenden Geschäfte auf ihrer Seite verbucht. Das wird als Missbrauch der Tochtergesellschaft angesehen und dient als weiteres Indiz für die Konzernhaftung.
- Bezeichnung bzw. Identifizierung der Tochtergesellschaft: Die selbständige Tochtergesellschaft soll immer als solche identifiziert werden und nicht lediglich als Geschäftsbereich oder Filiale der Muttergesellschaft dienen.

> Als praktische Hinweise für die Reduzierung eines Durchgriffshaftungs-risikos können folgende Maßnahmen aus der oben geschilderten Analyse abgeleitet werden:
> Es empfiehlt sich:
> - Ein echtes und – auf das US-Geschäft bezogen – möglichst selbständiges Management der Tochtergesellschaft zu etablieren.
> - Personalentscheidungen dem Management der Tochtergesellschaft zu überlassen.
> - Die finanziellen Verhältnisse entsprechend den Marktverhältnissen zu gestalten. Das bedeutet zum Beispiel, wenn die Mutter der Tochtergesellschaft einen Kredit einräumt, sollte dieses zu einem marktrelevanten Zinssatz geschehen.

Die beste Maßnahme gegen eine Durchgriffshaftung ist die vernünftige Organisation der Mutter-Tochter-Verhältnisse, was grundsätzlich die Gewährleistung der Selbständigkeit der Tochtergesellschaft bedeutet. Die obigen Punkte müssen von Anfang an – d.h. bei der Gründung bzw. dem Kauf der US-Tochtergesellschaft – berücksichtigt werden. Nachdem ein ausländisches Unternehmen mit einer Zustellung im Rahmen eines US-Rechtsstreites konfrontiert wird, ist es zu spät, solche Organisations- bzw. Managementfehler zu heilen.

Materielles Recht

Anwendbares Recht einschließlich der extraterritorialen Anwendung des US-Rechts

Wie schon erwähnt, findet US-Recht häufig aufgrund einer Rechtswahlklausel im Vertrag zwischen den Parteien Anwendung. Darüber hinaus gibt es einige Gesetze, die von den US-Gerichten auch extraterritorial angewandt werden. Die extraterritoriale Anwendung nationalen Rechts ist sehr umstritten, wird jedoch von einigen Ländern praktiziert. Sie wird mit dem Argument begründet bzw. verteidigt, dass Handlungen oder Unterlassungen außerhalb der geographischen Grenzen eines Landes auch in dem Land Auswirkungen haben (analog dem Prinzip der «Inlandswirkung« im deutschen Recht).

In den USA gilt das Prinzip, dass die extraterritoriale Anwendung von US-Recht durch die Gerichte nur möglich ist, wenn es von dem Gesetzgeber (dem US-Kongress) für das jeweilige Gesetz vorgesehen war. Für die folgenden Gesetze bzw. Rechtsgebiete ist diese Frage durch die Rechtsprechung schon bejaht worden:

- Deliktsrecht
- Kartellrecht (antitrust law)
- Wertpapierrecht (securities law)
- Umweltrecht (environmental law)
- Patentrecht (patent law)
- Markenrecht (trademark law)
- Urheberrecht (copyright law)

Im Zuge der Globalisierung und in der Zeit des Internets wird es immer leichter zu argumentieren, dass nationale gesetzliche Bestimmungen auch auf Handlungen oder Unterlassungen außerhalb der nationalen Grenzen Anwendung haben sollen. Aus praktischer Sicht ist die Anwendung des US-Rechts bei der Prüfung eines Haftungsrisikos jedoch nicht immer ausschlaggebend, da das nur den ersten Schritt eines Gerichtsverfahrens betrifft, nämlich die Einholung eines Urteils. Um ein Urteil erfolgreich gegen eine nicht amerikanische Partei zu vollstrecken, muss entweder a) der Beklagte über vollstreckbares Vermögen in den USA verfügen oder b) der Kläger mit Hilfe der ausländischen Gerichte das US-Urteil auf im US-Ausland befindliches Vermögen vollstrecken können.

Die Vollstreckung im Ausland ist aufgrund diverser Abkommen etwas leichter geworden. Aber selbst wenn die obsiegende Partei die relevanten Vorschriften beachtet, gibt es weitere Einschränkungen bei der Vollstreckung. So kann zum Beispiel ein deutsches Gericht keine Urteile vollstrecken lassen, die gegen die inländische *ordre public* verstoßen.

Wer zu spät kommt, den bestraft das Leben: Verjährungsfristen

Selbst wenn es einem Kläger gelingt, von einem Gericht die *jurisdiction* über einen Beklagten bestätigt zu bekommen, kann es trotzdem sein, dass der Fall nicht weitergeht, da die Frist für die Geltendmachung der Ansprüche abgelaufen ist. In den USA gibt es zweierlei Verjährungsfristen: die gesetzliche Frist und die aus dem *Common Law*. Die gesetzlichen Verjährungsfristen hängen von der Anspruchsgrundlage und dem Bundesstaat ab, in dem die Ansprüche gerichtlich geltend gemacht werden. Manche Gesetze haben ausdrücklich Verjährungsfristen im Gesetzestext, wie zum Beispiel das US-Wertpapierrecht und das Kartellrecht.

Im Vergleich zu den meisten kontinentaleuropäischen Rechtssystemen sind die Verjährungsfristen in den USA relativ lang. Für allgemeine Ansprüche aus dem Deliktrecht und Vertragsrecht sind die Fristen bundesweit unterschiedlich. Die Frist für deliktrechtliche Ansprüche liegt generell zwischen einem und zehn Jahren, in der Regel ab dem Zeitunkt der Feststellung des Schadens. Für vertragsrechtliche Ansprüche liegen die Fristen ebenfalls zwischen einem und zehn Jahren, generell beginnend mit der Feststellung der Vertragsverletzung. Wegen dieser gravierenden Unterschiede bei den Fristen versuchen manche Kläger, den Gerichtsstand in einem Bundesstaat zu begründen, in dem die Ansprüche aufgrund einer längeren Verjährungsfrist noch geltend gemacht werden können. Bei Ansprüchen aus Verträgen zwischen Kaufleuten, die dem *Uniform Commercial Code* unterliegen, gilt eine Verjährungsfrist von vier Jahren ab dem Zeitpunkt der Entstehung des Anspruchs. Die Vertragsparteien können diese Frist (maximal auf ein Jahr) verkürzen durch die Aufnahme einer entsprechenden Regelungen im ersten Vertrag. Sie können die Frist aber nicht vertraglich verlängern. Ein Überblick über die verschiedenen Verjährungsfristen ist im Anhang A zu finden.

Die anwendbare Verjährungsfrist ist nur die erste Frage der Prüfung. Es gibt weitere Regelungen hinsichtlich des Zeitpunktes, ab wann die Frist zu laufen beginnt sowie hinsichtlich Umständen (z.B. wenn eine Partei nicht mehr geschäftsfähig ist oder eine Verletzung verheimlicht), die eine Unterbrechung der Verjährung begründen (sog. *tolling rules*). Als weiterer und zentraler Punkt muss unbedingt beachtet werden, dass die Verjährung eine *affirmative defense* ist, d.h. sie wird nur auf Antrag des Beklagten angewandt. Das Gericht wird nicht automatisch prüfen, ob der Kläger seine Ansprüche zu spät geltend macht. Ein Kläger könnte so versuchen, einen schon verjährten Anspruch geltend zu machen; generell wird diese Frage aber als erstes durch die Gegenseite geprüft. Sollte ein Rechtsberater dies übersehen, so muss er für die Folgen haften.

Neben den gesetzlichen Vorschriften gibt es das allgemeine Verjährungsprinzip aus dem *Common Law* namens *laches*. Dieses Prinzip besagt, dass es einen bestimmten – aber nicht näher definierten – Zeitpunkt gibt, nach dem es unfair wäre, einen Beklagten wegen Ansprüchen aus der Vergangenheit haftbar zu machen (analog der *Verwirkung* nach deutschem Recht). Dieses Prinzip wird im Rahmen eines Prozesses nicht oft vorgetragen. Die jeweiligen Ansprüche müssen ziemlich weit in der Vergangenheit liegen – generell länger als in den gesetzlichen Vorschriften vorgesehen –, bevor ein Gericht sie als verjährt ansehen würde.

Institutionelle Besonderheiten bei Gerichtsverfahren in den USA

Die Fragen bei der Prüfung der mit einem Gerichtsverfahren verbundenen Risiken sind in den meisten Ländern identisch: Wie sehen die Erfolgsaussichten aus? Was könnte ein Verfahren kosten (sowohl finanziell als auch im Hinblick auf einen möglichen Imageverlust)? Wie viele und welche Ressourcen (z.B. Zeitverlust und Ablenkung der Beteiligten) müssen eingesetzt werden, um die Ansprüche geltend zu machen bzw. um sich zu verteidigen? Welche Nebeneffekte (z.B. geschädigte Beziehungen mit einem Kooperationspartner o.ä.) könnten aus einem Gerichtsverfahren resultieren? Insbesondere für Geschäftsleute ist die Prozessstrategie eine Kombination von rechtlichen und kaufmännischen Faktoren.

Im Falle eines Rechtsstreits in den USA müssen diese allgemeinen Aspekte im Kontext des US-Rechtssystems überprüft werden. Bei der Prüfung sind die Besonderheiten des US-Prozessrechts zu berücksichtigen, um eine vernünftige Entscheidung zu treffen. Da das US-Prozessrecht andere Rechtsinstitute kennt, könnte das Ergebnis der Überlegungen hinsichtlich der Strategie anders sein als bei der Prüfung der gleichen Gegebenheiten im Zusammenhang mit einem anderen Prozesssystem.

Prozesskosten: Gerichtskosten, Kosten der Gegenseite, Erfolgshonorare und die Vergütung der eigenen Rechtsberater

Es kostet nichts, in den USA zu prozessieren.

Zumindest glauben viele Leute, die Filme oder Fernsehsendungen über Prozesse in den USA gesehen haben, dass es so ist. Zwar besteht für einen Anwalt – anders als in Deutschland oder auch in vielen anderen Ländern – die Möglichkeit, auf Erfolgsbasis zu arbeiten. Aber in Wirklichkeit ist eine Gewinnbeteiligung im Obsiegensfalle als alleinige Vergütung nicht so üblich, insbesondere bei gerichtlichen Streitigkeiten zwischen Kaufleuten.

Gerichtskosten

Verglichen mit vielen anderen Ländern sind die Gerichtskosten in den USA sehr niedrig. Es gibt eine Gerichtskostenordnung sowohl für Bundesgerichte als auch für die bundesstaatlichen Gerichte. Um zum Beispiel eine Klage auf Bundesebene in den USA einzureichen, wird lediglich eine Gebühr von 150 Dollar verlangt und zwar unabhängig von dem jeweiligen

Streitwert. Für die erste Instanz wird das in der Regel der einzige Gerichtskostenfaktor sein, Besonderheiten ausgenommen. Grundsätzlich werden die Kosten für die Justiz von den Steuerzahlern getragen. Insofern kann man sehr lange und hart für wenig Geld prozessieren, insbesondere wenn ein Prozessbevollmächtigter bereit ist, allein auf Erfolgsbasis zu arbeiten.

Kostenregelung hinsichtlich des Prozessergebnisses

Die Regelung hinsichtlich der Belastung der Anwaltskosten ist in den USA ebenfalls anders als in den meisten anderen Ländern – sogar anders als in England. In den USA ist es relativ unüblich, dass der Verlierer eines Rechtsstreits die Anwaltskosten der Gegenseite zu tragen hat. Die Entscheidung liegt im Ermessen des Gerichts. Solange die Ansprüche eines Klägers nicht völlig unberechtigt waren, muss er generell nur die eigenen Anwaltskosten tragen. Ausnahmen gibt es aufgrund bestimmter Gesetze (Kartellrecht, Verbraucherschutz u.a.), die die Erstattung der Anwaltskosten der Klägerseite im Obsiegensfall vorsehen.

contingency fees (Erfolgshonorare)

Anders als in Deutschland und in vielen anderen Ländern, besteht keine Gebührenordnung für das Tätigwerden von Rechtsberatern bei Prozessen. Stattdessen wird deren Regelung den Vertragsparteien – Anwalt und Mandant – überlassen. Das Institut der Rechtsberatung bzw. Vertretung vor Gericht auf Erfolgsbasis hat eine lange Tradition im *Common Law*. Sinn der Sache war – und soll es weiterhin sein – dass auch weniger wohlhabende Menschen eine Chance haben sollen, ihre Ansprüche gerichtlich durchzusetzen. In den USA besteht diese Möglichkeit häufiger bei Gerichtssachen »aus dem Alltag,« wie zum Beispiel Autounfälle, Delikte in Zusammenhang mit Personenschäden, all das was in Deutschland der so genannte «Hausanwalt» abdeckt.

Die Gewinnbeteiligung bei solchen Erfolgshonoraren beläuft sich in der Praxis auf 25 Prozent bis 40 Prozent. Als Grundregel kann man sagen: je größer die Schadenssumme, desto kleiner die Gewinnbeteiligung, die der Anwalt akzeptieren wird. Ein Anwalt wird durch die Vielzahl der von ihm betreuten Gerichtsfälle versuchen, ein vernünftiges Einkommen zu erzielen. Natürlich trägt der Anwalt das Risiko, dass er trotz aller Bemühungen nichts verdient. Deswegen wird häufig ein Pauschalbetrag für Auslagen und Aufwendungen verlangt.

Bei gerichtlichen Auseinandersetzungen, die aus Geschäftsbeziehungen resultieren, wird es in der Regel relativ schwierig sein, einen Anwalt zu finden, der bereit ist, rein auf Erfolgsbasis zu arbeiten. Die Gründe hierfür sind vielseitig. Zum einen sind die Sachverhalte bei solchen Streitigkeiten meist komplizierter als z.B. bei einem Autounfall. Zum anderen haben die Beklagten in der Regel bessere Ressourcen und Erfahrung, ihre Verteidigung vor Gericht zu führen. Das führt bei manchen Geschäftsleuten und Unternehmen zu einer gewissen Prozessbereitschaft, die die Sache eher aus kaufmännischen Gesichtspunkten des Risikomanagements betrachten als allein aus juristischer Sicht.

Viele Großunternehmen haben eine eigene Rechtsabteilung, die sich um gerichtliche Streitigkeiten des Unternehmens kümmert. Sehr oft werden externe Prozessanwälte eingeschaltet, die entweder nur auf Stundenbasis arbeiten, oder auch auf Basis einer so genannten *mixed rate* – einem ermäßigten Stundensatz mit Gewinnbeteiligung –. Letztlich sind diese Vereinbarungen Verhandlungssache zwischen den Mandanten und den Rechtsberatern.

Finanzielle Risiken beim Verlieren des Rechtsstreites: Compensatory und Punitive damages

Compensatory Damages

In den meisten Rechtsstreiten erhält der Kläger im Obsiegensfall nur so genannte *compensatory damages*. *Compensatory damages* sind restitutiv, das heißt sie sollen den Kläger finanziell so stellen, als wäre der Schaden bzw. das schädigende Ereignis nie geschehen. Bei der Beschädigung von Sachen ist die Kalkulation relativ einfach: man schätzt den Wert der zerstörten oder beschädigten Sachen. Aber bei Körperverletzungen ist die Schätzung schwieriger. Und im Vergleich zu den meisten anderen Ländern sind die Schadenssummen in den USA bei Körperverletzungen höher – manchmal wesentlich höher.

Compensatory damages ist der Oberbegriff für *economic* sowie *non-economic damages*. *Economic damages* sind nachgewiesene Verluste wie Einkommensausfall (sowohl in der Vergangenheit als auch in der Zukunft, beispielsweise weil der Kläger nach einem Unfall nicht mehr arbeitsfähig ist), verringerte Chancen, das bestehende Einkommen zu verbessern (beispielsweise weil die beruflichen Perspektiven nach einem Unfall schlechter sind) und die Kosten für sämtliche notwendigen ärztlichen Behandlungen (sowohl in der Vergangenheit als auch in der Zukunft). Als Schadensarten ähneln *economic damages* den üblichen materiellen Schäden in vielen kontinentaleuropäischen Rechtsordnungen, wobei die Größenordnungen jedoch oft verhältnismäßig größer sind.

Non-economic damages beziehen sich auf Schäden, die nur schwer zu quantifizieren sind. Diese Schadensarten bestehen in vielen anderen Rechtsordnungen entweder gar nicht oder in einem wesentlich geringeren Umfang. Beispiele von *non-ecomomic damages* sind Schmerzensgeld (*damages for pain and suffering*), körperliche oder geistige Behinderungen, die aus dem schadensverursachenden Ereignis resultieren (*physical impairment, emotional and mental suffering*) sowie eine verringerte Lebensqualität des Geschädigten und seiner Angehörigen wegen der Verletzung des Klägers (*loss of society or consortium*) oder sogar aufgrund seines Todes. Derartige Schadensarten sind schwerer nachzuweisen und zu schätzen.

Punitive damages

«Ich würde gerne in den USA Geschäfte machen, aber das Prozessrisiko, insbesondere im Hinblick auf punitive damages, ist einfach zu groß!»

a) Grundzüge

Die meisten deutschen Geschäftsleute – und auch viele »normale Bürger« – haben schon von einigen wilden Gerichtsentscheidungen in den USA gehört. Die ältere Dame, die sich bei McDonald's Kaffee auf den Schoss geschüttet hat und im Rahmen einer auf die fehlenden Hinweise auf die Temperatur des Kaffees gestützten Klage ca. 2,7 Mio. Dollar von einer *jury* bekommen hat, ist nur ein Beispiel. Oder der Arzt in Alabama, der dachte, er hätte einen neuen BMW gekauft, aber eigentlich ein kaum gebrauchtes und umgespritztes (*repainted*) Modell erworben hatte, und von BMW Schadenersatz in Höhe von 4 Mio. Dollar zugesprochen bekommen hat. Diese Beispiele dienen natürlich als gute Schlagzeilen in der Presse. Aber ob derartige Sensationsberichte die vollständige Geschichte bzw. den tatsächlichen und endgültigen Ablauf solcher Verfahren wiedergeben, ist manchmal zu bezweifeln.

Zwar stimmt es, dass *punitive damages* (Schadenersatz mit Strafcharakter) als Schadensart außerhalb des *Common Law* nicht bekannt sind. Aber um als Kaufmann das wirkliche finanzielle Risiko abzuschätzen, muss man diesen Komplex etwas genauer betrachten. Zu diesem Zweck wird die Geschichte und Entwicklung von *punitive damages* in den USA im Folgenden näher erläutert.

Wie aus dem Begriff ersichtlich, ist der Sinn und Zweck von *punitive damages* die Bestrafung von Beklagten im Zivilverfahren, und zwar über das »normale« Maß hinaus. Obwohl *punitive damages* häufig von Klägern verlangt werden, sollten sie eigentlich nur in Fällen von eklatantem Fehlverhalten eines Beklagten von einem Gericht bzw. einer *jury* zugesprochen werden. Insofern haben *punitive damages* tatsächlich ein strafrechtliches Element. Dabei soll nicht nur der tatsächlich entstandene Schaden ersetzt werden, sondern darüber hinaus dem Beklagten und anderen Personen in der Gesellschaft durch die Entscheidung des Gerichts signalisiert werden, dass die jeweilige Verhaltensweise als völlig unakzeptabel angesehen wird.

b) Geschichte und Entwicklung

Rechtshistoriker weisen auf das Bestehen von *punitive damages* seit biblischen Zeiten hin. Auch die berühmte Bestimmung von *Hammurabi* – Auge um Auge, Zahn um Zahn – gilt als Nachweis für das ehrwürdige Alter dieser Schadensart. Jedoch bedeutet das Alter dieser Schadensart nicht, dass sie unumstritten ist. Insbesondere in den letzten zwei Jahrzehnten gab es in den USA heftige Debatten darüber, ob *punitive damages* verfassungswidrig – und deswegen abzuschaffen – seien. Gegner in dieser Debatte waren einerseits die großen Unternehmen, die am häufigsten solche Schäden zahlen mussten, und andererseits Prozessanwälte, die grundsätzlich Kläger vertraten, sowie Verbraucherorganisationen.

Wie es häufig bei politischen Debatten der Fall ist, führten diese Diskussionen und die entsprechende Gesetzgebung zu einem Kompromiss. Es ist den Großunternehmen nicht gelungen, die komplette Abschaffung von *punitive damages* im Gesetzgebungsverfahren durchzusetzen. Andererseits ist es den Befürwortern von *punitive damages* – primär die so genannte *Association of Trial Lawyess of America ATLA* – nicht gelungen, jegliche Beschränkung an *punitive damages* zu stoppen.

Wie der Tabelle im Anhang B zu diesem Kapitel zu entnehmen ist, haben viele Bundesstaaten Regelungen eingeführt, wonach *punitive damages* im Gerichtsverfahren beschränkt werden – teilweise erheblich. Diese Beschränkung erfolgte grundsätzlich in Form von drei Begrenzungen: eine Obergrenze, entweder generell oder als maximaler Multiplikator des Betrags der *compensatory damages,* ein erhöhter Beweisstandard und eine Klärung des Verhaltensstandards, welcher *punitive damages* begründen könnte. Derartige Einschränkungen können die Vergleichsdynamik bei gerichtlichen Streitigkeiten stark beeinflussen.

Diese Einschränkungen führen natürlich dazu, dass in den Bundesstaaten, in denen es diese gesetzlichen Regelungen gibt, die *punitive damages* nicht unbegrenzt in die Höhe getrieben werden können. Vielmehr ist es in den betreffenden Bundesstaaten der Fall, dass ein Unternehmen sein Prozessrisiko besser einschätzen kann. Eine genaue Abschätzung sollte aber vermieden werden, da befürchtet wird, dass ein Unternehmen dadurch das Kostenrisiko einer Haftung für *punitive damages* genau schätzen und in den Endpreis eines Produkts oder einer Dienstleistung einkalkulieren könnte. In dem Falle wäre der Sinn und Zweck von *punitives* – also das Bestreben, das Verhalten von mächtigen Parteien zu beeinflussen – nicht mehr gewährleistet. Im Großen und Ganzen ist es den Bundesstaaten jedoch gelungen, dieses Ziel zu wahren.

c) Anwendung bzw. Verfügbarkeit

Da *punitive damages* ein Element der Strafe haben, werden sie nur in Fällen ganz gravierender Pflichtverletzungen bzw. Fehlverhalten ausgesprochen. Eine Statistik zeigt, dass bei erfolgreichen Klagen die Kläger punitive damages in 6% der Fälle erhalten. Die genaue Definition der Arten von Fehlverhalten, die mit *punitive damages* geahndet werden, variiert von Bundesstaat zu Bundesstaat, jedoch sind die folgenden Beispiele repräsentativ:

- Absichtliches Fehlverhalten ungeachtet der negativen Konsequenzen für andere (*wilful and wanton misconduct*)
- Außerachtlassung der Konsequenzen des Fehlverhaltens für Leib und Leben anderer (*reckless disregard for the life or safety of others*)
- Böse Absichten (*actual malice*)
- Grobe Fahrlässigkeit (*gross negligence*)

Beispiele eines Fehlverhaltens von Beklagten, das so gravierend war, um *punitive damages* zu rechtfertigen, sind: die Ölkatastrophe in Alaska wegen des Untergangs des Tankers *Exxon Valdez*; die Sammelklagen gegen die Tabakindustrie wegen der Verheimlichung von Informationen sowie des bewussten Verkaufs gesundheitsgefährdender Produkte; die Sammelklagen gegen die Asbestindustrie wegen der Unterlassung von Maßnahmen, um Gesundheitsschäden der Kläger zu verringern bzw. zu vermeiden. Obwohl *punitive damages* die jeweiligen Schäden nicht rückgängig machen können, sollen sie ein Signal für andere setzen, dass ein derartiges Verhalten von der Gesellschaft nicht toleriert wird. Insofern sollen sie auch dem Schutz der Gesellschaft im Allgemeinen dienen, obwohl generell nur die Kläger in den Genuss der entsprechenden Entschädigungen kommen.

Manche Bundesstaaten haben eine Regelung eingeführt, nach der ein gewisser Prozentsatz der *punitive damage* Beträge in die staatliche Kasse fließt und für Maßnahmen verwendet wird, die das Risiko ähnlicher Unfälle bzw. Katastrophen verringern sollen.

Wie die meisten Risiken, sind *punitive damages* teilweise versicherbar. Die Kosten solcher Versicherungsdeckung sind recht hoch. Bei Umsätzen geringerer Größenordnung ist der Abschluss einer solchen Versicherung wirtschaftlich kaum realistisch. Bei Produkten oder Dienstleistungen, die im großen Umfang verkauft werden, ist eine Versicherung gegen *punitive damages* zu empfehlen. Wie bei allen Versicherungen sollten die genauen Bedingungen – insbesondere Ausnahmen von der Deckung – vor Abschluss des Vertrages sorgfältig geprüft werden. In manchen Bundesstaaten ist die Versicherung von *punitive damages* gar nicht oder nur teilweise erlaubt. Der Anhang C beinhaltet einen Überblick dieser Beschränkungen. Wenn eine Versicherung in einem Bundesstaat nicht möglich ist, bieten manche Versicherungsgeber eine Versicherung über einen *offshore*-Versicherungsgeber.

Anfechtung und Reduzierung der Schadenssummen

Die Gerichte können die Schadenssumme in einem konkreten Fall reduzieren (*remitittur* in der juristischen Fachsprache) wenn sie glauben, der Betrag sei zu hoch im Verhältnis zum tatsächlich erlittenen Schaden. Dies kommt bei *compensatory damages* relativ selten vor, da die Gerichte sich ungern in die Entscheidungen von *juries* einmischen. Bei *punitive damages* kommt es etwas häufiger vor, insbesondere wenn die Beklagten die Gerichte um Überprüfung der Angemessenheit bitten. Und gerade weil *punitive damages* sehr hoch und kontrovers sind, wird der Betrag von den Beklagten fast immer angefochten. Insofern ist der tatsächliche wirtschaftliche Verlust der Beklagten oft geringer als es nach der Entscheidung in der ersten Instanz erscheint. Der unten beschriebene Fall ist ein Beispiel für die Differenz zwischen dem ursprünglichen Betrag der *punitives* und dem Betrag, der am Ende tatsächlich zu zahlen war. Darüber hinaus zeigt es die Verhaltensweise, die *punitive damages* begründen kann.

The McDonald's Coffee Case
Sorting through fact and fiction ...

Myth: An opportunistic old woman launched a frivolous lawsuit when she spilled her McDonald's coffee on her lap.

Truth: Lieback was sitting in the passenger seat of her grandson's car holding a coffee after purchasing it from a drive-through window of a McDonald's. When she opened the lid to add cream and sugar, she spilled the coffee. The simple accident caused third-degree burns on more than 6 percent of her body. She was treated in a hospital for a week. McDonald's served coffee 20 or so degrees hotter than the industry standard. The woman, Stella Liebeck, underwent numerous skin-graft surgeries as a result of her third-degree coffee burns to her thighs and groin area. She had permanent scarring on more than 16 percent of her body. McDonald's had already ignored more than 700 similar claims of coffee burns, many involving children. The company even ignored a request from the Shriner's Burn Institute in Cincinnati to turn down its coffee. McDonald's refused to pay the then 79-year-old woman's initial medical expenses totaling $11,000. McDonald's actually countered with an offer of $800. And they also refused to turn down the heat on their coffee. Left with $20,000 unpaid bills, she finally hired a lawyer. A mediator later recommended the parties settle for $225,000. Again, McDonald's refused and the case went to trial.

McDonald's representatives lied to the court and jury about the existence of other claims. A jury reduced the original verdict of $200,000 to $160,000 for contributory negligence – Liebeck spilled it on herself. Based on McDonald's annual profits of more than $1 billion annually, and more than $1.3 million gross daily coffee sales, the jury levied two days of coffee sales receipts as *punitive damages* for a punitive damage award of $2.7 million.

A judge later reduced the $2.7 million jury award to $480,000. McDonald's later settled the case for an undisclosed amount, requesting the deal be kept sealed. Most major newspapers ignored the judge's reduction and the final outcome of the case. Punitive damage awards are not currently allowed under Washington law. Juries undoubtedly return verdicts when faced with a large corporate defendant who has ignored reasonable pleas to resolve such situations or grievances.

In this case, McDonald's simply refused to turn down the heat, so the jury turned it up on McDonald's.

www.consumerrigths.net/mcdonalds.html

Umfang der Klage: *Class Actions*

Einer der Faktoren, die das Haftungsrisiko in den USA im Vergleich zu anderen Ländern erhöhen, ist das Instrument der *class action*. Die *class action* ähnelt der Sammelklage im deutschem Recht, unterliegt aber natürlich den Bestimmungen des US-Prozessrechts. Die Möglichkeit, im Namen und im Auftrag einer Vielzahl von Klägern eine einzige Klage zu erheben, ist nicht automatisch gegeben. Die unten zitierte *Rule 23* der *Federal Rules of Civil Procedure*, die relevante prozessrechtliche Bestimmung, beleuchtet diesen Komplex etwas näher:

> (a) Prerequisites to a Class Action.
> One or more members of a class may sue or be sued as representative parties on behalf of all only if:
> (1) the class is so numerous that joinder of all members is impracticable,
> (2) there are questions of law or fact common to the class,
> (3) the claims or defenses of the representative parties are typical of the claims or defenses of the class, and
> (4) the representative parties will fairly and adequately protect the interests of the class.

Punkt (1) ist die Voraussetzung der sog. *numerosity* bzw. *impracticability*, d.h. es muss so viele Kläger geben, die sich in der gleichen faktischen Situation befinden, dass die Erhebung eine Klage in jedem Einzelfall unangemessen und ineffizient wäre. Es gibt keine magische Zahl hierfür. Die Zahl der Geschädigten muss zusammen mit den übrigen Faktoren aus (2) bis (4) berücksichtigt werden. Die zweite Voraussetzung, das *commonality requirement*, verlangt, dass die Anspruchsgrundlagen sämtlicher potentieller Kläger identisch oder sehr ähnlich sein müssen. Mit anderen Worten, die Ansprüche der Kläger im Rahmen einer *class action* müssen auf den gleichen Grundlagen und der gleichen rechtlichen Argumentation basieren. Die dritte Voraussetzung, das sog. *typicality reqirement*, ähnelt der zweiten und bedingt, dass die faktischen und rechtlichen Fragen derjenigen, die im Namen der Kläger deren Ansprüchen geltend machen, den allgemeinen und rechtlichen der anderen Kläger (sog. *class members*) entsprechen. Ihre Ansprüche bzw. Einwände müssen also repräsentativ für sämtliche Ansprüche und Einwände sein. Letztlich beinhaltet die vierte Voraussetzung eine Qualifizierung derjenigen, die als Hauptkläger (*lead plaintiffs*) auftreten. Die *lead plaintiffs* müssen nachweisen, dass sie (am besten) geeignet sind, im Namen aller Kläger den Prozess durchzuführen. Dies geschieht, indem man u.a. nachweist, dass die notwendigen Mittel und die erforderliche professionelle Unterstützung (rechtliche Vertretung) vorhanden sind.

Die Überprüfung der Grundvoraussetzungen wird durch das Gericht durchgeführt. Bei Streitigkeiten größeren Umfangs kann es vorkommen, dass verschiedene Gruppen versuchen, die Rolle der *lead plaintiffs* zu übernehmen. Manche Anwaltskanzleien haben sich auf dieses Gebiet spezialisiert und durch die Vielzahl der betreuten Rechtsstreite eine beeindruckende Expertise und dadurch eine Art Wettbewerbsvorteil entwickelt. Jedoch obliegt es dem Richter unter Berücksichtigung objektiver Kriterien zu entscheiden, wer im konkreten Fall am besten geeignet wäre, als rechtliche Vertreter aller Betroffenen aufzutreten.

Die obigen Ausführungen beziehen sich allein auf die Grundvoraussetzungen für eine *class action*. Darüber hinaus muss der Richter die folgenden Aspekte (weitere Bestimmungen der *Rule 23*) prüfen:

> *(b) Class Actions Maintainable.*
> *An action may be maintained as a class action if the prerequisites of subdivision (a) are satisfied, and in addition:*
> - *(1) the prosecution of separate actions by or against individual members of the class would create a risk of*
>   - *(A) inconsistent or varying adjudications with respect to individual members of the class which would establish incompatible standards of conduct for the party opposing the class, or*
>   - *(B) adjudications with respect to individual members of the class which would as a practical matter be dispositive of the interests of the other members not parties to the adjudications or substantially impair or impede their ability to protect their interests; or*
> - *(2) the party opposing the class has acted or refused to act on grounds generally applicable to the class, thereby making appropriate final injunctive relief or corresponding declaratory relief with respect to the class as a whole; or*
> - *(3) the court finds that the questions of law or fact common to the members of the class predominate over any questions affecting only individual members, and that a class action is superior to other available methods for the fair and efficient adjudication of the controversy. The matters pertinent to the findings include: (A) the interest of members of the class in individually controlling the prosecution or defense of separate actions; (B)*

> *the extent and nature of any litigation concerning the controversy already commenced by or against members of the class; (C) the desirability or undesirability of concentrating the litigation of the claims in the particular forum; (D) the difficulties likely to be encountered in the management of a class action.*

Zusammengefasst haben die obigen Bestimmungen folgende Bedeutung: Erstens, es muss ein Risiko dahingehend bestehen, dass gleiche oder ähnliche Sachverhalte als Einzelfälle unterschiedlich beurteilt werden könnten. Die Beantwortung dieser Frage ist natürlich etwas spekulativ, da sie eine Schätzung künftiger Entscheidungen verschiedener Gerichte voraussetzt. Die Kehrseite dieser Frage ist, ob eine Entscheidung im Rahmen einer *class action*, die für alle Betroffenen gilt (Ausnahme: diejenigen, die sich durch den «opt-out» Mechanismus von der *class* ausdrücklich ausschließen und ihren eigenen Weg gehen), fair und angemessen wäre. Zweitens, es darf keine Hindernisse – beispielsweise aufgrund der Anfechtung der Bildung der *class* - in der Vollstreckung einer für alle Beteiligten gültigen Gerichtsentscheidung geben. Drittens müssen, nach Abwägung des Gerichts, die Gemeinsamkeiten der einzelnen Ansprüche größer sein als die Unterschiede.

Diese letzte Voraussetzung ist von großer Bedeutung, da es manchmal wichtige Unterschiede bei aus rechtlicher Sicht ähnlichen Einzelfällen gibt. Nehmen wir als Beispiel einen Betrugsfall an, in dem der Beklagte angeblich falsche Informationen über eine Anlagemöglichkeit mündlich gegeben hat. Die konkrete Frage, inwieweit die zur Verfügung gestellten Informationen einen Betrug begründen, könnte von Fall zu Fall anders entschieden werden, je nachdem, was genau der Verkäufer dem Anleger erzählt hat. Bei Streitigkeiten ohne solche faktische Unterschiede verliert diese Voraussetzung an Relevanz. Wenn also der gleiche Anlagebetrüger falsche Informationen in einem einheitlichen Prospekt weitergegeben hat, könnte er nicht argumentieren, die Kläger hätten unterschiedliche Ansprüche, solange diese ihre Ansprüche auf die gleichen falsche Informationen stützten. Ein weiteres Beispiel: ein Produkthaftungsfall, der auf Schaden der Kläger durch die Benutzung des gleichen mangelhaften Produkts abstellt. Die Gefahren, die hinter einer auf bestimmte rechtliche Grundlagen (Produkthaftung, Prospekthaftung u.a.) basierende *class action* sich verbergen, werden in Kapitel 6 genauer beschrieben.

Zum Abschluss eine Anmerkung zu den aktuellen Entwicklungen bei *class actions*: Im Zuge der Globalisierung werden zunehmend auch Parteien als Beklagte im Rahmen von *class action*-Verfahren in den USA benannt, die sich außerhalb der USA befinden. Aufgrund der Tatsache, dass viele Personen und Unternehmen über Vermögen in vielen Ländern, einschließlich der USA, verfügen, steigt das Risiko der Haftung über dieses Rechtsinstitut. Gleichzeitig überlegen sich einige Gesetzgeber außerhalb der USA, eine Art *class action* in das jeweilige nationale Recht einzuführen. Allerdings wollen die meisten die exzessiven Schadenszusprüche vermeiden, wie sie bei Verfahren in den USA schon gemeldet wurden.

Mountains of costly nonsense? – Das Discovery Verfahren

Eine weitere Überraschung für erstmalig an einem Gerichtsverfahren teilnehmende Ausländer in den USA sind die Regelungen zu den Offenlegungspflichten der Parteien. Das sind die so genannten *discovery* oder *disclosure rules*, die in der jeweiligen Prozessordnung verankert sind. Diese Bestimmungen beinhalten weitgehende Pflichten der Prozessbeteiligten, die Informationen zur Verfügung zu stellen, die von der Gegenseite verlangt werden. Grundsätzlich muss eine Partei alle relevanten Informationen auf Verlangen der Gegenseite offenlegen, es sei denn, die Information ist entweder »priviligiert« oder nicht relevant. Diese Methode unterscheidet sich sehr von den Verfahrensbestimmungen des *Civil Law*, wo die Richter – und nicht die Anwälte – viel mehr Einfluss auf die Beschaffung von relevanten Information haben.

Die verlangende Partei darf die *discovery* Regelungen nicht missbrauchen, um beispielsweise alles mögliche zu verlangen, bis die Gegenseite lieber einen Vergleich schließt als sich mit einem jahrelangen *discovery*-Verfahren herumzuschlagen (in der Praxis oft als eine «fishing expedition« bezeichnet). Als Reaktion auf solchen Missbrauch hat der Gesetzgeber Beschränkungen in die Bestimmungen eingebaut, so z.B. wie viele und welche Arten von Informationen eine Partei verlangen kann. Insofern ist *discovery* nicht mehr unbeschränkt, sondern wird von den Gerichten im Rahmen der prozessrechtlichen Bestimmungen kontrolliert.

Bei der Klassifizierung von Information als «*privileged*« handelt sich um die Frage, ob eine Prozesspartei gewisse Informationen zurückhalten kann, weil sie vertraulich ist. Da sind z.B. die *attorney-client privilege*, also die Vertraulichkeitsregelung zwischen Anwälten und ihren Mandanten, oder Betriebsgeheimnisse, die aus der Dokumentation ersichtlich werden könnten. Die Frage, inwieweit Information privilegiert und daher »off limits« ist, ist eine Rechtsfrage für die Gerichte. Wenn die verlangende Partei behauptet, dass die von der Gegenseite als *privileged* bezeichnete Information in Wirklichkeit diese Eigenschaft nicht hat, können sie den Anspruch auf Sonderbehandlung dieser Information anfechten und das Gericht bitten, das Vorliegen eines *privilege* zu prüfen. Eine Studie an den Bundesgerichten hat bewiesen, dass ungefähr 50% der Ansprüche auf *privilege* gar nicht oder nur teilweise begründet waren. Insofern lohnt es sich, im Rechtsstreit diese Abwehrmanöver überprüfen zu lassen.

Bei der Frage des *privilege* ist der Umfang der gesetzlich schutzwürdigen Information ein zentraler Aspekt. So ist es zum Beispiel möglich, dass lediglich Teile eines Dokuments als privilegiert gelten. Es gibt auch für solche Situationen prozessrechtliche Mechanismen. Beispielsweise kann man das Gericht bitten, Dokumente zu anonymisieren oder vertrauliche Informationen, wie Betriebsgeheimnisse, auszuschwärzen. Das Gericht kann die kontroverse Information prüfen bzw. zensieren, bevor die verlangende Partei Zugriff hierauf bekommt, damit die Vertraulichkeit bzw. das Privileg gewahrt wird.

Die *discovery* Phase eines Rechtsstreits in den USA ist oft entscheidend für das Endergebnis. Häufig werden die Erfolgsaussichten der Parteien erst nach dieser Phase klar. Deswegen sind Vergleiche vor Abschluss dieser Phase relativ selten. Nur mit Hilfe des Gerichts kann ein Beklagter dazu gezwungen werden, die Karten auf den Tisch zu legen. Erst dann kann besser geschätzt werden, wie die Entscheidungsträger des Gerichts das Verhalten der Parteien beurteilen können. Die *discovery* Phase ist oft ein unendlicher Papierkrieg, der bei komplexen und umfangreichen Verfahren Jahre dauern kann. Mittlerweile gibt es eine Reihe von Möglichkeiten, die etwas Ordnung in diese oft chaotische Verfahrensphase bringen. Je nach Umfang, kann das *discovery* Verfahren jedoch für beiden Seiten sehr teuer werden, ohne irgendwelche Sicherheiten zu bieten, dass die Kosten dafür irgendwie erstattet werden (Ausnahme: Rechtsschutzversicherung oder Freistellungen von Dritten gegen Rechtsstreite). Deswegen ist ein Rechtsstreit in den USA oft reine Nervensache und eine Frage der Geduld.

Geeignete Entscheidungsträger? *Trial by Jury*

> »And that's the jury box,« thought Alice, » and those twelve creatures (she was obliged to say »creatures«, you see, because some of them were animals and some of them were birds), »I suppose are the jurors.«

> The twelve jurors were all writing very busily on slates. «What are they doing?« Alice whispered to the Gryphon. »They can't have anything to put down yet, before the trial's begun.« »They're putting down their names,« the Gryphon whispered in reply, »for fear they should forget them before the end of the trial.«
>
> »Stupid things!« Alice began in a loud, indignant voice, but she stopped herself hastily, for the White Rabbit cried out, »Silence in the court!« and the King put on his spectacles and looked anxiously round, to make out who was talking.
>
> Alice could see, as well as if she were looking over their shoulders, that all of the jurors were writing down »stupid things!« on their slates, and she could even make out that one of them didn't know how to spell »stupid,« and that he had to ask his neighbor to tell him. «A nice muddle their slates'll be in before the trial's over!« thought Alice.
>
> Alice in Wonderland, Kapitel 11, von Lewis Carroll

Einer der Aspekte im US-Prozessrecht, der ausländische Prozessparteien erstaunt, ist die Tatsache, dass in manchen Fällen normale Bürger als Entscheidungsträger agieren. Das ist das Rechtsinstitut der *jury* (die Geschworenen). Das Recht auf eine Gerichtsentscheidung durch eine *jury* ist in der amerikanischen Verfassung verankert. Wenn eine Prozesspartei auf diesem Recht besteht, kann ein Gericht dieses Verlangen nicht ignorieren.

Die *jury* besteht aus sechs bis zwölf Personen (je nach Bundesstaat und Gegenstand des Rechtsstreits), die aus Listen der angemeldeten Bürger ausgewählt werden. Die Parteien haben durch bestimmte prozessrechtliche Regelungen einen gewissen Einfluss darauf, wer genau Mitglied der *jury* wird. Der Auswahlprozess kann sehr kompliziert und wissenschaftlich werden. Bei wichtigen Fällen werden oft *jury*-Experten eingeschaltet, die die Prozessparteien hinsichtlich der Frage beraten, welche Personen aus den zur Berufung in die *jury* vorgesehenen Kandidaten für ihre Seite vorteilhaft wären. Bei den Bundesgerichten müssen die Entscheidungen der jury einstimmig sein, während bei den bundesstaatlichen Gerichten, eine Mehrheit (z. B. 9 oder 10 von 12) ausreicht.

Mit jeder *jury* ist ein Element der Unsicherheit verbunden; zum Einen, weil die Mitglieder in der Regel juristische Laien sind und zweitens, weil sie generell über keinerlei Fachwissen über die dem Fall zugrundeliegende Materie verfügen. Viele ausländische Prozessparteien sind erstaunt, wenn sie erfahren, dass »normale Durchschnittsbürger« über so komplizierte Fragen wie die Verletzung eines Patentrechts oder einen Verstoß gegen das Kartellrecht entscheiden. Hier liegt ein großer Unterschied zu den meisten der kontinentaleuropäischen Rechtssysteme, bei denen ein oder mehrere Richter mit langjähriger Erfahrung auf dem jeweiligen Rechtsgebiet die Entscheidungen treffen. Es ist in den USA die Aufgabe der rechtlichen Vertreter, den faktischen Hintergrund sowie die geltende Rechtslage zu erklären. Und es obliegt dem Gericht, das Verfahren und die Prozessanwälte zu überwachen und zu kontrollieren.

Ob die Entscheidungen einer *jury* im *Common Law* schlechter sind als die eines oder mehrerer Richter ist Gegenstand heftiger Debatten. Die Befürworter der *jury* meinen, sie stelle ein wichtiges Instrument der Demokratie dar. Sie behaupten, die meisten Rechtsstreite können auch ohne rechtliche oder wissenschaftliche Expertise entschieden werden, und zwar durch die Anwendung von *common sense*, also gesunden Menschenverstand. Sie meinen, dass Richter sich manchmal zu intensiv in detaillierten Rechtsvorschriften verfangen, oder zu weit vom Leben eines Durchschnittsbürgers entfernt sind, um eine vernünftige Lösung für einen Streit zu finden. Die Gegner der *jury* glauben dagegen, dass dieses Rechtsinstitut in der Vergangenheit verankert und für den heutigen Tag nicht mehr geeignet sei, insbesondere wegen der zunehmenden Komplexität des Rechtssystems sowie der technischen Hintergründe mancher Streitfragen.

Bei den Prozessparteien kommt es bei dieser Frage oft darauf an, ob man sich in der Position des Klägers oder des Beklagten findet. Da der Beklagte von vornherein in der Schusslinie steht, macht ihm die angebliche Unberechenbarkeit der *jury* oft Sorgen. Aus diesem Grund wird in Verträgen zwischen Kaufleuten das Recht auf eine *jury* häufig ausdrücklich ausgeschlossen. Wenn die Parteien das öffentliche Gerichtssystem komplett umgehen möchten, können sie sich vertraglich für eine der später näher erläuterten Alternativen entscheiden.

Alternative Dispute Resolution (ADR)

Wegen der Kritik am Ablauf und den Ergebnissen der Verhandlungen vor öffentlichen Gerichten haben sich über die letzten Jahrzehnte Alternativen entwickelt. Der Oberbegriff für diese Methoden ist *Alternative Dispute Resolution*, abgekürzt *ADR*. ADR umfasst *conciliation*, *mediation*, und *arbitration*. *Conciliation* ist der Versuch, einen Streit durch die Einschaltung eines *conciliator* zu entschärfen. *Mediation* ist sehr ähnlich, geht aber etwas weiter, indem der *Mediator* versucht, den Beteiligten Lösungsvorschläge zu unterbreiten. Bei vielen öffentlichen Gerichten ist es häufig notwendig, über eine *Mediation*, die parallel zu einem Gerichtsverfahren läuft oder dieses vorübergehend unterbricht, eine Lösung zu finden. *Arbitration* ist die gebräuchlichste Modalität bei ADR, insbesondere zwischen Kaufleuten. Dieses Kapitel konzentriert sich deshalb auf diese Form der Konfliktlösung.

Eine *arbitration*, also schiedsgerichtliche Entscheidung, resultiert sehr oft aus einem *arbitration clause* in einem Vertrag. Sie kann bindend oder nicht bindend sein. In manchen Klauseln sind die *arbitrators* – oder zumindest die Organisation, die die Schlichtung durchführen soll – schon benannt, während andere Klauseln lediglich eine Beschreibung des Mechanismus der *arbitration* beinhalten. *Arbitration* hat sich schon als vernünftige und effektive Alternative zur Beilegung von Streitigkeiten etabliert. Jedoch mag sie nicht in jeder Situation passend sein.

Es wird viel über *arbitration* berichtet, aber manchmal basieren solche Berichte auf unvollständigen Informationen oder beinhalten Generalisierungen, die im konkreten Falle nicht immer zutreffen dürften. Die Tabelle unten enthält einige typische Ansichten zu *arbitration* sowie einige Anmerkungen, die dem aktuellen Stand von *arbitration* in den USA entsprechen.

These	Anmerkungen
Mutmaßliche Vorteile von Arbitration	
Arbitration ist schneller.	Obwohl generell noch wahr, aufgrund der »Juristifizierung« von vielen Schlichtungsverordnungen und die zunehmende Beteiligung von Rechtsberatern, ist die Dauer von *arbitration* Verfahren etwas (manchmal deutlich) länger geworden. Gleichzeitig gibt es viele Bemühungen der öffentlichen Gerichte, die Dauer der Verfahren zu verkürzen.
Arbitration ist günstiger.	Wie immer, kommt es darauf an. Grundsätzlich erhalten die Entscheidungsträger entweder eine Pauschalgebühr oder werden auf Zeitbasis vergütet. Das Gleiche gilt für Vertreter, die die Beteiligten bei der *arbitration* unterstützen. Das sind zunehmend Anwälte, die sich auf dieses Gebiet spezialisieren. Erfolgshonorare bei Schlichtungsverfahren existieren so gut wie gar nicht und die rechtlichen Vertreter verlangen in der Regel einen Stundensatz, der dem eines Prozessanwalts entspricht. Wenn die *arbitration* schneller abgeschlossen wird als ein öffentlichen Gerichtsverfahren, kann es für die Beteiligten unter dem Strich günstiger sein.

Arbitration ist vertraulich, während bei Gerichtverfahren alles publik gemacht wird.	Das stimmt. Aber es gibt auch prozessrechtliche Bestimmungen und sonstige rechtliche Mechanismen (s. Teil II oben bei *discovery* und *privilege*), die bei einem öffentlichen Verfahren eingesetzt werden können, um vertrauliche Informationen geheim zu halten. Allerdings gilt dies mehr für Detailinformationen – die Akten aus einem öffentlichen Prozeß sind grundsätzlich der Öffentlichkeit zugänglich.
Arbitration ist wesentlich informeller und deswegen angenehmer als Prozesse mit ihren komplexen und altmodischen Regelungen und streitfördernder Atmosphäre.	Das stimmte eher in der Anfangsphase als jetzt. In den USA ähnelt *arbitration* zunehmend einem ordentlichen Gerichtsverfahren. Ob es angenehmer als ein Prozess ist, hängt mehr von dem Verhalten der Beteiligten ab als vom Inhalt der Prozessregeln.
Bei einer *arbitration* können die Beteiligten ihr Gesicht besser wahren und dadurch vermeiden, dass die Geschäftsbeziehungen geschädigt werden.	Auch hier kommt es sehr auf das Verhalten der Beteiligten im konkreten Falle an.
Mutmaßliche Nachteile von Arbitration	
Bei einer *arbitration* sind einige wichtige prozessrechtliche Mechanismen – wie eine einstweilige Verfügung – nicht möglich. Nur im Wege der Gerichtshilfe können die Beteiligten Gebrauch von solchen Mechanismen machen, was die *arbitration* u.U. überflüssig macht.	Diese Vermutung stimmte eher mehr in der Anfangszeit der *arbitration* in den USA. Mittlerweiler haben viele Gesetze Bestimmungen im Hinblick auf die *arbitration* eingefügt, die den Erlass solcher Mechanismen und Verfügungen ermöglichen.
Bei einer *arbitration* ist es schwerer, die Gegenseite zu zwingen, gewisse Informationen zu offen zu legen.	Auch diese Vermutung stimmte eher in der Anfangphase von *arbitration* in den USA. Mittlerweiler haben viele Gesetze *arbitration*–Bestimmungen eingefügt, die die Forderung auf die Offenlegung von Informationen erleichtern.
Eine Entscheidung aus einer *arbitration* ist schwerer zu vollstrecken, falls die Gegenseite nicht freiwillig mitmacht.	Diese Vermutung stimmte wesentlich eher in der Anfangphase von *arbitration* in den USA. Inzwischen ermöglichen viele Gesetze die direkte Vollstreckung von Entscheidungen aus einer *arbitration*.
Bei einer *arbitration* wird oft ein Kompromiss gesucht, der keine der betroffenen Parteien zu sehr benachteiligt.	Es stimmt, dass viele *arbitrators* eine solomonische Entscheidung suchen (sog. »split the baby«). Das ist natürlich weniger zufriedenstellend für die Beteiligten, die klar im Recht sind, ihr Recht durch die *arbitration* aber nur zum Teil bekommen haben.

Bei einer arbitration hat man das Risiko, das jeder ähnlicher Fall separat geschlichtet werden muss, während bei Prozessen, die Möglichkeit einer Konsolidierung (*consolidation*) sämtlicher Fälle besteht.	Mittlerweile sehen viele *arbitration acts* ebenfalls die Möglichkeit einer *consolidation* vor, so dass alle potentielle Fälle in einer *arbitration* gehandelt werden können.
Für den Kläger ist eine arbitration insofern nachteilig, weil *punitive damages* nicht erhältlich sind.	Mittlerweile sehen viele *arbitration acts* ebenfalls die Möglichkeit von *punitive damages* vor, zumindest in dem Umfang, wie sie im jeweiligen Forum erhältlich sind.

Tabelle 5.1: Merkmale von *arbitration*

Fazit

Die Kritik von Frau Däubler-Gmelin ist eigentlich nicht neu. Seit Jahrhunderten ist das prozessrechtliche System auch in den *Common Law* Ländern kritisiert worden. Im Folgenden wird ein Beispiel einer solchen Kritik aus dem Roman *Bleak House* von *Charles Dickens* zitiert. Die Beschreibungen des Gerichtsverfahrens im *Common Law* mögen manchen deutschen Geschäftsleuten, die mit einem Prozess in den USA oder England oder einem anderen *Common Law* Land zu tun hatten, bekannt vorkommen. Aber vielleicht wird der Leser merken, dass solche Kritik (bis auf die barocke Beschreibung) auch auf Prozesse im eigenen Rechtssystem zutrifft!

> »*On such an afternoon some score of members of the High Court of Chancery bar ought to be—as here they are—mistily engaged in one of the ten thousand stages of an endless cause, tripping one another up on slippery precedents, groping knee-deep in technicalities, running their goat-hair and horsehair warded heads against walls of words and making a pretence of equity with serious faces, as players might.*
>
> *On such an afternoon the various solicitors in the cause, some two or three of whom have inherited it from their fathers, who made a fortune by it, ought to be – as are they not? – ranged in a line, in a long matted well (but you might look in vain for truth at the bottom of it) between the registrar's red table and the silk gowns, with bills, cross-bills, answers, rejoinders, injunctions, affidavits, issues, references to masters, masters' reports, mountains of costly nonsense, piled before them.*
>
> *This is the Court of Chancery, which has its decaying houses and its blighted lands in every shire, which has its worn-out lunatic in every madhouse and its dead in every churchyard, which has its ruined suitor with his slipshod*

heels and threadbare dress borrowing and begging through the round of every man's acquaintance, which gives to monied might the means abundantly of wearying out the right, which so exhausts finances, patience, courage, hope, so overthrows the brain and breaks the heart, that there is not an honourable man among its practitioners who would not give – who does not often give–the warning, ›Suffer any wrong that can be done you rather than come here!‹«

Bleak House, Chapter I, in Chancery, by Charles Dickens

Kapitel 6
Rechtliche Minenfelder:
Besonders gefährliche Rechtsgebiete

Einleitung

Einige Rechtsgebiete sind besonders risikoreich, inbesondere weil die gesetzlichen Verpflichtungen des Betroffenen nicht immer ganz bekannt sind. Für ausländische Investoren kann das zu bösen Überraschungen führen. Selbst dann, wenn das Thema aus dem eigenen Rechtssystem einigermaßen bekannt ist, gibt es oft prozessuale beziehungsweise materielle Unterschiede, die von großer Bedeutung sind. Hinzu kommt das erhöhte Prozessrisiko in den USA, welches den meisten Geschäftsleuten bekannt ist.

Produkthaftung: Auswirkungen geschäftlicher Aktivitäten auf die Verbraucher

Egal welche Investmentmodalität gewählt wird – Exportgeschäft, Vertrag mit amerikanischen Geschäftspartnern, Joint Venture, Erwerb einer Beteiligung oder die Gründung einer eigenen Tochtergesellschaft –, das Produkthaftungsrecht stellt ein großes Risiko für alle in der Vertriebskette Beteiligten dar.

Regelwerke in der Produkthaftung

Es gibt kein einheitliches übergreifendes Regelwerk, welches alle Bundesstaaten erfasst. Vielmehr bleibt es den einzelnen Bundesstaaten selbst überlassen, wie sie mit dem Rechtsinstitut der Produkthaftung verfahren. Demnach kommt den einzelnen Gerichtsurteilen des jeweiligen Staates hohe Bedeutung zu, da sich die erstinstanzlichen Gerichte in gewissem Maße danach richten *(binding precedents)*. Neben dieser richterrechtlichen Komponente haben die einzelnen Staaten teilweise gesetzliche Regelungswerke, welche dem *Model Uniform Products Liability Act (MUPLA)*, einem Mustergesetz auf Bundesebene, nachempfunden sind. Hinsichtlich rechtlicher

Unteraspekte und Detailproblemen bestehen bei der Produkthaftung innerhalb der einzelnen Staaten jedoch durchaus Unterschiede.

Grundzüge der Produkthaftung

Das amerikanische Produkthaftungsrecht ist ein gerichtlicher Klagegegenstand, mit dessen Hilfe der Konsument eine Haftbarmachung aller mit der Herstellung und dem Verkauf eines mangelhaften, defekten Produktes in Zusammenhang stehenden Personen erwirken kann. So kann der Verbraucher gerichtlich Schadensersatz für die durch den Gebrauch eines defekten Produkts entstandenen Schäden geltend machen.

Die Grundgedanken und Zielsetzungen des amerikanischen Produkthaftungsrechts sind:

- Der Schutz des durchschnittlichen Verbrauchers vor möglichen Gefahren, die durch erworbene Produkte entstehen können. Hersteller sollen sich bemühen, sichere Produkte zu produzieren, sonst treten rechtliche Konsequenzen bei Nichtbeachtung der Sicherheit der Produkte ein.
- Eine soziale Absicherung und eine gerechte Risikoverteilung. Der Verbraucher soll durch den finanzkräftigeren Hersteller im Schadensfall sozial abgesichert sein. Dies begründet sich in der Möglichkeit des Herstellers, sich gegen Verluste zu versichern und diese Kosten bei der Produktion einzukalkulieren. Kommt ein Verbraucher dann durch den Defekt eines Produkts zu Schaden, so erscheint es nur recht und billig, wenn der Hersteller dafür haftet.

Der Begriff des »Produkts« ist durch die Rechtsprechung ausgedehnt worden und umfasst:

- deutlich greifbare, körperliche Gegenstände
- nicht körperliche Gegenstände (zum Beispiel Gas)
- natürliche Gegenstände (zum Beispiel Haustiere) und Immobilien
- Schriftwerke (zum Beispiel Navigationssysteme wie GPS).

Die Klägeranwälte versuchen, die Definition des »Produkts« auszudehnen. So hat es zum Beispiel in den letzten Jahren einige Klagen gegeben, die auf mangelhafte Information, beispielsweise Wetterberichte, Produktanalysen (durch Dritte) und Fachbüchern, basierten. Diese sind von den Gerichten zurückgewiesen worden. Jedoch werden die Grenzen der Produkthaftung durch neue Theorien immer wieder getestet.

Anspruchsgrundlagen für Produkthaftungsklagen

In einer Produkthaftungsklage stützt der Ankläger seinen Anspruch grundsätzlich auf einen oder mehrere der folgenden drei einschlägigen Anspruchsarten. Diese sind:
- Anspruch aus so genannter »verschuldensunabhängiger Haftung« (*strict liability*)
- Anspruch aus dem Delikt der Fahrlässigkeit (*negligence claim*)
- Anspruch aus dem Bruch des Garantievertrages zwischen Hersteller und Käufer, wonach der Hersteller für die Geeignetheit des Produktes zu gefahrlosem Einsatz Gewähr übernimmt (*breach of expressed warranty*)

Strict liability und der Begriff des »Defekts« oder »Mangels«

Ausgangspunkt jeder Klage ist neben dem Produkt, ein *Mangel* oder *Defekt*, der den zu kompensierenden Schaden verursacht hat. Mit Rücksicht auf die Verschiedenartigkeit der auf dem Markt angebotenen Waren lässt sich eine allgemeine Definition des Begriffs hier nicht anführen. Die Frage, ob das betreffende Produkt einen rechtserheblichen Defekt hatte, ist daher in fast allen Fällen von den Geschworenen des Gerichts zu entscheiden. Die Geschworenen repräsentieren durchschnittliche Verbraucher, deren Erwartungen an ein Produkt denen des »Durchschnittsverbrauchers« entsprechen. Die Frage des Mangels wird also eher im Kontext des jeweiligen Falles beantwortet und nicht durch einen allgemeingültigen technischen Test des Produktes, wobei derartige Testergebnisse häufig als Nachweis des Defekts präsentiert werden.

Viele Bundesstaaten folgen dem im Mustergesetz *Restatement (Second) of Torts* formulierten »*consumer expectation test*«, das heißt den Erwartungen des Verbrauchers. Dies bedeutet, dass ein Produkt dann rechtserheblich defekt ist, wenn das Risiko eines Schadens durch das Produkt höher ist, als es von dem Verbraucher erwartet werden kann. Andere Staaten prüfen, ob ein gewissenhafter Hersteller so ein Produkt in diesem Zustand auf dem Markt angeboten hätte und fragen, ob ein gewissenhafter und vernünftiger Käufer so ein Produkt unakzeptabel fände.

Gleichgültig, auf welche Ansprüche die Klage basiert, lassen sich die Produktmängel in drei Kategorien einteilen.

1. Fehler in der Konstruktion, dem Design des Produktes
2. Fehler in der Herstellung des Produktes

3. Fehlerkennzeichnung des Produktes, zum Beispiel unzureichende Warnhinweise auf dem Produkt

Die einfachsten Fälle sind die der zweiten Kategorie, in denen das Produkt fehlerhaft hergestellt wurde, da der Kunde ein »anderes« Produkt erhält, als vom Hersteller beabsichtigt. Meist handelt es sich hier um eine unbeabsichtigte Veränderung der Spezifikationen.

Für den Hersteller gravierender sind Fehler in der Konstruktion/dem Design des Produktes, weil jene eine ganze Produktpalette betreffen, in welcher jedes einzelne Produkt in seiner Sicherheit für den Kunden bedroht ist. Ein Beispiel ist ein fehlerhaft konstruiertes Auto, welches bei starken Lenkbewegungen umkippt.

Gleiches gilt für unzureichende Warnhinweise hinsichtlich des Produkts, da auf sämtliche Produkte in der Kategorie abgestellt wird. Was den Nachweis anbelangt, ist dieser bei fehlerhaftem Design/Entwurf etwas leichter, da er auf objektiven beziehungsweise technischen Merkmalen basiert. Schwerer ist es bei den Warnhinweisen, da diesen ein subjektives Element innewohnt, nämlich was dem Verbraucher aufgrund allgemeinen Erfahrungen bewußt war oder hätte sein müssen.

Bestimmung eines Mangels innerhalb der einzelnen Anspruchsgrundlagen

Die meisten Fälle bewegen sich innerhalb des Konzepts der »verschuldensunabhängigen Haftung« (*strict liability*). Hier müssen die Geschworenen zu dem Urteil gelangen, dass das betreffende Produkt fehlerhaft war und dieser Fehler den wieder gut zu machenden Schaden verursachte. Wählt der Ankläger als Anspruchsgrund »Fahrlässigkeit«, so muss er hingegen beweisen, dass a) ein fahrlässiges Verhalten des Beklagten vorliegt und b) ein Mangel daraus resultierte, welcher c) zu dem Schaden führte. Macht er einen Anspruch aus dem Garantievertrag geltend, so muss er beweisen, dass ein Mangel vorliegt, indem er aufzeigt, dass der Hersteller nicht seiner Verpflichtung aus dem Vertrag nachkam, nämlich Güter von einer bestimmten, vertraglich festgelegten Qualität zu liefern. In der Regel werden alle drei Anspruchsgrundlagen – *strict liability*, *negligence* und *breach of warranty* – durch die so genannte *pleading in the alternative*-Regelung des US-Zivilprozessrechts abgedeckt. Die Entscheidungsträger haben das letzte Wort, welche Ansprüche im konkreten Falle begründet und nachgewiesen worden sind.

Umfang der Risiken aus einer Produkthaftungsklage

Je nachdem, wie weit sich der Vertrieb der potenziell mangelhaften Produkte erstreckt, kann es für den Beklagten sehr kostspielig werden. Manche der Anspruchsgrundlagen lassen sich sehr leicht im Rahmen einer *class action* testen, da sie auf demselben faktischen Hintergrund basieren. Hinzu kommt die Möglichkeit von *punitive damages*, die fast immer von Klägern in Produkthaftungsfällen verlangt werden. Und im schlimmsten Fall könnte die Muttergesellschaft einer amerikanischen Tochtergesellschaft mitverklagt werden, falls sie ganz oder teilweise für das mangelhafte Design, Herstellung oder Marketing verantwortlich war (Stichwort: *parent subsidiary liability*). Laut offizieller Statistik haben Kläger in 37 Prozent der Fälle gewonnen. In 5 Prozent der von Klägern gewonnenen Fälle werden *punitive damages* genehmigt.

Verteidigungsmöglichkeiten des Herstellers

Es gibt einige Argumente von Herstellern bzw. Anbietern von Produkten, weshalb die Klage unzutreffend sein kann:

- *Assumption of risk:* Hierbei handelt es sich um das bewusste Sich-in-Gefahr-begeben des Verbrauchers, der weiß, dass er das Produkt in gefährlicher Art und Weise nutzt, dies erkennt und in Kauf nimmt. Wird dies dem Verbraucher nachgewiesen, kommt eine Haftung des Herstellers nicht in Betracht.
- *Contributory negligence:* Ähnlich dem Mitverschulden im deutschem Recht handelt es sich hierbei um eine fahrlässige Handlung des Verbrauchers, die das Risiko eines Schadenseintrittes erhöht.
- *Product misuse:* Hier geht es nicht um den Missbrauch des Produkts im engeren Sinn, sondern um eine unsachgemäße und vom Hersteller nicht vorhersehbare Nutzung des Produkts (beispielsweise die Nutzung eines Staubsaugers als Auto durch ein spielendes Kind, das dadurch schwer verletzt wird). Insofern muss ein Hersteller sich auch über die Risiken aufgrund einer falschen Nutzung bewusst sein. Wenn die jeweilige Nutzung, die zu dem Schaden beim Kläger geführt hat, so weit von dem Denkbaren oder Vorhersehbaren abweicht, dann gilt der Anspruch als nicht begründet.

Weiterhin kann der Beklagte jedes Tatbestandsmerkmal der jeweiligen Anspruchsgrundlage anfechten, da der Kläger die Beweislast hierfür trägt.

Ein gutes Beispiel ist der Nachweis, dass der Hersteller beziehungsweise der Beklagte die Produktion fachgerecht nach den gesetzlichen Bestimmungen, Richtlinien und Empfehlungen durchgeführt hat. Sowohl auf der Bundesebene als auch teilweise auf der bundesstaatliche Ebene gibt es eine Reihe von veröffentlichten Kritierien, die eine ordnungsgemäße Produktion beschreiben. Wenn der Beklagte beweisen kann, dass er diese Kriterien im konkreten Fall erfüllt hat, so hat er gute Chancen, der Geltendmachung der Ansprüche durch den Kläger vorzubeugen.

Schließlich können die Produkthaftungsrisiken auch versichert werden. Diese Möglichkeit wird von vielen Unternehmen jedoch im Zusammenhang mit dem Kosten-Nutzen-Verhältnis gesehen. Bei Produkten, die noch keine größeren Umsätze in dem US-Markt erreicht haben, drücken die zusätzlichen Versicherungskosten die Marge. Wie bei vielen Versicherungsfragen, ist die weltweite Deckung empfehlenswert.

> **Produkthaftungsrisiken: was tun? Beispiel aus der Praxis.**
>
> Das klingt alles ja furchtbar! Vielleicht soll man den amerikanischen Markt komplett meiden!
>
> Obwohl die Produkthaftungsrisiken nicht zu unterschätzen sind, lohnt es sich, die Situation genauer zu prüfen. Wie überall, sind Versicherungsgeber gerne bereit, diese Risiken gegen Zahlung einer Prämie zu versichern. Es gibt aber auch andere Möglichkeiten, die Produkthaftungsrisiken zu minimieren, ohne komplett auf den US-Markt zu verzichten.
>
> Ein mittelständisches deutsches Unternehmen im Konsumgütersegment hat drei Produktlinien. Der Wettbewerb in der EU drängt immer und drosselt die Margen, da viele Großkonzerne in diesen Produktbereichen durch Massenmengen billige Preise anbieten können. Der amerikanische Markt scheint sehr lukrativ zu sein, inbesondere weil die Produkte in der höheren Qualitätsklasse sind.
>
> Durch Erstellung einer Studie, die das Prozessrisiko in den USA für jede Produktlinie genau untersucht, wurde festgestellt, dass es bei manchen Produktlinien es so gut wie keine erfolgreichen Klagen gab. Bei einer Produktgruppe gab es doch einige Fälle, wobei die Schadenssummen nicht so enorm waren. Die Statistik aus Vergleichen – ein ganz wichtiger Punkt bei solchen Studien – wurden auch berücksichtigt. Am Ende beschloss die Geschäftsführung, Produkte in den USA zu vermarkten, mit Ausnahme der Produktlinie, die ein für das Unternehmen unkalkulierbares Klagerisiko beinhaltete.

Auswirkungen auf den Wettbewerb: das US-Kartellrecht

Das US-Kartellrecht wurde Ende des 19. Jahrhunderts entwickelt, um die beherrschende Stellung der Monopole in einigen Industrien (Öl, Transport) zu bekämpfen. Seitdem wurde das US-Kartellrecht wesentlich ausgedehnt und umfasst vielerlei Aktivitäten, die Auswirkungen auf den Wettbewerb in den Märkten haben. Mittlerweile haben viele andere Länder Kartellgesetze – auch Deutschland. Das deutsche Kartellrecht (Gesetz gegen Wettbewerbsbeschränkungen) ähnelt den US-amerikanischen Regelungen. Es gibt aber einige institutionelle Unterschiede (zum Beispiel die Monopolkommission) sowie Maßnahmen, die in anderen Ländern fehlen (zum Beispiel die Ministererlaubnis in Deutschland). Einige wichtige Unterschiede sind:

- Ansprüche aus dem Kartellrecht können in den USA auch von Privatpersonen geltend gemacht werden. Viele Wettbewerber machen hiervon Gebrauch. Einige kartellrechtliche Bestimmungen sehen im Falle eines Verstoßes den dreifachen Schadenersatz sowie die Erstattung der Prozesskosten vor:
- Die US-Kartellbehörde kann im Rahmen von Untersuchungen bestimmte Maßnahmen ergreifen (beispielsweise *dawn raids*, in dem Beamte der Kartellbehörde unangekündigt bei einem Verdächtigen erscheinen und Informationsmaterial und Unterlagen beschlagnahmen), die in Deutschland möglicherweise verfassungswidrig wären.
- Verstöße gegen das US-Kartellrecht können unter Umständen Straftaten sein. Auch Ausländer sind wegen solcher Verstöße bereits inhaftiert worden. Auch nach deutschem Kartellrecht sind einige Verstöße Straftaten (zum Beispiel Preisabsprachen), jedoch kommt die strafrechtliche Verfolgung verhältnismäßig selten vor.
- Das US-Kartellrecht ist vergleichsweise stringenter, was die Koordination einer Kooperation bzw. dem Vollzug einer Transaktion vor Erteilung der kartellrechtlichen Genehmigung angeht. Selbst wenn am Ende grünes Licht von der FTC beziehungsweise DOJ gegeben wird, kann die frühzeitige Umsetzung von Maßnahmen durch die Vertragsparteien mit Bußgeldern belegt werden.
- Häufig werden die Entscheidungen hinsichtlich eines Verstoßes von Geschworenen gefällt.

Seit 1976 hat Deutschland hinsichtlich der Kooperation der Kartellbehörden bei Fällen bzw. Transaktionen, die beide Länder betreffen, ein entsprechendes Abkommen mit den USA. Die Behörden arbeiten in solchen Fällen seit Jahrzehnten eng zusammen. In beiden Behörden gibt es eine besondere Stelle, die für derartige grenzüberschreitenden Fälle zuständig ist. Das Abkommen ist insofern für Geschäftsleute von Bedeutung, als die Prüfung bzw. Untersuchung von Vorgängen mit kartellrechtlicher Relevanz außerhalb des jeweiligen Landes durch die Unterstützung der anderen Kartellbehörde wesentlich erleichtert wird. Deswegen können Aktivitäten, die sich im Ausland abspielen, aber Auswirkungen auf das andere Land haben, Gegenstand einer gemeinsamen Untersuchung der Kartellbehörden und eventuell eines Kartellverfahrens in einem oder beiden Ländern werden.

Das US-Kartellrecht findet auch Anwendung, ebenso wie das deutsches Kartellrecht, auf Vorgänge, die sich im Ausland abspielen. Mit anderen Worten, das Kartellrecht wird extraterritorial angewandt. Voraussetzung hierfür ist, dass die geplante Transaktion beziehungsweise Aktivität Auswirkungen auf den jeweiligen Markt hat. Falls die Aktivität in beiden oder mehreren Ländern Auswirkungen hat – wie dies bei ganz großen Transaktionen oder dem Verkauf von Produkten im ausländischen Markt automatisch der Fall ist – bestimmen die Kartellbehörden unter sich, wer bei der Prüfung federführend ist und wie die Bemühungen der einzelnen nationalen Kartellbehörden koordiniert werden sollen. Es ist lange im Gespräch gewesen, das Kartellrecht unter dem Dach der Welthandelsorganisation (WTO) anzusiedeln. Wegen der unterschiedlichen gesetzlichen Bestimmungen der WTO-Mitglieder und der Bedenken der Mitgliedsländer, die Zuständigkeit über kartellrechtlichen Fragen aufzugeben, haben die Kartellbehörden und international tätige Geschäftsleute weiterhin mit den einzelnen Kartellrechtssystemen zu tun.

Das ›klassische‹ Kartellrecht

Ursprünglich wurde das Kartellrecht in den USA entwickelt, um wirtschaftlichen Machtkonzentrationen bei Monopolisten entgegenzuwirken. Da Monopolisten keine Konkurrenz haben, können sie Preise selbst bestimmen, was generell zu höheren Preisen und meist auch schlechterer Qualität führt. Diese Theorien sind heute genau so gültig wie vor über hundert Jahren. Grundsätzlich soll vermieden werden, dass es eine zu hohe Konzentration in einem Markt gibt. Das wird grundsätzlich anhand der geschätzten Marktanteile der Marktteilnehmer gemessen. Diese Schätzung setzt natürlich die Definition des relevanten Marktes voraus, also eine Marktabgrenzung. Die Festlegung der Grenzen eines einzelnen Marktes erfolgt unter Berücksichtigung einer Reihe betriebswirtschaftlicher Faktoren (Austauschbarkeit von ähnlichen Produkten, Auswirkung einer Preiserhöhung für ähnliche Produkte auf den Märkten usw.) und kann sehr komplex werden. Die Abgrenzung kann jedoch entscheidend für die Feststellung einer marktbeherrschenden Stellung sein – und dadurch ein erhöhtes Risiko eines Verstoßes gegen das Kartellrecht – sowie für die Erforderlichkeit einer Anzeige gegenüber den Kartellbehörden.

Der Begriff »Kartellrecht« bezieht sich auf einen der ursprünglichen Kernpunkte des Kartellrechts, nämlich die Bekämpfung der Bildung von Kartellen durch Wettbewerber. Über Kartelle können Wettbewerber Preisabsprachen treffen, um den jeweiligen Gewinn der Teilnehmer zu maximieren – zulasten der Endkunden. Solche Preisabsprachen sind wettbewerbsschädlich und dämpfen dazu weitere Vorteile des Wettbewerbs, wie Verbesserung der Produktqualität oder Innovationen. Deswegen sind Kartelle in den meisten Rechtsordnungen illegal.

Anfang des letzten Jahrhunderts konzentrierte sich die wirtschaftliche Macht in vielen Ländern auf wenige Köpfe, mit der Folge, dass Kartelle relativ üblich waren. Durch politische Entwicklungen gewann das Kartellrecht zunehmend an Bedeutung, so dass es für Wettbewerber immer schwerer wurde, Kartelle zu bilden und Preis- oder Konditionsabsprachen zu treffen. Jedoch versuchen Geschäftsleute trotz des scharfen Auges der Wettbewerbsschützer immer wieder, solche Vereinbarungen zu treffen und geheim halten.

Marktkonzentration und Beschränkung des Wettbewerbs aufgrund Unternehmensbeteiligungen, Unternehmenskäufen und Kooperation zwischen Wettbewerbern

This Agreement is conditional upon the receipt of all necessary approvals and licenses, in particular from any competition authorities.

Die meisten M&A Verträge beinhalten eine Klausel wie die obige, die auf die mögliche Notwendigkeit einer oder mehrerer kartellrechtlicher Genehmigungen hinweist und Verträge von der Erteilung dieser Genehmigungen abhängig macht. Bevor eine Beteiligung, ein Unternehmenskauf oder die Gründung eines Joint Venture vollzogen wird, bestimmen die Kartellgesetze, ob die Transaktion überhaupt durchgeführt werden darf. Vorgänge einer bestimmten Größenordnung oder Bedeutung sind dem zuständigen Kartellamt anzuzeigen. In den USA ist die Befugnis zwischen der *»U.S. Federal Trade Commission (FTC)«* und der *»Antitrust Division of the Department of Justice«* aufgeteilt. Diese Behörden prüfen, ob die betroffenen

Märkte konkurrenzfähig bleiben und nicht von einigen wenigen Unternehmen beherrscht werden. Um böse Überraschungen zu vermeiden, sollte zu allererst der Frage nachgegangen werden, ob die vorgeschlagene Transaktion nach den geltenden Kartellgesetzen anzeigepflichtig ist. Nur eine sorgfältige Analyse und eventuell ein offizielles Verfahren vor der Kartellbehörde können dies beantworten. Das entscheidende Kartellgesetz ist hierbei der *Hart-Scott-Rodino Act* (HSR).

»Die *Hart-Scott Rodino*« Registrierung

Der »*Hart-Scott-Rodino Antitrust Improvements Act*« (HSR) von 1976 verlangt, dass Teilnehmer an Fusions- und Akquisitionsgeschäften (einschließlich *joint ventures*) die *Federal Trade Commission* über ihre Absichten benachrichtigen, es sei denn, sie sind davon befreit. Strafen für die Verletzung der Meldepflicht können eine Geldstrafe von bis zu 10000 Dollar pro Tag und/oder der Erlass einer einstweiligen Verfügung sein. Nach dem HSR ist die Anzeigepflicht von der Größe der Parteien und dem Ausmaß der Transaktion abhängig.

> **Die gemäß dem HSR anzeigepflichtigen Transaktionen**
>
> 2002 wurden die Schwellenwerte für Umsatz (beziehungsweise Vermögen), der bei der Frage einer Anzeigepflicht gemäß dem HSR Act entscheidend ist, erhöht. Infolge dessen ist die Zahl der gemeldeten Vorgänge gesunken. Darüber hinaus wurden einige Ausnahmen für Transaktionen eingeführt, die überwiegend Vermögenswerte bzw. Beteiligungen außerhalb der USA betreffen. Diese neuen Regelungen sind die Folgenden:
>
> **Asset Deals:**
> - Grundsätzlich ist der Erwerb von Vermögensgütern außerhalb der USA von der Anzeigepflicht befreit, es sei denn, diese Vermögensgüter haben der veräußernden Partei im letzten Jahr ermöglicht, Umsätze in den USA (inklusive Exporte in die USA) von über 50 Mio. Dollar zu erzielen.
> - Selbst wenn diese Umsatzschwelle überschritten wird, entfällt die Anzeigepflicht, wenn die folgenden Voraussetzungen erfüllt werden:
>   1. Beide an der Transaktion beteiligten Parteien sind Ausländer.
>   2. Die Parteien hatten im letzten Geschäftsjahr Umsätze von weniger als insgesamt 110 Mio. Dollar in den USA.

3. Der Wert der Assets beider Parteien in den USA beträgt weniger als 110 Mio. Dollar.
   4. Die Transaktion wird mit unter 200 Mio. Dollar bewertet.

   Share Deals:
   - Der Erwerb einer Beteiligung an einem ausländischen Unternehmen durch einen Staatsbürger der USA ist grundsätzlich von der Anzeigepflicht befreit, es sei denn, der Erwerber würde durch die Transaktion die Kontrolle über das ausländische Unternehmen erlangen und wenn das Unternehmen (inklusive sämtlicher verbundenen Unternehmen) entweder
     1. Assets in den USA mit einem Marktwert über 50 Mio. Dollar besitzt, oder
     2. im letzten Geschäftsjahr in den USA Umsätze (inklusive Exporte in die USA) von über 50 Mio. Dollar erzielt hat.

     Sollte der ausländische Erwerber sich an mehreren ausländischen Unternehmen beteiligen, werden die Umsätze der betroffenen Unternehmen zusammengezählt.
   - Selbst wenn diese Umsatzschwelle überschritten wird, entfällt die Anzeigepflicht, wenn die folgenden Voraussetzungen erfüllt werden:
     1. Beide an der Transaktion beteiligten Parteien sind Ausländer.
     2. Die Parteien haben im letzten Geschäftsjahr in den USA Umsätze von weniger als insgesamt 110 Mio. Dollar erzielt.
     3. Der Wert der Assets beider Parteien in den USA beträgt weniger als 110 Mio. Dollar.
     4. Die Transaktion wird mit unter 200 Mio. Dollar bewertet .

Die Voraussetzungen der Anzeigepflicht nach dem HSR Act geben – wenn auch etwas umständlich – eine klare Linie vor. Wichtige Aspekte bei der Prüfung der Anzeigepflicht sind: die Marktabgrenzung, die Kalkulation der Umsatzbeträge, die Bewertung der Assets beziehungsweise der Transaktion (Unterschiede zwischen Bewertungen nach HGB/IAS und US-GAAP) und die Geheimhaltung der Informationen. Die Komplexität darf jedoch der Prüfung nicht im Wege stehen. Sollten die Parteien ihre Verpflichtungen nach dem HSR Act unterlassen, können die Kartellbehörden nicht nur Bußgelder, sondern sogar die Rückabwicklung einer schon vollzogenen Transaktion verlangen! Wie der folgenden Pressemeldung zu entnehmen ist, kann dies katastrophale Konsequenzen für die betroffenen Unternehmen haben.

German and Brazilian piston manufacturers agree to pay largest ever penalty for failure to file for U.S. Antitrust Review

Agreement Also Mandates Divestiture To Prevent Monopoly And Restore Competition

The Federal Trade Commission today announced a settlement, to be filed in federal court, with Mahle GmbH, a German piston manufacturer, and Metal Leve S.A., a Brazilian competitor, under which the firms will pay in excess of $5 million for failing to give federal antitrust enforcers advance notice of Mahle's acquisition of a controlling interest in Metal Leve.

Federal law provides for civil penalties against firms that fail to file for antitrust review before going ahead with deals that meet certain thresholds. The amount to be paid is the largest civil penalty ever collected for this type of violation. A second, related agreement resolves charges that the transaction substantially reduced competition in violation of U.S. antitrust laws in markets for pistons used primarily in heavy duty diesel engines. That settlement would require a quick divestiture of Metal Leve's U.S. piston business, including two plants in South Carolina and a research and development center in Michigan.

»Violation of the reporting requirements of the antitrust laws is a very serious matter,« said William J. Baer, Director of the FTC's Bureau of Competition. »The reporting requirements serve as a critical early warning system to alert antitrust enforcers to potentially anticompetitive mergers. This is the fifth case in the last three years in which companies have paid civil penalties in excess of $1 million for failing to abide by these requirements, a track record that makes it very clear that premerger reporting is an important obligation for all firms. Where companies violate the Act, regardless of whether they are U.S. or foreign, they can expect swift and vigorous enforcement action and stiff penalties.

»This acquisition demonstrates why Congress mandated premerger review of deals that threaten to raise prices, hurt competition or create monopolies. Absent FTC enforcement, this transaction would have raised piston prices by as much as $25 million a year. The divestiture we are requiring here will prevent a monopoly from forming and should save diesel engine manufacturers and, ultimately their consumers, millions of dollars,« Baer added.

> Both Mahle GmbH and Metal Leve S.A. manufacture diesel engine parts, including pistons, through U.S. subsidiaries – Mahle, Inc., located in Morristown, Tennessee; and Metal Leve, Inc., based in Ann Arbor Michigan, respectively.
>
> The FTC said today that its attorneys will allege in court pleadings that Mahle acquired 50.1 percent of the voting securities of Metal Leve for approximately $40 million on or before June 26, 1996, without Mahle and Metal Leve first filing the required notification and report forms with the FTC and the Department of Justice. The Hart-Scott-Rodino Act, commonly referred as the HSR Act, requires companies under certain conditions to file such a notification and then to wait a specified time while one of the two agencies reviews the transaction. The HSR Act applies to acquisitions between foreign firms as well as domestic firms, where the companies have substantial U.S. sales or assets. According to the FTC, the government will allege that both Mahle and Metal Leve knew that their deal posed serious antitrust problems and completed this transaction knowing that they were violating the HSR Act. In fact, the government will allege, both Mahle and Metal Leve considered reporting under the HSR Act as a trade-off between the costs of compliance with the Act and the potential risks of civil penalties. According to the FTC, Mahle and Metal Leve did not file the required HSR notifications until July 22, 1996, nearly a month after closing the deal, and the FTC thereafter issued requests for additional information, extending the HSR waiting period. Companies in violation of the HSR Act can be subject to civil penalties of up to $11,000 per day.
>
> The settlement of these charges, to be filed in federal district court, provides for the maximum civil penalties allowed under law from both Mahle and Metal Leve from the date of the acquisition until the companies file an application acceptable to the FTC for divestiture of Metal Leve's U. S. business, as required by the administrative settlement announced today.
>
> Pressemitteilung der Federal Trade Commission vom 27.02.1997

Die Feststellung potentieller Wettbewerbsbeschränkungen im Rahmen einer geplanten Transaktion muss nicht unbedingt ihr Ende bedeuten. Den Parteien steht eine Reihe von Argumenten zur Verfügung, warum die geplante Transaktion trotz ihrer wettbewerbsbeschränkenden Auswirkungen genehmigt werden sollte. Zum Beispiel, wenn der Vollzug der Transaktion bestimmte Vorteile (*efficiencies*) am Markt mit sich bringen würde, die die Nachteile des beschränkten Wettbewerbs überwiegen, könnte die Kartellbehörde ihre Zustimmung erteilen. Eine derartige Argumentation ist jedoch nicht leicht und setzt intensive betriebswirtschaftliche Untersuchungen voraus. Grundsätzlich sind die Vor- und Nachteile durch die Kartellbehörden zu prüfen.

Als letzter Punkt zum Thema Anzeigepflicht und kartellrechtliche Genehmigung ist zu bemerken, dass in der Zeit zwischen der Meldung und der Reaktion der Kartellbehörden keinerlei strukturelle Änderungen auf Seiten der Beteiligten erlaubt sind. In der Annahme, dass die Kartellbehörde ihre Genehmigung erteilen wird, dürfen die Parteien natürlich diskutieren und planen, wie die Situation nach Vollzug der Transaktion aussehen soll. Typische Beispiele solcher internen Veränderungen im Zusammenhang mit einer Beteiligung, Fusion oder einem Unternehmenskauf sind die Vereinheitlichung von Geschäfts- beziehungsweise Vertragsbedingungen, die Koordination diverser Funktionen wie Produktion und Vertrieb. Vor Erteilung der Genehmigung durch die Kartellbehörde dürfen solche Maßnahmen jedoch nicht umgesetzt werden (in der Fachsprache als »*gunjumping*« bezeichnet), da sonst hohe Bußgelder und Sanktionen drohen.

Ausnahmen vom Verbot von Wettbewerbsbeschränkungen aus kooperativen Tätigkeiten:

National Cooperative Research and Production

Der Gesetzgeber hat erkannt, dass die Kooperation zwischen Wettbewerbern – trotz der anscheinend entschärften Wettbewerbssituation – unter Umständen von Vorteil sein kann. Ein klassisches Beispiel sind gemeinsam durchgeführte wissenschaftliche oder sonstige Forschungsaufgaben *(R & D)*, die ohne die Kooperation der beteiligten Parteien aufgrund der häufig sehr hohen Kosten sonst möglicherweise gar nicht hätten durchgeführt werden könnte. Um eine solche kooperative Geschäftstätigkeit zu unterstützen, die insofern nicht als wettbewerbsschädlich angesehen wurde, verabschiedete der Kongress den »*National Cooperative Research and Production Act*« (NCRPA), der 1993 überarbeitet wurde, um die Anwendung des US-amerikanischen Wettbewerbsrechts bei gemeinschaftlichen *R&D* oder Gemeinschaftsproduktionen klarzustellen. Dadurch wurde erreicht, dass Strafen, die sich auf den dreifachen Schadensersatz belaufen können, auf den tatsächlich entstandenen Schaden reduziert wurden, dies aber nur unter der Voraussetzung, dass die Beteiligten über das Projekt berichten und die Tätigkeit im Rahmen der gemeldeten Aktivitäten liegt.

Somit stellt der NCRPA sicher, dass private Kläger wegen kartellrechtlicher Verstöße Schadensersatz verlangen können. Das gilt aber nur insoweit als

1) die Hauptproduktionsstätte in den USA ist und
2) die Kooperationspartner entweder US-Staatsbürger oder Staatsbürger eines Landes sind, in welchem das Prinzip der Inländerbehandlung bei der Anwendung des jeweiligen Kartellrechts respektiert wird.

Dadurch, dass amerikanische Unternehmen in Deutschland wie inländische Organe aufgrund der allgemeinen bilateralen Abkommen (Friendship, Commerce and Navigation Treaty) und der WTO-Prinzipien behandelt werden, profitieren Gemeinschaftsprojekte auch in den USA von den Erleichterungen.

> **Beispiel aus der Praxis**
>
> Ein amerikanisches Unternehmen hat die weltweiten Patentrechte für die Herstellung künstlicher Organe und Körperteile. Es hat sich aber bisher nur auf den Markt in Nordamerika konzentriert. Ein deutsches Unternehmen hat auch relevante Patentrechte sowie eine bestehende Vertriebsorganisation in Europa. Durch Ausnutzung der erleichterten Regelungen hinsichtlich der Kooperation zwischen Unternehmen, die sonst Konkurrenten sind, können sie eine Joint Venture Gesellschaft zur gemeinsamen Entwicklung neuer Produkte gründen.

Kartellrecht und gewerbliche Schutzrechte

Wegen der potentiell wettbewerbsbeschränkenden Aspekte, die mit dem Verkauf bzw. der Übertragung von gewerblichen Schutzrechten verbunden sind, prüfen das *U.S. Department of Justice's Antitrust Division* und die *Federal Trade Commission* Übertragungen und Lizenzierungen von Patenten, Markenrechten, Know-how, Urheberechten.

Anzeigepflichten

Es mag auf dem ersten Blick nicht ersichtlich sein, weshalb Patentübertragungen oder die Erteilung von Lizenzen kartellrechtlich relevant sein können. Da diese Rechte aber dem Inhaber eine Art Monopol einräumen, kann die Übertragung solcher Rechte wettbewerbsbeschränkende Konsequenzen haben. Die Kontrollbehörden vertreten daher die Auffassung, dass die Patentübertragung oder die Erteilung von Lizenzen eine Vermögensübertragung (*transfer of assets*) darstellt. Dies könnte eine Anzeigepflicht unter dem HSR zur Folge haben, selbst wenn die Lizenz zeitlich und/oder räumlich beschränkt ist.

> **Die gemäß dem HSR Act anzeigepflichtigen Lizenzvereinbarungen**
>
> Nur Exklusivlizenzen (*exclusive licenses*), die dem Lizenzgeber das ausschließliche Recht zur Nutzung des Lizenzgegenstands einräumen, kommen als mögliche anzeigepflichtige Vorgänge in Betracht. Normalerweise dauert die Prüfung durch die Kartellbehörden maximal 30 Tage. Wenn eine Partei ihre Anzeigepflicht vernachlässigt, kann sie mit Bußgeldern in Höhe von bis zu 11000,00 Dollar pro Tag bestraft werden. In spektakulären Fällen beliefen sich die Beträge der Bußgelder auf mehrere Millionen Dollar!
>
> Eine mögliche Anzeigepflicht unter dem HSR Act greift nur dann, wenn drei Voraussetzungen erfüllt sind:
>
> 1. *Commerce test;* wenn der Lizenzgeber oder der Lizenznehmer bundesstaatliche grenzüberschreitende Geschäfte betreibt (sog. *interstate commerce*, welche die Zuständigkeit der Bundesregierung bzw. der Bundesbehörden verfassungsrechtlich begründet).
> 2. *Size of the person test;* wenn der Lizenzgeber oder der Lizenznehmer einen Jahresumsatz von 100 Mio. Dollar oder mehr erwirtschaftet und die andere Partei (Lizenznehmer bzw. Lizenzgeber) einen Jahresumsatz von 10 Mio. Dollar oder mehr hat. Die Umsätze werden aus der Bilanz des jeweilig letzten Geschäftsjahres gezogen. Die Umsätze verbundener Unternehmen müssen mitberechnet werden, entweder über eine Konzernbilanz oder durch die Addition der Umsätze. Diese Prüfung gilt nur für Transaktionen mit einem geschätzten Wert von über 50 Mio. Dollar, aber von weniger als 200 Mio. Dollar.
> 3. *Size of the transaction test;* wenn als Folge der Transaktion die erwerbende Partei Assets der anderen Partei oder eine Beteiligung an dieser in Höhe von 50 Mio. Dollar erhält. Die Bewertung der Assets ist der Kaufpreis oder der Marktpreis (*fair market value*), je nachdem, welcher größer ist. Da eine Bewertung im Wege der »*fair market value*«-Methode von der Art der Lizenz abhängt, haben die Parteien

> Gestaltungsspielraum (zum Beispiel die Erstreckung der Lizenzgebühren über einen längeren Zeitraum oder die Zahlung der Lizenzgebühr in Form von Zinsen). Es ist es den Parteien möglich, Konstruktionen zu entwickeln, die unter den gesetzlichen Schwellenwerten liegen.

Selbst wenn alle Kriterien erfüllt sind, gibt es einige Ausnahmen im Hinblick auf die Anzeigepflicht nach dem HSR. Diese Ausnahmen sind recht kompliziert und können hier nicht genauer erläutert werden. Sollte nicht eindeutig sein, ob eine geplante Übertragung beziehungsweise Lizenzierung anzeigepflichtig ist, sollte eine detaillierte Prüfung und gegebenenfalls eine Anpassung der vertraglichen Bedingungen vorgenommem werden.

Lizenzierung: unzulässige Geschäftspraktiken

Ob anzeigepflichtig oder nicht, Vereinbarungen über die Lizenzierung von gewerblichen Schutzrechten können als wettbewerbsschädlich betrachtet werden. Typische Problembereiche sind die Anbindung von Patentlizenzen an andere Produkte oder Dienstleistungen (*tying*) und die Kombination oder Verbindung von Patentlizenzen mit der Anbindung eines Patents an den Kauf von Teilen oder Komponenten vom Lizenzgeber. Den Lizenznehmern wird es freigestellt, ausschließlich die gewerblichen Schutzrechte, nicht aber die Waren oder Dienstleistungen des Lizenzgebers zu kaufen beziehungsweise dafür Lizenzen zu erwerben. Nur wenn der Lizenzgeber erfolgreich argumentieren kann (und das versucht er in der Regel), dass aus technischen Gründen nur seine Produkte beziehungsweise Dienstleistungen in Zusammenhang mit der lizenzierten Technik oder den Produkten verwendet werden dürfen, sind solche zwangsläufigen Kombinationen bzw. Anbindungen erlaubt. Wenn wir Computer oder Drucker als Beispiel nehmen, so verbieten die Lizenzgeber häufig die Nutzung von Teilen oder Komponenten anderer Unternehmen. Sollte sich das nicht so einfach durchsetzen lassen, schließen sie ihre Gewährleistungen und Garantien aus, falls der Lizenznehmer diese trotz Verbots einsetzt.

Der Inhaber von gewerblichen Schutzrechten kann grundsätzlich nicht gezwungen werden, diese zu lizenzieren. Die Auffassung der Kartellbehörden bestätigt das *Common Law*-Prinzip der Vertragsfreiheit. Man soll die eigenen Geschäftspartner frei wählen können. Eine Ausnahme hierzu bilden so genannte *essential facilities* (wesentliche Einrichtungen). Dies sind zum Beispiel Bahngleise, Telefon- und Kabelverbindungen, die für den Zugang zu einem Markt a) unentbehrlich sind und b) so hohe Investitionen voraussetzen, dass der Aufbau neuer Einrichtungen wirtschaftlich nicht vertretbar wären. Werden solche *essential facilities* von einer Partei kontrolliert, kann diese von den Kartellbehörden gezwungen werden, diese Einrichtungen Wettbewerbern zu einem fairen Marktpreis zugänglich zu machen. Dieser Grundsatz ist auch im Rahmen der letzten Novellierung des deutschen Kartellrechts in das GWB aufgenommen worden. Die Deutsche Telekom war eine der ersten, die hiervon in Deutschland betroffen war. Für die meisten Unternehmen ist die Wahrscheinlichkeit einer solchen zwangsweisen Lizenzvergabe sehr gering, da es generell nur Einrichtungen betrifft, die faktisch einmalig bzw. schwer duplizierbar sind, wie beispielsweise das gesamte Gleisnetz der Deutschen Bundesbahn.

Bitte beim Einwohnermeldeamt melden: Registrierungspflicht für ausländische Investoren in den USA

Ein wenig bekanntes, aber bedeutendes Gesetz ist das »*International Investment and Trade in Services Survey Act*« (1976). Nach diesem Gesetz müssen ausländische Investoren, die eine Stimmrecht von mindestens 10 Prozent an einem US-Unternehmen erwerben, dieses dem »*Bureau of Economic Analysis*« (*BEA*) melden. Die Folgen einer Unterlassung sind hohe Bußgelder oder sogar Haftstrafen.

Von dieser Meldepflicht sind Ausländer betroffen, die ihren Wohnsitz außerhalb der USA haben oder der Rechtsprechung eines anderen Landes unterworfen sind. Weiterhin muss es sich um ein »*direct investment*« handeln. Dies ist der Fall, wenn eine Person eine direkte oder indirekte Kontrolle oder Eigentum an einem in den USA eingetragenen Unternehmen im Wege einer mindestens 10 Prozent Beteiligung erwirbt. Das betroffene US-Unternehmen muss zudem über Vermögenswerte von mehr als 3 Mio. Dollar verfügen. Auch der Erwerb von Grundbesitz fällt, sofern nicht ausschließlich für die persönliche Nutzung beabsichtigt, unter die Meldepflicht. Die Meldung muss in der Regel innerhalb von 45 Tagen nach der Transaktion eingereicht werden.

Ein Verstoß gegen die Meldepflicht kann ein Bußgeld in Höhe von 2500 Dollar bis zu 25 000 Dollar und/oder den Erlass einer einstweiligen Verfügung zur Folge haben. Ein vorsätzliches Unterlassen führt zu einem Bußgeld bis zu 10000 Dollar und/oder eine Haftstrafe von bis zu einem Jahr.

Personen, die von der Missachtung der Meldepflicht Kenntnis haben, selbst aber zu einer solchen nicht verpflichtet sind, können ähnlich hart bestraft werden. Dies betrifft Vorstandsmitglieder, Direktoren, Bevollmächtigte des Unternehmens und deren Angestellte. Auch Berater, wie Rechtsanwälte, Wirtschaftsprüfer und Makler sind zur Meldung an das BEA verpflichtet, wenn sie durch ihre Mitwirkung an derartigen Transaktionen Kenntnis über die Investitionen haben.

> **(Alb)traum und Wirklichkeit**
> Obwohl das IITSSA sehr harte Strafen für die Verletzung seiner Vorschriften hat, werden diese in der Praxis von der Aufsichtsbehörde selten gebraucht. Es ist auch aus der Sicht der Gleichbehandlungsprinzipien, die in dem WTO-Abkommen sowie den bilateren Verträgen zwischen Deutschland und den USA verankert sind, unklar, ob die USA die strikte Einhaltung (*Conformance*) der gesetzlichen Bestimmungen von ausländischen Unternehmen verlangen kann. Jedoch ist es empfehlenswert, die Formulare vollständig und rechtzeitig einzureichen. Niemand hat Lust, ein Testfall (*test case*) zu sein. Viele Reibereien mit Aufsichtsbehörden schaden außerdem dem öffentlichen Ansehen des Unternehmens.

Ebenso wichtig ist die Pflicht, sich bei der jeweils zuständigen Behörde im Bundesstaat zu melden (*registration of foreign corporation doing business in state*), da sonst hohe Bußgelder drohen. Genaue Auskunft wird von den Behörden erteilt.

Auswirkungen auf die Kapitalmärkte: das US-Wertpapierrecht

Securities, oder Wertpapiere, sind die Währung, in der viele Unternehmen finanziert werden. Sobald ein Unternehmen seine Wertpapiere dem US-Publikum zum Erwerb anbietet, z.B. im Rahmen eines Börsengangs oder M&A Deals, unterliegt es automatisch der strengen Aufsicht der *Securities and Exchange Commission* (*SEC*) und den Vorschriften des US-Wertpapierrechts. Die Verpflichtungen nach den *securities laws* unterteilen sich grundsätzlich in zwei Arten: *registration* und *reporting*. Unter *registration* versteht man die Verpflichtung des Unternehmens als Emittent, einen Prospekt über das Unternehmen zu erstellen und diesen durch die SEC noch vor dem Angebot der Wertpapiere an private Anleger prüfen und genehmigen lassen.

Nachdem die Wertpapiere beziehungsweise das Unternehmen ordnungsgemäß zugelassen sind, unterliegt das Unternehmen umfangreichen Berichtspflichten gegenüber der SEC. Insbesondere hinsichtlich Entwicklungen oder Ereignissen, die den Kurs des Unternehmens beeinflussen könnten. Die US *securities* laws sind fast 70 Jahre alt und mittlerweile sehr detailliert und komplex geworden. Das deutsche Wertpapierrecht basiert zum grossen Teil auf dem US-Wertpapierrecht. Es besteht eine *Memorandum of Understanding* zwischen der SEC und dem Bundesaufsichtamt für Finanzen (BAFin, ehemalige Bundesaufsichtsamt für den Wertpapierhandel, oder BAWE), welche die Zusammenarbeit in grenzüberschreitenden Fällen vorsieht.

Listing in den USA

Der Hauptanreiz einer Zulassung zum Handel an der Börse in den USA ist die Möglichkeit, Kapital zu guten Konditionen zu beschaffen, möglicherweise sogar in beträchtlicher Höhe. Ein *Listing* in den USA wird zwischen dem Unternehmen (dem Emittenten), einer Investmentbank (die dafür verantwortlich ist, die Wertpapiere auf dem Markt verfügbar zu machen), den Börsenkontrollbehörden (zum Beispiel die »SEC« und die »*state securities regulators*«), den Börsen (NASDAQ, NYSE) und den Rechtsanwälten koordiniert. Es gibt verschiedene Möglichkeiten, Aktien im Markt anzubieten: z. B. ein *initial public offering* oder IPO einer nach US-Recht gegründeten Gesellschaft oder das Angebot von Aktien einer im Ausland gegründeten Gesellschaft (für Deutschland oder die Schweiz, die Aktiengesellschaft) in der Form von sog. *American Depository Shares* (ADS's) oder *American Depository Receipts*). Bei der zweiten Variante – der häufigste Weg zum US-Kapitalmarkt für ausländische Unternehmen – wird über den Mechanismus der ADS bzw. ADR in die ausländische Gesellschaft investiert. Eine entsprechende Zahl der Aktien, die als ADSs oder ADRs verkauft worden sind, müssen in einem Depot aufbewahrt werden.

Bei einem IPO werden Wertpapiere im Allgemeinen auf der Grundlage eines Dokuments, dem Emissionsprospekt, gekauft und verkauft. Dieser enthält Informationen über das Unternehmen und seine Geschäfte. Die in dem Prospekt enthaltenen Informationen können positiv dargestellt werden, müssen aber zur gleichen Zeit wahrheitsgetreu sein, d.h. jederzeit nachprüfbar. Lob ist erlaubt, jedoch müssen spekulative Informationen klar als solche kenntlich gemacht werden.

Zusätzlich zum Emissionsprospekt kann die Geschäftsleitung so genannte »*road shows*« durchführen, in denen ein Team vor dem tatsächlichen Börsengang eine Verkaufspräsentation für interessierte Anleger organisiert. Weil diese Präsentationen auch die Bereitstellung von Informationen für ein anlageinteressiertes Publikum beinhaltet, enthält das Wertpapierrecht auch Regelungen bezüglich der Durchführung dieser »*road shows*«. Neue Technologien, insbesondere das Internet, stellen eine neue Dimension des Begriffs der »*road show*« dar – und somit auch der Gesetze, die diese regeln.

Die Notierung der Aktien an der Börse eröffnet vielerlei strategische Möglichkeiten in Bezug auf die Erweiterung und Leitung der Gesellschaft. Zusätzlich zu der Investitionsfunktion in den Kapitalmärkten ist das Wertpapier eine Art gemeinsame Währung unter den Gesellschaften und kann dazu verwendet werden, alle möglichen organisatorischen und strukturellen Veränderungen innerhalb der Gesellschaft durchzuführen.

Erfolgreiche Platzierung

Durch ein erfolgreiches Listing in den USA kann es Emittenten gelingen, viel Fremdkapital zu beschaffen. Ende der neunziger Jahren erlebten die Kapitalmärkte einen Boom, wie er seit langem schon nicht mehr gesehen worden war. Insbesondere im Internet- und Telekom-Bereich stiegen die Aktienkurse steil nach oben. Sehr viele IPOs wurden überzeichnet und viele Anleger versuchten, *fast money* zu verdienen. Zunehmend wurden Plazierungen auf mehreren internationalen Kapitalmärkten durchgeführt, um möglichst viel Kapital zu beschaffen und den Anlegerkreis weltweit zu streuen. Für das Management bringt die erfolgreiche Durchführung einer IPO oder sonstiger Emission nicht nur zusätzliches Kapital für dem Ausbau des Geschäfts oder Akquisitionen, sondern auch oft Lob von der Anlegerseite und der Fachpresse.

Class action Verfahren wegen Verstoßes gegen die Wertpapiergesetze (*securities laws*)

Nicht jede IPO oder Emission hatte jedoch ein »Hollywood Ending« – nicht einmal die von kalifornischen Unternehmen. Die Kehrseite der Medaille ist das Risiko, dass man sich eine neue Gruppe potenzieller Kläger ins Boot holt, nämlich die Anleger. Solange der Kurs sich gut entwickelt, sind die Anleger generell zufrieden. Sollte aber der Kurs nach der Platzierung plötzlich ganz schnell fallen, besteht das Risiko einer *class action* wegen Prospekthaftung. In den USA ist dieses Gebiet sehr weit entwickelt, mit Anwaltskanzleien, die sich sowohl auf der Emittentenseite als auch auf der Klägerseite darauf spezialisiert haben. Darüber hinaus gibt es eine Reihe von Dienstleistern (Softwarehäuser, Litigation Support Firmen), die den Beteiligten an einer *class action* Unterstützung anbieten. Daraus ist eine Art *class action*-Industrie oder -Infrastruktur entstanden, mit der Folge, dass jedes Verkaufsprospekt und jede durchgeführte Emission genau unter die Lupe genommen wird. Trotz der Vielzahl von Vorsorgemaßnahmen, die bei der Planung einer IPO bzw. Emission getroffen werden, besteht immer das Risiko, dass man mit einer *class action* konfrontiert wird.

Angebot von Wertpapieren ohne Registrierung beziehungsweise Unterwerfung der SEC-Vorschriften

Weil auf dem Unternehmen eine beachtliche Informationspflicht und ein beachtliches Haftungsrisiko lastet, versuchen viele Gesellschaften, besonders die kleineren, die Berichtspflichten zu umgehen, indem sie speziell geschaffene Ausnahmen zur Prospekt- beziehungsweise zur Registrierungspflicht nutzen.

Eine Befreiung von diesen Erfordernissen gründet sich auf den Wert der ausgegebenen Aktien und/oder auf die Tatsache, dass die Ausgabe an »*sophisticated investors*« erfolgt. Letzteres wird damit begründet, dass diese nicht in dem gleichen Maße Schutz benötigten wie normale Anleger. Die Regelungen bezüglich dieser so genannten *private placements* sind umfangreich und kompliziert. Ein Überblick über die Regelungen wird in folgendem Diagramm gegeben. Aufgrund der hohen Risiken, die mit dem Angebot von prospektpflichtigen Wertpapieren verbunden sind, sollte man sich nur mit fachmännischer Unterstützung auf diese Ausnahmen verlassen. Die Konsequenzen einer illegalen Emission von Wertpapieren in den USA oder deren Verkauf an US-amerikanische Anleger sind enorm.

Publizitätspflichten (*disclosure rules*)

Die USA hatten den berühmten Fall ENRON. Aber die Deutschen hatten auch einen für das US-Wertpapierrecht berühmten Fall, den Fall E.ON. Die beiden Fälle unterscheiden sich jedoch in mehr als nur zwei Buchstaben voneinander. Das SEC-Verfahren gegen E.ON ist ein Beispiel für die umfassende Anwendung des US-Wertpapierrechts sowie die Wichtigkeit der Offenlegungs- bzw. Publizitätspflichten aller Unternehmen, die den SEC

Ausländische Aktiengesellschaften (*Non-US companies*): Besteht eine SEC-Registrierungspflicht?

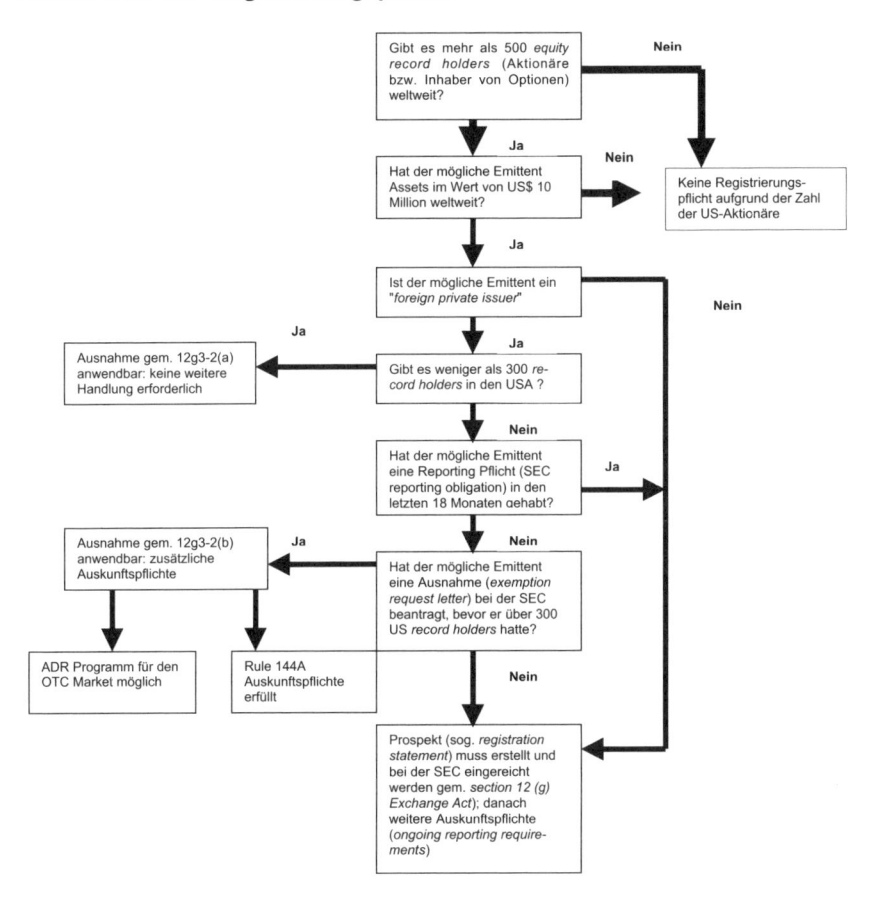

```
                                    ┌─────────────────────────┐
                                    │ Gibt es mehr als 500    │      Nein
                                    │ equity record holders   ├──────────┐
                                    │ (Aktionäre bzw. Inhaber │          │
                                    │ von Optionen) weltweit? │          │
                                    └───────────┬─────────────┘          │
                                              Ja                         │
                                                ▼                        ▼
                                    ┌─────────────────────────┐    ┌──────────────────┐
                                    │ Hat der mögliche        │Nein│ Keine Registrie- │
                                    │ Emittent Assets im Wert ├───▶│ rungspflicht auf-│
                                    │ von US$ 10 Million      │    │ grund der Zahl   │
                                    │ weltweit?               │    │ der US-Aktionäre │
                                    └───────────┬─────────────┘    └──────────────────┘
                                              Ja
                                                ▼
                                    ┌─────────────────────────┐
                                    │ Ist der mögliche        │       Nein
                                    │ Emittent ein            ├─────────────┐
                                    │ "foreign private issuer"│             │
                                    └───────────┬─────────────┘             │
                                              Ja                            │
┌───────────────────────┐  Ja       ┌─────────────────────────┐             │
│ Ausnahme gem. 12g3-2(a)│◀─────────┤ Gibt es weniger als 300 │             │
│ anwendbar: keine wei-  │          │ record holders in den   │             │
│ tere Handlung          │          │ USA?                    │             │
│ erforderlich           │          └───────────┬─────────────┘             │
└───────────────────────┘                    Nein                           │
                                                ▼                           │
                                    ┌─────────────────────────┐             │
                                    │ Hat der mögliche        │             │
                                    │ Emittent eine Reporting │  Ja         │
                                    │ Pflicht (SEC reporting  ├─────────┐   │
                                    │ obligation) in den      │         │   │
                                    │ letzten 18 Monaten      │         │   │
                                    │ gehabt?                 │         │   │
                                    └───────────┬─────────────┘         │   │
┌───────────────────────┐  Ja             Nein                          │   │
│ Ausnahme gem. 12g3-2(b)│◀──────── ┌─────────────────────────┐         │   │
│ anwendbar: zusätzliche │          │ Hat der mögliche        │         │   │
│ Auskunftspflichte      │          │ Emittent eine Ausnahme  │         │   │
└──────────┬────────────┘           │ (exemption request      │         │   │
           │                        │ letter) bei der SEC     │         │   │
           ▼                        │ beantragt, bevor er     │         │   │
┌───────────────────────┐           │ über 300 US record      │         │   │
│ ADR Programm für den  │           │ holders hatte?          │         │   │
│ OTC Market möglich    │           └───────────┬─────────────┘         │   │
└───────────────────────┘                     Nein                      │   │
                      ┌───────────────┐         ▼                       │   │
                      │ Rule 144A     │   ┌─────────────────────────┐◀──┘   │
                      │ Auskunfts-    │   │ Prospekt (sog. registra-│◀──────┘
                      │ pflichte      │   │ tion statement) muss    │
                      │ erfüllt       │   │ erstellt und bei der SEC│
                      └───────────────┘   │ eingereicht werden gem. │
                                          │ section 12 (g) Exchange │
                                          │ Act); danach weitere    │
                                          │ Auskunftspflichte       │
                                          │ (ongoing reporting      │
                                          │ requirements)           │
                                          └─────────────────────────┘
```

Abbildung 6.1: SEC-Registrierungspflicht

Vorschriften unterliegen. Er ist ebenfalls dafür beispielhaft, dass die strengen Publizitätsvorschriften der SEC, die 2001 noch verschärft wurden, nicht nur im Rahmen einer IPO oder Emission relevant werden. Darüber hinaus zeigt der Fall E.ON, dass die Publizitätsvorschriften der SEC Ereignisse oder Entwicklungen betreffen, gleichgültig wo diese stattfinden oder angesiedelt sind. Letztlich ist aus dem Fall die Lehre zu ziehen, dass ein Emittent nicht von den entsprechenden rechtlichen Bestimmungen »zu Hause« ausgehen kann. Manchmal sind feine Unterschiede ausschlaggebend – wie das Sprichwort sagt: »Der Teufel liegt im Detail«.

Der Fall E.ON

A. Summary:

Veba, one of Germany's five largest industrial holding companies with securities registered with the Commission under the Exchange Act, engaged in a month-long, deliberate pattern of issuing materially false denials concerning merger negotiations with Viag AG (»Viag«), another large German company. Beginning July 29, 1999 and continuing until August 31, 1999, Veba made a series of statements in which it falsely denied press reports that it was engaged in merger negotiations with Viag. In fact, as of July 29, the two companies had, among other things, executed a confidentiality agreement, retained investment bankers and legal advisors, exchanged financial forecasts, and engaged in high-level talks concerning proposed deal structures, valuation methods, corporate governance and other merger issues.

Veba's repeated denials were widely disseminated in Germany and were also reported in the United States. Certain denials, drafted by Veba in both German and English, were made with the expectation that the denials would be published by the U.S. press and read by U.S. investors. Veba's denials were made pursuant to a policy of »absolute denial.« This policy was implemented in June 1999 at the direction of Veba's CEO and the Chairman of its Board of Management (»Chairman«). The policy was maintained until August 31, 1999. On September 1, 1999, Veba publicly acknowledged for the first time that it had been engaged in merger negotiations and had agreed with Viag on the framework of a merger.

B. Respondent

E.ON AG, formerly Veba, is a German corporation that was formed as a result of the merger between Veba and Viag. The combined entity is Germany's third largest industrial holding company encompassing industries such as energy, chemicals, real estate management and telecommunications. In 1997, prior to its merger with Viag, Veba registered with the Commission pursuant to Section 12(b) of the Exchange Act and began to list its ADRs on the NYSE. The total number of ADRs outstanding in 1999 fluctuated between 1.3 and 1.6 million. Worldwide, Veba had approximately 500 million shares outstanding. According to Veba's 1999 Annual Report on Form 20-F, U.S. investors owned approximately 11 percent, or $3.3 billion, of Veba's outstanding share capital. Veba's shares were listed on all eight German stock exchanges, as well as those in Amsterdam, Vienna and Switzerland. E.ON's executive offices are located in Düsseldorf, Germany. Veba's market capitalization in July 1999 approximated $30 billion. Total revenues in 1999 exceeded $50 billion. Veba had a significant presence in the U.S. In 1999, companies under Veba's control had 12,300 U.S.-based employees, and Veba derived approximately $4 billion, or eight percent of its 1999 revenues, from its U.S. operations. Veba also owned a controlling interest in MEMC Electronic Materials, a NYSE-listed company.

C. The Status of Merger Negotiations as of July 29, 1999

In April 1999, Veba's Chairman, and Viag's CEO and Chairman, met to discuss a possible merger of the two companies.... By July 29, Veba and Viag had retained investment bankers and legal counsel to advise on the merger negotiations, exchanged financial forecasts, executed a confidentiality agreement, advised the German Cartel Office of the potential merger and engaged in high-level discussions concerning proposed deal structures, valuation methods, corporate governance and related merger issues.

D. Veba's Corporate Communication Policies

... Veba's Chairman implemented [a] policy of »absolute denial« within Veba. The policy was implemented because Veba was concerned that disclosure might decrease its ability to obtain the support of labor, government officials and German state governments, particularly the support of the Free State of Bavaria which had the ability to veto the merger (the merger required 75 percent shareholder approval and Bavaria owned 25.1 percent of Viag's stock). Veba's Chairman, Veba's Director of Corporate Communications, and Veba's Spokesperson were the only persons authorized to speak or issue statements to the press on behalf of Veba ...

E. Veba Falsely Denies that it is in Merger Negotiations

1. Veba's First Denial: On [Thursday, July 29, 1999.] a reporter for the German newspaper *Handelsblatt* advised Veba's Spokesperson that he had information that Veba and Viag had delivered a so-called »Voranfrage« or preliminary request to the German Cartel Office seeking the preliminary approval of a merger. Veba was asked to comment. After consulting with the CLO, the Spokesperson accurately told the reporter that a preliminary request had not been delivered to the Cartel Office.

When asked how he explained this information, the Spokesperson responded »I've got the impression that it's one of many speculations in the air at this time.« ...

2. Veba's Subsequent False Denials (*Zusammenfassung der Reaktion von VEBA auf diverse Artikel (Handelsblatt, Manager Magazine, Wirtschaftswoche, Focus) zwischen den 16. Und 28. August 1999*)

F. Veba Begins to Say »No Comment« in Response to Press Inquiries

On Monday, August 30, Veba's CLO and a Viag representative met with the Cartel Office in Berlin. ... After discussing the matter and Veba's policy of denial, the Chairman advised the Director of Communications that she could respond to future press inquires about merger negotiations by stating that Veba had »no comment.« This change was made because the Chairman believed that the likelihood of the merger being completed was much greater and because the press was asking questions about specific aspects of the merger. On August 31, Veba made its first statements to the press using »no comment.«

G. Veba and Viag Publicly Confirm Merger Discussions

... On September 2, the *Wall Street Journal* published an article referencing the comments of the two Chairmen made on September 1. This article, which was distributed within Veba, stated in part: »After weeks of speculation and investor confusion because of the companies' repeated denials, trading in Veba and Viag shares soared Wednesday.« There were no discussions within Veba at any time concerning whether to correct its past statements.

On September 26, Veba's Supervisory Board approved the Memorandum of Understanding between Veba and Viag. On September 27, Veba and Viag signed the Memorandum of Understanding and held a joint press conference to announce the merger.

H. Veba's Denials Caused Investor Confusion

Throughout the month of August 1999, Veba received between 10 and 30 press inquiries per day concerning the rumored merger. Veba consistently responded to each of these inquiries by denying the existence of any merger discussions. In addition, Veba responded proactively by drafting and providing statements to the press denying any negotiations. Veba's senior management was directly involved in drafting and approving public statements that they knew were false. Veba's policy of denial caused a period of investor confusion that continued through September 1. Over the month of denials, the price of Veba's ADRs fluctuated between 59 1/2 and 66 1/4.

I. Legal Discussion

[U.S. securties laws] prohibit an issuer from making public statements that are false or that fail to include material facts necessary to make the statements made, in light of the circumstances under which they are made, not misleading. .. Where a corporation denies the existence of merger negotiations, or makes a partial disclosure of information, it is under a duty to disclose material facts necessary to make the statements not misleading. ..In addition, an issuer has a duty to correct statements made by its corporate representatives which it learns were misleading or inaccurate when made ...

Veba violated [U.S. securties laws] by deliberately issuing a series of materially false and misleading statements over a month-long period in which it denied the existence of any merger discussions or negotiations with Viag. These statements, which were drafted and provided to the press at the direction of Veba's senior management, were made at a time when the negotiations had advanced to a point where they were material. In fact, as of July 29, 1999, investment bankers and legal counsel had been retained to advise on the merger, negotiations had occurred at the highest corporate levels, financial forecasts had been exchanged, a confidentiality agreement had been signed and the German Cartel Office had been advised of the discussions relating to a potential merger between Veba and Viag. Moreover, Veba drafted certain statements in English in anticipation that such statements would be carried by the English-speaking press...These articles were then disseminated to Veba's senior management, which failed to correct the false and misleading statements.

The Commission recognizes that disclosure practices and laws regarding the existence of merger negotiations may differ in other jurisdictions. Where jurisdictional requirements are met, however, there is no safe harbor for foreign issuers from violations of the antifraud provisions of the U.S. federal securities laws. The Commission will not apply a different standard with respect to foreign issuers commenting on merger discussions or negotiations. When a foreign issuer voluntarily avails

> itself of the opportunities in the U.S. capital markets, it must adhere to the U.S. federal securities laws.
>
> **J. Findings**
> Based on the foregoing, the Commission finds that E.ON AG (formerly Veba AG) committed violations of [U.S. securties laws].
>
> Pressemitteilung der Securieties and Exchange Comission vom 28. 09. 2000

Überlebensfähig?: Zahlungsunfähigkeit, Liquidation und Reorganisation

Nicht jedes Geschäft ist von Erfolg gekrönt. Märkte sind gesättigt. Produkte veralten oder werden von Neuentwicklungen überholt. Wettbewerber bieten bessere Waren oder Dienstleistungen an. Was auch immer die Ursachen für das Scheitern eines Unternehmens sein mag, die Finanzstärke eines Unternehmens wird bestimmen, wie und für wie lange es existieren wird. Im schlimmsten Fall muss eine Firma Insolvenz anmelden und abgewickelt werden. Das ist ein Prozess, der den Verkauf von Vermögenswerten und Zahlungen an Gläubiger zur Folge hat sowie die Verteilung der verbleibenden Vermögenswerte im Verhältnis zu den gehaltenen Anteilen auf die Aktionäre. Oder aber das Unternehmen durchlebt eine Zeit temporärer finanzieller Turbulenzen. In diesem Fall ist es möglich, mittels einer Reorganisation vorübergehend Schutz vor Gläubigern zu erhalten, um so zu versuchen, die Gesellschaft zu erhalten. Liquidation beziehungsweise die Reorganisation von Gesellschaften in den USA kann wesentliche Auswirkungen auf verbundene deutsche Unternehmen haben, sei es, dass die US-amerikanische Gesellschaft eine Tochter einer deutschen Muttergesellschaft ist oder umgekehrt.

Wird die Liquidation eines Unternehmens angeordnet, so geschieht dies in der Annahme, dass die Auflösung der Gesellschaft und die Abwicklung der Geschäfte die beste Alternative darstellt. Wenn es aber noch Chancen gibt, das Unternehmen zu retten, kann ein so genanntes *Chapter 11*-Verfahren angemeldet werden. Dieses nach einem Abschnitt der US-amerikanischen Insolvenzordnung benannte Verfahren stellt die Möglichkeit dar, ein Unternehmen zu retten, das in finanzielle Schwierigkeiten geraten ist. Aus ökonomischer Sicht ist es vorteilhafter, einem Unternehmen die Möglichkeit zu geben sich zu reorganisieren, als sofort dessen Auflösung zuzulassen.

Reorganisation in den USA (Chapter 11)

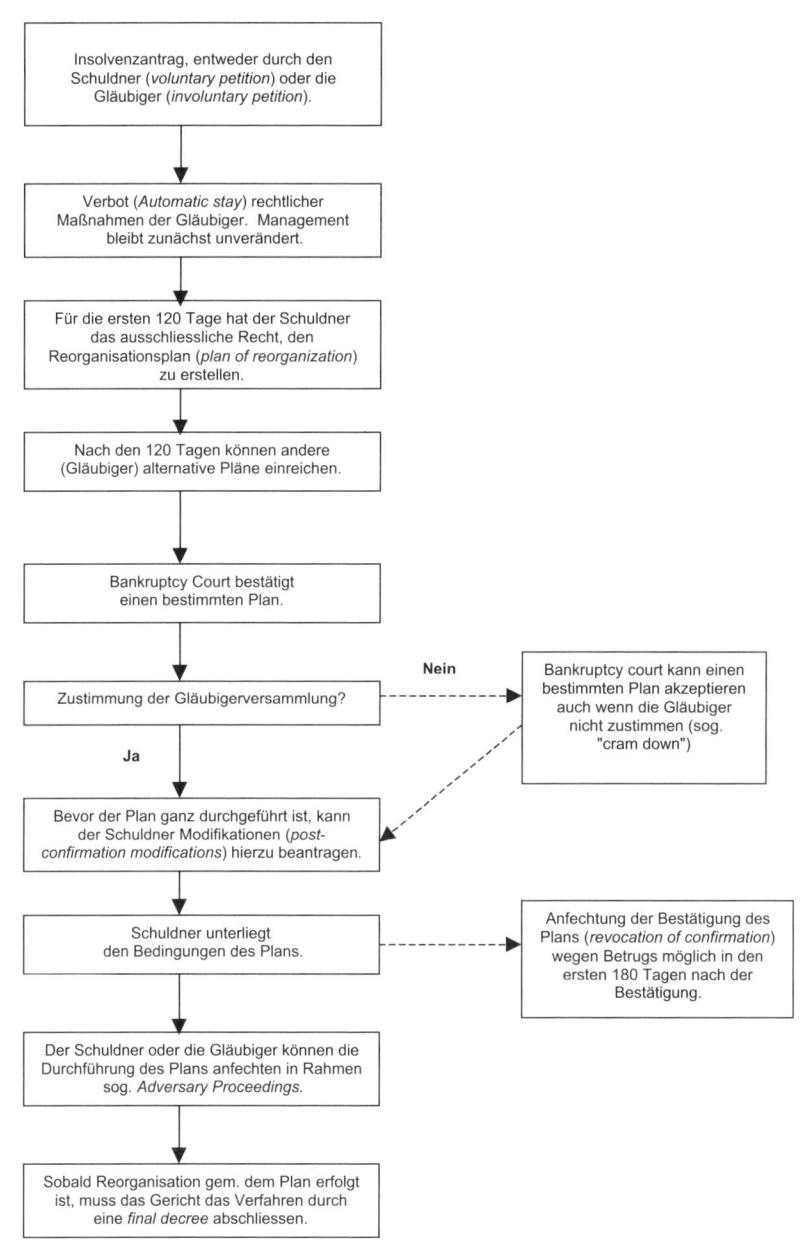

```
┌─────────────────────────────────────┐
│ Insolvenzantrag, entweder durch den │
│ Schuldner (voluntary petition) oder die │
│ Gläubiger (involuntary petition).   │
└─────────────────────────────────────┘
                  │
                  ▼
┌─────────────────────────────────────┐
│ Verbot (Automatic stay) rechtlicher │
│ Maßnahmen der Gläubiger. Management │
│ bleibt zunächst unverändert.        │
└─────────────────────────────────────┘
                  │
                  ▼
┌─────────────────────────────────────┐
│ Für die ersten 120 Tage hat der Schuldner │
│ das ausschliessliche Recht, den     │
│ Reorganisationsplan (plan of reorganization) │
│ zu erstellen.                       │
└─────────────────────────────────────┘
                  │
                  ▼
┌─────────────────────────────────────┐
│ Nach den 120 Tagen können andere    │
│ (Gläubiger) alternative Pläne einreichen. │
└─────────────────────────────────────┘
                  │
                  ▼
┌─────────────────────────────────────┐
│ Bankruptcy Court bestätigt          │
│ einen bestimmten Plan.              │
└─────────────────────────────────────┘
                  │
                  ▼                     Nein    ┌──────────────────────────────┐
┌─────────────────────────────────────┐ ─ ─ ─ ▶│ Bankruptcy court kann einen  │
│ Zustimmung der Gläubigerversammlung?│        │ bestimmten Plan akzeptieren  │
└─────────────────────────────────────┘        │ auch wenn die Gläubiger      │
                  │ Ja                         │ nicht zustimmen (sog.        │
                  ▼                            │ "cram down")                 │
┌─────────────────────────────────────┐        └──────────────────────────────┘
│ Bevor der Plan ganz durchgeführt ist, kann │ ◀ ─ ─ ─
│ der Schuldner Modifikationen (post- │
│ confirmation modifications) hierzu beantragen. │
└─────────────────────────────────────┘
                  │
                  ▼                            ┌──────────────────────────────┐
┌─────────────────────────────────────┐        │ Anfechtung der Bestätigung des │
│ Schuldner unterliegt                │ ─ ─ ─ ▶│ Plans (revocation of confirmation) │
│ den Bedingungen des Plans.          │        │ wegen Betrugs möglich in den │
└─────────────────────────────────────┘        │ ersten 180 Tagen nach der    │
                  │                            │ Bestätigung.                 │
                  ▼                            └──────────────────────────────┘
┌─────────────────────────────────────┐
│ Der Schuldner oder die Gläubiger können die │
│ Durchführung des Plans anfechten in Rahmen │
│ sog. Adversary Proceedings.         │
└─────────────────────────────────────┘
                  │
                  ▼
┌─────────────────────────────────────┐
│ Sobald Reorganisation gem. dem Plan erfolgt │
│ ist, muss das Gericht das Verfahren durch │
│ eine final decree abschliessen.     │
└─────────────────────────────────────┘
```

Abbildung 6.2: Chapter 11

Die Auflösung eines Unternehmens führt zum Verlust von Arbeitsplätzen und möglichem wirtschaftlichen Verfall. Sehr oft haben die Entscheidungen eine politische Dimension, obwohl in einem kapitalistischen System das Schicksal eines Unternehmens von seinem Erfolg oder Misserfolg in den Märkten abhängig ist.

Nach dem US-Insolvenzrecht gehören sämtliche Assets des Schuldners weltweit zur Insolvenzmasse. Der nächste Schritt für die Gesellschaft und/oder die Gläubiger ist, dem Gericht einen Insolvenzplan vorzulegen, der aufzeigt, wie die wirtschaftliche Situation der Gesellschaft verbessert werden soll. Ein Überblick eines *Chapter 11*-Verfahrens ist im Folgenden dargestellt.

Der Reorganisationsplan benötigt die Zustimmung des Gerichts und der andereren betroffenen Parteien. Reorganisation und Insolvenz können wie jede andere Unternehmenshandlung zu einem Rechtsstreit zwischen den beteiligten Parteien führen. Aufgrund der recht komplizierten Rechtsvorschriften kann das zu Verfahren führen, die über mehrere Jahren laufen. Alternativ können einzelne Insolvenzverfahren parallel zu dem *Chapter 11*-Verfahren laufen, wie in dem Fall Singer. Diese Nebeninsolvenzverfahren erfolgen nach den jeweils geltenden nationalen Rechtsvorschriften und werden in dem Hauptverfahren in den USA berücksichtigt. Die umgekehrte Situation gibt es auch: Ein amerikanisches Nebeninsolvenzverfahren kann über Vermögensgegenstände eines Schuldners neben einem Hauptverfahren in Deutschland ablaufen. Entscheidend in solchen Fällen ist generell, wo die meisten Assets liegen.

Mit der Reform des deutschen Insolvenzrechts wurde auch die Möglichkeit einer Reorganisation eingeführt, die dem *Chapter 11*-Verfahren ähnelt. Bei grenzüberschreitenden Insolvenzen beziehungsweise Reorganisationen kann die Abwicklung sehr komplex werden. Grundsätzlich verfügen die Insolvenzgerichte in dem Land, in dem der Antrag zuerst gestellt wurde, über die Maßnahmen hinsichtlich des betroffenen Unternehmens beziehungsweise Vermögens. Manche Parteien versuchen, die Frage der Zuständigkeit im Falle einer Insolvenz beziehungsweise Liquidation vertraglich zu regeln. Diese Maßnahme ist aber nicht unumstritten, so dass die Wirksamkeit solcher Vereinbarungen nicht immer sichergestellt werden kann. Auf internationaler Ebene gibt es Bestrebungen, grenzüberschreitende Insolvenzen und Reorganisationen besser zu koordinieren und zu regeln. In der Zwischenzeit muss mit oft konkurrierenden Zuständigkeiten und rechtlichen Bestimmungen gerechnet werden.

Sicherheit, Verantwortung und Recht: Aktuelle Entwicklungen in den USA

Das Jahr 2001 war für die Vereinigten Staaten sehr turbulent. Die Anschläge auf New York und Washington D.C. veränderten die Weltanschauung und die Außenpolitik der Amerikaner. Und nach vielen fetten Jahren der spektakulären Erfolge auf den amerikanischen Kapitalmärkten wurde das Wirtschaftssystem der USA als Vorbild für die Welt nach einer Reihe von Skandalen in Frage gestellt. In sehr kurzer Zeit sind Vermögen und Werte in Milliardenhöhe verschwunden. Auf diese Entwicklungen hat der Gesetzgeber reagiert – manche würden sagen überreagiert. Einige der wichtigsten Entwicklungen auf rechtlicher Ebene werden sind die Folgenden.

Sicherheit: U.S. PATRIOT Act und der SAFETY Act

Die Bezeichnungen der amerikanischen Gesetze hören sich oft seltsam an. Anders als in Deutschland, wo die meisten Gesetzesnamen auf den Zweck des Gesetzes hinweisen, wird in den USA nach einem gut klingenden Namen gesucht. Vielleicht ist das zum Teil der Einfluss der Imagekampagnen in den USA. Auch Gesetze müssen einen auffälligen Namen haben, damit die Akzeptanz erhöht wird. Der PATRIOT Act ist ein Beispiele dafür. PATRIOT ist die Abkürzung für ein Gesetz, dessen vollständiger Name lautet: *The Uniting and Strengthening America by Providing Appropriate Tools Required to Intercept and Obstruct Terrorism Act of 2001.*

> **Überblick der wesentlichen Änderungen durch den US PATRIOT Act**
>
> Der Gesetzestext des PATRIOT Act ist mehr als 150 Seiten lang. Viele wesentliche Änderungen im US-Strafrecht und Aufsichtsrecht wurden eingeführt. Das Gesetz ist insbesondere für Finanzdienstleister von Bedeutung. Wesentliche Neuigkeiten sind:
> - Die Bestimmungen über Geldwäsche sind verschärft worden. »Problemländer« und »Probleminstitutionen« werden durch den Secretary of the Treasury identifiziert. Finanzdienstleister, die der Aufsicht der US Treasury unterliegen, müssen besondere Maßnahmen bei ihren Geschäften mit gelisteten Ländern beziehungsweise Institutionen ergreifen.

- Die gesetzlichen Bestimmungen zur Geldwäsche sind insofern verschärft worden, als Handlungen außerhalb der USA zu einer Untersuchung beziehungsweise Bestrafung führen können, falls diese Auswirkungen in den USA haben oder die Gelder oder Erlöse in die USA eingeführt werden.
- Die Verhältnisse zwischen Banken werden genauer geprüft und geregelt, insbesondere *correspondent banks*. So gennante »shell banks« – das heißt Banken ohne feste Einrichtungen oder Struktur (*without a physical presence in any country*) – werden nicht mehr anerkannt. Weder US-Finanzdienstleister noch deren Korrespondenzbanken dürfen Geschäfte mit *shell banks* abschließen und abwickeln.
- Die Verpfändung von Vermögensgegenständen bei Banken in den USA für Straftaten, die in den USA durch Partnerbanken begangen worden sind, ist jetzt möglich, wenn die Gelder aus den Straftaten außerhalb der USA sind (zum Beispiel in einem *interbank account*). Das Korrespondenzverhältnis der Banken führt dazu, dass die Aufsicht sie als eine Einheit zum Zwecke der Verpfändung betrachtet.
- Finanzdienstleister müssen ein Compliance-Programm einführen, um Geldwäsche zu verhindern. Das Gesetz schreibt Mindeststandards für solche Programme vor.
- Der illegale Transport von Devisen in die USA oder aus den USA ist jetzt strafbar, und wird mit Haft bis zu fünf Jahren geahndet.
- Der Geldtransfer wird jetzt strenger überwacht. Anbieter von Transferleistungen können haftbar gemacht werden, wenn sie andere dabei unterstützen, Gelder ins Ausland zu überweisen, obwohl sie Kenntnis darüber haben, dass die Gelder aus illegalen Geschäfte stammen.

Die obigen Regelungen sind nur ein kleiner Teil der Bestimmungen, die durch den PATRIOT Act abgedeckt werden. Die Regelungen bringen eine weiterreichende und stärkere Verantwortlichkeit für Finanzdienstleister mit sich, die jetzt ihre Geschäfte wesentlich intensiver überwachen und kontrollieren müssen. Dies gilt nicht nur für Banken, sondern für Finanzdienstleister aller Art (Broker, Dealer, Trader). Auch alle Niederlassungen und Zweigstellen ausländischer Banken unterliegen den neuen Bestimmungen. Die Umsetzung der rechtlichen Vorschriften durch die US Treasury ist nicht reibungslos verlaufen – es herrscht an manchen Stellen noch einige Verwirrung.

Für Hersteller bestimmter Produkte und Technologien ist der so genannte SAFETY Act *(support Anti-terrorism by Fostering Effective Technologics Act of 2002)* von Interesse. Wenn ein Produkt als »Antiterrorismustechnologie« eingestuft wird, gelten besondere Bestimmungen hinsichtlich der möglichen Schadenssummen bei einer Produkthaftunsklage.

Verantwortung: Sarbanes-Oxley Act

Die Kapitalmärkte in den USA wurden von den Amerikanern immer als Vorbild für die Welt dargestellt. Einer der Gründe des Erfolgs des amerikanischen Systems war die Zuverlässigkeit der Rechnungslegung nach US-GAAP *(Generally Accepted Accounting Principles)* – zumindest bis vor kurzem. Nach den Skandalen bei Enron, Worldcom, Tyco und einer Reihe anderer Unternehmen wurde nicht nur die Überlegenheit des US-GAAP Systems in Frage gestellt, sondern auch das gesamte Managementsystem in den USA, insbesondere bei Großkonzernen.

Es kommt nicht oft vor, dass Themen wie *»Corporate Governance«* oder Rechnungslegung Schlagzeilen in der Presse – einschließlich der Boulevardpresse – machen. Aber die *accounting scandals* haben dazu geführt, dass Milliarden an Vermögen und Tausende von Arbeitsplätzen in ganz kurzer Zeit verloren gingen. Auch der Durchschnittsbürger wurde hiervon betroffen, da viele erhebliche Einbußen in ihrer Altersversorgung hinnehmen mussten. Im Fernsehen und in den Zeitungen wurde über den finanziellen Ruin ehemaliger Mitarbeiter oder Anleger in Unternehmen wie Enron berichtet.

Der Gesetzgeber hat nicht lange mit einer Reaktion auf die Skandale auf sich warten lassen. Am wichtigsten ist der so genannte *Sarbanes-Oxley Act* (SOA), was vielleicht weniger dramatisch oder patriotisch klingt als der *Patriot Act* (das Gesetz wurde nach den zwei Hauptbefürwortern benannt, auch eine häufige Praxis in der Namensgebung für Gesetze in den USA), aber ebenso bedeutsam. Manche Kritiker sehen den SOA als einen Schnellschuss, der nicht ganz ausgegoren ist und deswegen Maßnahmen einführt, die möglicherweise über das Ziel hinausschießen.

Die wesentlichen Regelungen aus dem Sarbanes-Oxley Act

Für ausländische Unternehmen, die in den USA gelistet sind, bringt der SOA einige Probleme mit sich, wie zum Beispiel:

- SOA verlangt die Einrichtung eines Prüfungsausschusses (sog. *Audit Committee*), der unter dem Board of Directors angesiedelt werden soll. So stellt sich die Frage, was die Equivalenz des Board of Directors im Kontext einer deutschen Aktiengesellschaft ist. Die meisten Aufgaben eines amerikanischen Boards werden vom Vorstand einer AG durchgeführt, wobei der Aufsichtsrat – der als solcher in den USA nicht existiert – für einen Teil der Aufgaben zuständig ist. Nach den Vorschriften des Aktiengesetzes würde es sehr schwer, wenn nicht unmöglich sein, die verlangte Unabhängigkeit des Prüfungsausschusses sicherzustellen, da die Benennung von unabhängigen Vorstandsmitgliedern (non-executive members) nicht zulässig ist. Aus diesen Gründen spricht viel dafür, diese Aufgabe beim Aufsichtsrat anzusiedeln.
- Die deutschen Mitbestimmungsvorschriften stellen für manche Unternehmen ein weiteres Problem dar. Aufsichtsräte, die Vertreter der Arbeitnehmer als Mitglieder haben, erfüllen die Voraussetzungen des SOA bezüglich der Unabhängigkeit des *audit committee* nicht. Andererseits ist es nach deutschem Recht schwer, wenn nicht unmöglich, die Mitwirkung dieser Vertreter – auch in dem *audit committee* – zu verhindern oder auszuschliessen.
- Der SOA sieht als eine der Entscheidungskompetenzen des *audit committee* vor, Tätigkeiten der Wirtschaftsprüfer außerhalb der Prüfung zu genehmigen. Wenn bei einer deutschen AG dieses *committee* tatsächlich beim Aufsichtsrat angesiedelt wird, entspricht das nicht den aktienrechtlichen Bestimmungen, da der Vorstand grundsätzlich für solche Entscheidungen zuständig ist.
- Der SOA beinhaltet so genannte *whistleblowing provisions*, die es Arbeitnehmern ermöglichen sollen, Probleme bezüglich der Rechnungslegung und Bilanzen im Unternehmen vertraulich intern anzuzeigen. Eine solche Kommunikationsregelung wäre mit dem deutschen Recht wohl schwerlich vereinbar. Außerdem ist unklar, ob der Aufsichtsrat beziehungsweise das *audit committee* die entsprechenden Regelungen für die Umsetzung dieser Bestimmungen umsetzen könnte, da der Vorstand dabei komplett umgangen würde. Das glei-

che Problem besteht hinsichtlich der Voraussetzung, dass der CEO oder CFO (Chief Financial Officer) das *audit committee* über Mängel im Controlling informiert. Diese Bestimmung hat jedoch auch arbeitsrechtliche Relevanz, da die Arbeitnehmer gegen *retaliation* des Arbeitgebers geschützt werden sollen.

- Der SOA verbietet die Einräumung von Darlehen an Directors und Officers, gleichgültig in welcher Form dies geschieht. Dies ist eine dramatische Änderung, da das Verbot vielfältige finanzielle Absprachen zwischen Unternehmen und Management verbietet, die jahrelang üblich und bei manchen sogar bei der Gestaltung der Vergütung die Norm waren. Wenn die Anwendung dieser Bestimmung im amerikanischen Kontext schon nicht klar ist, ist es leicht vorstellbar, dass es bei der Anwendung auf ausländische Unternehmen sehr schwierig sein wird.
- Als Teil ihrer Reaktion auf die Skandale der Unternehmensleitung verlangt die SEC, dass diese ab sofort die Richtigkeit und Vollständigkeit der Bilanzen und Gewinn- und Verlustrechnungen durch Unterschrift bestätigt. Dies soll eine zusätzliche Gewährleistung der Qualität der Finanzdaten darstellen, selbst wenn sie überwiegend moralische Bedeutung hat. Diese Maßnahme wurde in den USA sehr kontrovers diskutiert. Die SEC hat in einer Liste auf ihrer Webseite veröffentlicht, welche Unternehmen diese Bestätigung abgegeben haben und welche nicht. Ein solcher Eingriff in den Verantwortungsbereich eines Vorstands wäre auch in Deutschland äußerst brisant.

Fazit

In diesem Kapitel werden die Grundzüge bestimmter Rechtsgebiete erläutert, die aufgrund ihrer extraterritorialen Anwendung bös Überraschungen verursachen können. Auch bei Vorgängen, die sich außerhalb der USA abspielen, muss entprechend geplant werden. Dies ist darauf zurückzuführen, dass die Regulierungsbehörden immer enger bei grenzüberschreitenden Fällen zusammen arbeiten.

Auch Rechtsgebieten, die prinzipiell in jedem Land zu erwarten sind (z. B. Produkthaftung), gebührt eine besonderes Augenmerk aufgrund des Prozessrisikos. Vorsorgemaßnahmen wie beispielsweise Analysen und Versicherungen können zu einer erfolgreichen Inverstmentstrategie viel beitragen, Solche Maßnahmen sollen idealerweise schon in der frühen Planungsphase berücksichtigt werden.

Schließlich stellen die aktuellen rechtlichen Entwicklungen ebenfalls eine Herausforderung dar. Jedoch muss das nicht nur pessimistisch gesehen werden. Einige Änderungen bieten manchen Investoren eine Möglichkeit der Schadensminimierung an (SAFETY Act), während andere für bestehende Invstoren als Imageverbessernd den Wettbewerbern gegenüber benutzt werden können (Sarbaes-OxLey Act).

Epilog

Am Ende des Buches ist der Leser gegenüber den rechtlichen Risiken in den USA wesentlich aufmerksamer und informierter. Hoffentlich ist er aber nicht so schockiert, dass er die Entscheidung hinsichtlich geschäftlicher Tätigkeiten in Amerika komplett und für immer ablehnt. Obwohl es doch zusätzliche Risiken in den USA gibt, können diese mit sorgfältiger Planung überwältigt werden. Letztlich stellt der amerikanische Markt für manche Industrien einen der größten und lukrativsten Märkte der Welt dar.

Es folgt eine Liste der Repräsentanzbüros der US-Bundesstaaten in Deutschland und der Europäischen Union. Diese können als Ansprechpartner für weitere Fragen dienen. Viel Erfolg bei dem US-Geschäft!

Repräsentanzbüros von US-Bundesstaaten in Deutschland und Europa

ALABAMA
State of Alabama European Office
Andreas A. Jocham
Executive Director
Charlottenplatz 17
70173 Stuttgart
Germany
Tel: (0711) 2 26 56 04
Fax: (0711) 2 26 56 28
aeo@uumail.de

FLORIDA
Enterprise Florida, Inc.
Burkhard Linke
Germany Director
Im Amerika Haus, Karolinenplatz 3
80333 München
Germany
Tel: (089) 51 51 88 85
Fax: (089) 51 51 88 84
burkhard-linke@t-online.de

GEORGIA
State of Georgia
Antje Abshoff
Director
Im Amerika Haus, Karolinenplatz 3
80333 München
Germany
Tel: (089) 51 70 27 40
Fax: (089) 51 70 27 45
aabshoff@georgia.org

IOWA
State of Iowa European Office
Anke Goebel de Méndez
Director
Große Bockenheimer Strasse 21
60313 Frankfurt/M
Germany
Tel: (069) 28 38 58
Fax: (069) 28 14 93
iowa–europe@compuserve.com

MISSOURI
Lauterenstraße 37
55116 Mainz
Tel: ++49 (0) 61 31-6 27 74-21
Fax: ++49 (0) 61 31-6 27 74-23
e-mail missouri@cibgroup.de
Ms. Kristina Köhring –
Marketing Executive
Mr. Olaf Amm –
Business Development Manager

NORTH CAROLINA
State of North Carolina
John D. Brennan
European Director
Untermainanlage 7
60329 Frankfurt/M
Germany
Tel: (069) 2 71 39 80
Fax: (069) 27 13 98 18
jdbrennan@t-online.de

PENNSYLVANIA
Frankfurter Landstrasse 76
D-61235 Bad Homburg
Tel: ++49 (61 72) 92 11 80
Fax: ++49 (61 72) 92 11 810
e-mail pennsylvania-info@t-online.de
Mr. Tom Beyer, Director
(C.A.S.E. Vice Chairman)

SOUTH CAROLINA
State of South Carolina European Office
Forrest E. Rogers
Managing Director
Residenzstrasse 27
80333 München
Germany
Tel: (089) 2 91 91 70
Fax: (089) 29 19 17 10
info@sceurope.com

VIRGINIA
State of Virginia VEDP, European Office
Hans U. Schetelig
Director – Europe
Untermainanlage 5
60329 Frankfurt/M
Germany
Tel: (069) 2 73 99 00
Fax: (069) 27 39 90 20
hschetelig@yesvirginia.org

WEST VIRGINIA
State of West Virginia European Office
Jack Gocke
Director, European Office
Im Amerika Haus, Karolinenplatz 3
80333 München
Germany
Tel: (089) 54 88 41 13
Fax: (089) 54 88 41 33
jgocke@wvdo.org

WISCONSIN
State of Wisconsin
Peter Costantin
Director
Wilhelm-Leuschner-Strasse 10
60329 Frankfurt/M
Germany
Tel: (069) 23 05 71
Fax: (069) 23 05 93
wiscon@attglobal.net

ANDERE EU LÄNDER

INDIANA
State of Indiana European Office
James W. Sitko
Director
Strawinskylaan 705
1077 Amsterdam
Netherlands
Tel: 0031 20 57 11-886
Fax: 0031 20 57 11-886
indynl@xs4all.nl

MISSISSIPPI
State of Mississippi European Office
Brian Dougherty
Director
Keeley House, 22-30 Keeley Road
Croydon CRO 1TE
Great Britain
Tel: +44 208 681 8383
Fax: +44 208 681 6606
brian@bdougherty.demon.co.uk

NEW YORK & NEW JERSEY
Port Authority of New York & New Jersey
Colin Smith
Managing Director
Media House, 4 Stratford Place
London W1C 1 AT
Great Britain
Tel: 0044 207 6 59 03 20
Fax: 0044 207 6 59 03 50
epage@easynet.co.uk

OHIO
State of Ohio European Office
D. Paul Zito
Managing Director
1 rue de la Pépinière, 4th Floor
1000 Brussels
Belgium
Tel: +32 2 512 86 87
Fax: +32 2 512 66 14
ohio.europe@euronet.be

Anhang zu Kapitel 3

Bundesstaat	Webseite der zuständigen Behörde
Alabama	www.sos.state.al.us
Alaska	www.dced.state.ak.us/bsc/corps.htm
Arizona	www.cc.state.az.us/corp/index.htm
Arkansas	www.sosweb.state.ar.us/business.html
California	www.ss.ca.gov/business/business.htm
Colorado	www.sos.state.co.us
Connecticut	www.concord.state.ct.us
Delaware	www.state.de.us/sos
District of Columbia	brc.dc.gov/brchome.shtm
Florida	www.dos.state.fl.us/doc/index.html
Georgia	www.sos.state.ga.us/corporations/
Hawaii	www.ehawaiigov.org
Idaho	www.idsos.state.id.us
Illinois	www.cyberdriveillinois.com
Indiana	www.ai.org/sos/business
Iowa	www.sos.state.ia.us
Kansas	www.accesskansas.org
Kentucky	www.sos.state.ky.us/corporate2/entityname.asp
Louisiana	www.sec.state.la.us
Maine	www.state.me.us
Maryland	www.sos.state.md.us/sos/html/homepage.html
Massachusetts	http://corp.sec.state.ma.us
Michigan	www.michigan.gov/cis
Minnesota	www.da.sos.state.mn-us
Mississippi	www.sos.state.ms.us
Missouri	www.sos.state.mo.us

Montana	http://app.discoveringmontana.com
Nebraska	www.sos.state.ne.us
Nevada	http://sos.state.nv.us
New Hampshire	www.state.nh.us/sos
New Jersey	www.state.nj.us/state/index.html
New Mexico	www.sos.state.nm.us
New York	www.dos.state.ny.us
North Carolina	www.secretary.state.nc.us/corporations/
North Dakota	www.discovernd.com
Ohio	www.state.oh.us/sos
Oklahoma	www.sos.state.ok.us
Oregon	www.sos.state.or.us
Pennsylvania	www.corps.state.pa.us
Rhode Island	www.corps.state.ri.us
South Carolina	www.myscgov.com or www.scsos.com
South Dakota	www.state.sd.us
Tennessee	www.state.tn.us/sos
Texas	www.sos.state.tx.us
Utah	www.utah.gov
Vermont	www.sec.state.vt.us
Virginia	www.vipnet.org
Washington	www.secstate.wa.gov
West Virginia	www.wvsos.com
Wisconsin	www.wdfi.org
Wyoming	http://soswy.state.wy.us

Anhang zu Kapitel 4

Anhang A

Überblick der Arbeitsgesetze in den USA

Gesetz (Anwendungsvoraussetzungen)	Abkürzung	Arbeitszeit	Auszeit	Gesundheits- und Sicherheitsbezogen	Datenschutz	Kündigung	Vergütung u.a.	Diskriminierung	Gewerkschaften
AGE DISCRIMINATION IN EMPLOYMENT ACT (15 oder mehr Arbeitnehmer)	ADEA							✓	
AMERICANS WITH DISABILITIES ACT (15 oder mehr Arbeitnehmer)	ADA			✓			✓	✓	
CIVIL RIGHTS ACT OF 1866 (SECTION 1981) (grundsätzlich anwendbar)	§ 1981							✓	
CONSOLIDATED OMNIBUS BUDGET RECONCILITATION ACT (21 oder mehr Arbeitnehmer)	COBRA					✓	✓		
EMPLOYEE POLYGRAPH PROTECTION ACT (grundsätzlich anwendbar)	EPPA				✓				
EMPLOYEE RETIREMENT INCOME SECURITY ACT (grundsätzlich anwendbar)	ERISA					✓	✓		
EQUAL PAY ACT (ab einem Jahresumsatz von $500.000,00)	EPA	✓							
FAIR CREDIT REPORTING ACT (grundsätzlich anwendbar)	FCRA				✓			✓	
FAIR LABOR STANDARDS ACT (ab einem Jahresumsatz von $500.000,00)	FLSA	✓							
FAMILY AND MEDICAL LEAVE ACT (51 oder mehr Arbeitnehmer)	FMLA		✓						

Überblick der Arbeitsgesetze in den USA

Gesetz (Anwendungsvoraussetzungen)	Abkürzung	Arbeitszeit	Auszeit	Gesundheits- und Sicherheitsbezogen	Datenschutz	Kündigung	Vergütung u.a.	Diskriminierung	Gewerkschaften
IMMIGRATION REFORM AND CONTROL ACT (grundsätzlich anwendbar)	IRCA							✓	
NATIONAL LABOR RELATIONS ACT (grundsätzlich anwendbar)	NLRA	✓			✓	✓		✓	✓
OCCUPATIONAL SAFETY AND HEALTH ACT (grundsätzlich anwendbar)	OSH Act			✓					
OLDER WORKERS BENEFIT PROTECTION ACT (15 oder mehr Arbeitnehmer)	OWBPA						✓	✓	
PERSONAL RESPONSIBILITY & WORK OPPORTUNITY ACT OF 1996 (grundsätzlich anwendbar)	PRWOA								
PREGNANCY DISCRIMINATION ACT (15 oder mehr Arbeitnehmer)	PDA	✓		✓			✓	✓	
TITLE VII der Civil Rights Act von 1964 (15 oder mehr Arbeitnehmer)	Title VII							✓	
UNIFORMED SERVICES EMPLOYMENT AND REEMPLOYMENT RIGHTS ACT (grundsätzlich anwendbar)	USERRA		✓				✓	✓	
WORKER ADJUSTMENT AND RETRAINING NOTIFICATION ACT (grundsätzlich anwendbar)	WARN					✓			

Anhang B

Zuständige Behörden auf der bundesstaatlichen Ebene für arbeitsrechtliche Angelegenheiten

State	State Labour Department Website Address	State Fair Employment Agency Website Address
Alabama	www.alalabor.state.al.usDepartment of Labour100 North Union Street Montgomery, AL 36130-3500 Phone: (334) 242-3460 FAX: (334) 240-3417	keine
Alaska	www.labor.state.ak.us	www.gov.state.ak.us/aschr/aschr.htmAlaska State Commission for Human Rights 800 A Street, Suite 204 Anchorage, AK 99501-3669 **Phone:** Anchorage Area 907-274-4692 Anchorage Area TTY/TDD 907-276-3177 Toll-Free Complaint Hot Line (in-state only) 800-478-4692 TTY/TDD Toll-Free Complaint Hot Line (in-state only) 800-478-3177
Arizona	www.ica.state.az.us Phoenix Office 800 W. Wahington Street Phoenix AZ 85007	www.attorneygeneral.state.az.us/civil_rights/index.html Civil Rights Division 1275 West Washington Phoenix, Arizona 85007 (602) 542-5263 (602) 542-5002 (TDD)
Arkansas	www.state.ar.us/labor 10421 West Markham Little Rock, Arkansas 72205 Tel: 501-682-4500 FAX: 501-682-4535	keine
California	www.dir.ca.gov/DLSE/dlse.html Arthur Lujan State Labor Commissioner P.O. Box 420603 San Francisco, CA 94142	www.dfeh.ca.gov 1-800-884-1684 (Within California) 1-916-227-0551 (Outside California)
Colorado	www.coworkforce.comColorado Department of Labor and Employment 1515 Arapahoe, Tower 2, Suite 400 Denver, CO 80202	www.dora.state.co.us/civil-rights 1560 Broadway, Suite 1050, Denver, CO 80202 Tel: (303) 894-2997 FAX: (303) 894-7830
Connecticut	www.ctdol.state.ct.us Department of Labor Information – (860) 263-6000	www.state.ct.us/chro

State	State Labour Department Website Address	State Fair Employment Agency Website Address
Delaware	www.delawareworks.com	www.delawareworks.com/divisions/ industaffairs/law.enforcement.htm 4425 North Market Street, 4th Floor Wilmington, DE 19802 (302) 761-8000
District of Columbia	http://dc.gov/agencies	www.ohr.dc.gov/main.shtm 441 4th Street, NW, Suite 570 North Washington, DC 20001 (202) 727-4559
Florida	www.myflorida.com/les	http://fchr.state.fl.us2009 Apalachee Parkway, Suite 100, Tallahassee, Florida 32301 Tel: (850) 488-7082. FAX: (850) 488-5291.
Georgia	www.dol.state.ga.us	keine
Hawaii	http://dlir.state.hi.us	www.state.hi.us/hcrc 830 Punchbowl Street, Room 411, Honolulu, HI96813 Tel: (808) 586-8636 FAX: (808) 586-8656
Idaho	www.labor.state.id.us	www.state.id.us/ihrc 1109 Main street, Fourth Floor, PO Box 83720, Bosie, ID 83720-0040 Tel: (208) 334-2873 FAX: (208) 334-2664
Illinois	www.state.il.us/agency/idol	www.state.il.us/dhr James R. Thompson Center 100 West Randolph Street, Suite 10-100 Chicago, Illinois 60601 (312) 814-6200 (312) 263-1579 (TDD)
Indiana	www.in.gov/labor Indiana Government Center – South 402 W. Washington Street, Room W195 Indianapolis, IN 46204 Telephone: (317) 232-2655 TT/ Voice: (800) 743-3333 Fax: (317) 233-3790	www.in.gov/icrc

State	State Labour Department Website Address	State Fair Employment Agency Website Address
Iowa	www.state.ia.us/iwd Tel: (877) 891-5344	www.state.ia.us/government/ crcIowa Civil Rights Commission 211 East Maple Street Des Moines, IA 50309-1858 515-281-4121, 1-800-457-4416 Fax 515-242-5840
Kansas	www.hr.state.ks.us	keine
Kentucky	www.kylabor.net Kentucky Labor Cabinet 1047 US Highway 127 S, Suite 4 Frankfort, KY 40601 (502) 564-3070	www.state.ky.us/agencies/kchr332 West Broadway Suite 700 Louisville, KY 40202.... Tel: (502) 595-4024 TDD (502) 595-4084 Toll-free: 1-800-292-5566 Fax: (502) 595-4801
Louisiana	www.idol.state.la.us	keine
Maine	www.state.me.us/labor 1-888-457-8883	www.state.me.us/mhrc/index.shtml 51 State House Station Augusta, ME 04333-0051 Tel:207-624-6050 FAX:207-624-6063
Maryland	www.dllr.state.md.us	www.mchr.state.md.us 6 Saint Paul Street, Suite 900, Baltimore, Maryland 21202 Tel: (410)-267-8600 FAX: (410)-333-1841
Massachusetts	www.detma.org Charles F. Hurley Building 19 Staniford Street Boston, MA 02114 Tel: 617-626-5400 FAX: 617-570-858	www.state.ma.us/mcad One Ashburn place, Rm. 601, Boston MA 02108-1518 Tel: 617-994-6000
Michigan	www.michigan.gov/mdcd 525 W. Ottawa, P.O. Box 30004 Lansing, MI 48909 Tel: (517) 373 1829 FAX: (517) 373 2129	www.michigan.gov/mdcr Capitol Tower Building, Ste. 800 Lansing, MI 48913 Phone: (517) 335-3165
Minnesota	www.doli.state.mn.us Minnesota Department of Labor and Industry 443 Lafayette Road N., St. Paul, MN 55155 Tel: (651) 284-5005	www.humanrights.state.mn.us Army Corps of Engineers Centre 190 E. 5th Street, Suite 700 St. Paul, MN 55101 1-800-657-3704 | 651-296-5663

State	State Labour Department Website Address	State Fair Employment Agency Website Address
Mississippi	www.mesc.state.ms.us (601)354-8711	keine
Missouri	www.dolir.state.mo.us 3315 West Truman Boulevard Room 213 PO Box 504 Jefferson City, MO 65102-0504 Tel: (General Information) (573) 751-4091 Tel: (573) 751-9691 Fax: (573) 751-4135	www.dolir.state.mo.us/hr 3315 West Truman Boulevard Room 212 PO Box 1129 Jefferson City, MO 65102-1129 Telephone: (573) 751-3325 Fax: (573) 751-2905
Montana	http://dli.state.mt.us Department of Labor and Industry PO Box 1728 Helena MT 59624-1728 Phone: 406/444-2840 Fax: 406/444-1394	http://erd.dli.state.mt.us/humanrights/hrhome.htm 1625 11th Avenue P.O. Box 1728 Helena, MT 59624-1728 Phone: 406-444-2884
Nebraska	www.laborcommissioner.com 550 South 16th Street P.O. Box 94600 Lincoln, Nebraska 68509-4600 Tel: 402-471-2600 Fax:402-471-9867 Fax	www.nol.org/home/neoc Nebraska State Office Building 301 Centennial Mall South, 5th Floor P.O. Box 94934 Lincoln, NE 68509-4934 Tel: (402) 471-2024 Fax: (402) 471-4059
Nevada	http://labor.state.nv.us 555 E. Washington Ave. Suite 4100 Las Vegas, NV 89101 Tel: 702.486.2650 Fax: 702.486.2660	http://detr.state.nv.us/nerc 2450 Wrondel way, Suite C Reno, NV 89502-3767 Tel: (775) 688-1288 Fax: (775) 688-1292
New Hampshire	www.labor.state.nh.us 95 Pleasant Street · Concord, NH 03301 · Tel: (603) 271-3176	http://webster.state.nh.us/hrc
New Jersey	www.state.nj.us/labor	www.state.nj.us/lps/dcr PO Box 001 Trenton NJ 08625 Tel: 609-292-6000
New Mexico	www.state.nm.us/dol	www.dol.state.nm.us/dol–hrd.html
New York	www.labor.state.ny.us	www.nysdhr.com One Fordham Plaza Bronx, NY 10458 Tel: (718) 714-8400

State	State Labour Department Website Address	State Fair Employment Agency Website Address
North Carolina	www.dol.state.nc.us 1-800-NC-LABOR (625-2267)	www.dol.state.nc.us/edb/edb.htm 4 W. Edenton St. Raleigh, N.C. 27601-1092 919-807-2823
North Dakota	www.state.nd.us/labor	www.state.nd.us/labor/services/human–rights
Ohio	www.ic.state.oh.us/index.jsp 30 W. Spring Street Columbus, Ohio 43215-22333 Tel: 800-521-2691 Fax: 614-728-7004	www.state.oh.us/crc
Oklahoma	www.okdol.state.ok.us 4001 N. Lincoln Blvd. Oklahoma City, OK 73105 405-528-1500 888-269-5353 Fax 405-528-5751	www.onenet.net/~ohrc2 Jim Thorpe Building, Room 4802101 North Lincoln Boulevard Oklahoma City, Oklahoma 73105 Tel: (405) 521-2360 Fax: (405) 522-3635
Oregon	www.boli.state.or.us	www.boli.state.or.us/civil/index.html 800 NE Oregon St #32 Suite 1070 Portland, OR 97232 Tel: 503-731-4200
Pennsylvania	www.dli.state.pa.us	www.phrc.state.pa.us
Rhode Island	www.dlt.state.ri.us Center General Complex 1511 Pontiac Avenue Cranston, RI 02920 Tel: (401) 462-8000	www.dlt.state.ri.us/ls/default.html
South Carolina	www.llr.state.sc.us	www.state.sc.us/schac Post Office Box 4490 2611 forest drive, Suite 200 Columbia, South Carolina 29404 Tel: (808) 737-78000
South Dakota	www.state.sd.us/dol/dol.asp 700 Governors Drive Pierre, SD 57501-2291 Tel: (605) 773-3101 Fax: (605) 773-4211	www.state.sd.us/dcr/hr 118 West Capitol Ave. Pierre, South Dakota 57501 Tel: (605) 773-4493 Fax: (605) 773-6893

State	State Labour Department Website Address	State Fair Employment Agency Website Address
Tennessee	www.state.tn.us/labor-wfd 710 James Robertson Parkway 8th Floor, Andrew Johnson Tower Nashville, Tennesse 37243 Tel: 615 741 6642 Fax: 615 741 5078	www.state.tn.us/humanrights
Texas	www.twc.state.tx.us	http://tchr.state.tx.us PO Box 13006 Austin Texas 78711-3006 Tel: 512-437-3450
Utah	http://laborcommission.utah.gov	http://laborcommission.utah.gov/ utah_antidiscrimination_labo/ utah_antidiscrimination_labo.htm
Vermont	www.state.vt.us/labind National Life Building Drawer 20, Montperlier, Vermont 05620-3401 Tel: (802) 828 2288 Fax: (802) 828 2195	www.hrc.state.vt.us
Virginia	www.dli.state.va.us Powers-taylor building 13 South thirteenth street Richmond, Virginia 23219 Tel: (804) 371 2321 Fax: (804) 786 2376	chr.vipnet.org
Washington	www.lni.wa.gov 1-800-831-5227	www.wa.gov/hrc
West Virginia	www.state.wv.us/labor State Capitol Complex Bldg 6, Rm B749 Charleston, WV 25305 Tel: (304) 558-7890 Fax. (304) 558-3797	www.state.wv.us/wvhrc
Wisconsin	www.dwd.state.wi.us	www.dwd.state.wi.us/er
Wyoming	http://wydoe.state.wy.us	keine

Anhang C

Gesetzliche Besonderheiten bei den US-Bundesstaaten

Bundesstaat	»Right to Work« State (Verbot der Zwangsmitgliedschaft in einer Gewerkschaft)	»Plant Closure Laws« (Zusätzliche gesetzliche Regelungen hinsichtlich der Einstellung eines Betriebs)
Alabama	Ja	Ja
Alaska		
Arizona	Ja	
Arkansas	Ja	
California		Ja
Colorado		Ja
Connecticut		Ja (Zahlungsverpflichtung seitens des Arbeitgebers für Krankenversicherungskosten der betroffenen Arbeitnehmer sowie deren *dependents*)
Delaware		
District of Columbia		
Florida	Ja	
Georgia	Ja	
Hawaii		Ja (60-Tage Kündigungsfrist sowie zusätzliche Verpflichtungen des Arbeitgebers, Abfindungen zu zahlen)
Idaho	Ja	
Illinois		
Indiana		
Iowa	Ja	
Kansas	Ja	Ja (vorherige Zustimmung zur Schließung bzw. Reduzierung durch die *Secretary of Human Resources* erforderlich)
Kentucky		
Louisiana	Ja	
Maine		Ja (60-Tage Kündigungsfrist sowie zusätzliche Verpflichtungen des Arbeitgebers, Abfindungen zu zahlen)
Maryland		Ja (90-Tage Kündigungsfrist sowie Empfehlungen hinsichtlich der Zahlung von Abfindungen sowie der Fortzahlung von bestimmten Kosten der Arbeitnehmer)

Bundesstaat	»Right to Work« State (Verbot der Zwangsmitgliedschaft in einer Gewerkschaft)	»Plant Closure Laws« (Zusätzliche gesetzliche Regelungen hinsichtlich der Einstellung eines Betriebs)
Massachusetts		Ja (90-Tage Kündigungsfrist sowie Verpflichtungen hinsichtlich der Zahlung von Abfindungen sowie der Fortzahlung von bestimmten Kosten der Arbeitnehmer)
Michigan		Ja
Minnesota		Ja (60-Tage Kündigungsfrist)
Mississippi	Ja	
Missouri		Ja
Montana		
Nebraska	Ja	
Nevada	Ja	
New Hampshire	Ja	Ja
New Jersey		Ja
New Mexico	Ja	
New York		Ja
North Carolina	Ja	
North Dakota	Ja	
Ohio	Ja	Ja
Oklahoma	Ja	Ja
Oregon		Ja
Pennsylvania		Ja
Rhode Island		Ja (Zahlungsverpflichtung seitens des Arbeitgebers für Krankenversicherungskosten der betroffenen Arbeitnehmer sowie deren *dependents*)
South Carolina	Ja	Ja (gleiche Kündigungsfrist wie von den Arbeitnehmern verlangt, mindestens 2 Wochen)
South Dakota	Ja	
Tennessee	Ja	Ja
Texas	Ja	
Utah	Ja	Ja
Vermont		
Virginia	Ja	
Washington		Ja
West Virginia		
Wisconsin		Ja (60-Tage Kündigungsfrist)
Wyoming	Ja	

Anhang zu Kapitel 5

Anhang A
Verjährungsfristen für die US-Bundesstaaten[1]

Bundesstaat	Mündliche Verträge	Schriftliche Verträge	Personenschaden (*Personal Injury*)	Allgemeines Dekliktsrecht (*Damage Claims*)
Alabama	6	6	2	6
Alaska	3	3	2	6
Arizona	6	3	2	2
Arkansas	5	5	3	3
California	4	2	1	3
Colorado	6	6	2	2
Connecticut	6	3	2	2
Delaware	3	3	2	2
District of Columbia	3	3	3	3
Florida	5	4	4	4
Georgia	6	4	2	4
Hawaii	6	6	2	2
Idaho	5	4	2	3
Illinois	10	5	2	5
Indiana	10	6	2	2
Iowa	10	5	2	5
Kansas	5	3	2	2
Kentucky	15	5	1	2
Louisiana	10	10	1	1

[1] Die oben aufgeführten Verjährungsfristen sollen nur als Anhaltspunkt betrachtet werden. Neben der Fristdauer sind die Fragen des Beginns der jeweiligen Frist sowie möglicher Unterbrechungen (z.B. aufgrund der Krankheit eines Anspruchinhabers; mangelnde Kenntnisse der erlittenen Schaden) für die Verjährungsproblematik entscheidend.

Bundesstaat	Mündliche Verträge	Schriftliche Verträge	Personenschaden (*Personal Injury*)	Allgemeines Dekliktsrecht (*Damage Claims*)
Maine	6	6	6	6
Maryland	3	3	3	3
Massachusetts	6	6	3	3
Michigan	6	6	3	3
Minnesota	6	6	6	2
Mississippi	3	3	3	3
Missouri	10	10	5	5
Montana	8	5	3	2
Nebraska	5	4	4	4
Nevada	6	4	2	3
New Hampshire	3	3	3	3
New Jersey	6	6	6	2
New Mexico	6	4	3	4
New York	6	6	3	3
North Carolina	3	3	3	3
North Dakota	6	6	6	6
Ohio	15	6	2	2
Oklahoma	5	3	3	2
Oregon	6	6	2	6
Pennsylvania	4	4	2	2
Rhode Island	10	10	3	10
South Carolina	3	3	3	3
South Dakota	6	6	3	6
Tennessee	6	6	1	3
Texas	4	4	2	2
Utah	6	4	4	3
Vermont	6	6	3	3
Virginia	5	3	2	5
Washington	6	3	3	3
West Virginia	10	5	2	2
Wisconsin	6	6	3	5
Wyoming	10	8	4	4

Anhang B

State Restrictions on the Availability of Punitive Damages

State	Zitat bzw. Fundstelle	Höchstbetrag für bestimmte Schadensarten?	Beweislast (sog. »Evidentiary Standard«)	Sonstige Beschränkungen
Alabama	Ala. Code §§ 6-11-20, 21 (Supp. 1992)	$250.000, exception: »wrongful death cases«	Clear and convincing evidence	
Alaska	Alaska Stat. § 09.17.020 (Supp 1992)		Clear and convincing evidence	
Arizona	Ariz. Rev. Stat Ann. § 12-653.02-.03 (1992)		Actual malice for cases of libel or slander	
California	Cal. Civ. Code §§ 3294(a), 3295 (West Supp. 1993)		Clear and convincing evidence	Für deliktische Ansprüche (noncontractual), muss »oppression, fraud or malice« nachgewiesen werden
Colorado	Colo. Rex. Stat. § 13-21-102 (1987)		Proof beyond reasonable doubt	
Connecticut	Conn. Gen Stat. Ann §52-240 (b)	Punitive damages not to exceed an amount equal to twice the compensatory damages awarded to plaintiff		
Delaware	Del. Code Ann tit 18 § 6855		Malice or willful or wanton misconduct in health care malpractice	
Florida	Fla. Stat. Ann. Ch. 768.73	May not exceed three times the compensatory damages unless clear and convincing evident is presented which supports a larger punitive award	Clear and convincing evidence	
Georgia	Ga. Code Ann. § 51-12-5.1 (Michie Supp. 1992)		Clear and convincing evidence	
Iowa	Iowa Code Ann. § 668A.1 (West 1987)		Evidence must be clear, convincing and satisfactory	
Kansas	Kann. Stat. Ann. §§ 60-3701 to 3702 (Supp. 1991)	5 Mil. or defendant's highest gross annual income for the last five years (may be circumvented if defendant expected to make a profit exceeding the cap)	Clear and convincing evidence	

State	Zitat bzw. Fundstelle	Höchstbetrag für bestimmte Schadensarten?	Beweislast (sog. »Evidentiary Standard«)	Sonstige Beschränkungen
Kentucky	Ky. Rev. Stat. Ann. § 411.184 (Baldwin 1991)		Clear and convincing evidence	
Maine	Me. Rev. Stat. Ann. Tit. 18-Am, § 2-804 (West 1993)	Wrongful death: $ 75, 000		
Minnesota	Minn. Stat. Ann. § 5549.20 (a) (West 1988)		Clear and convincing evidence	
Mississippi	Miss. Code Ann. § 11-1-65 (1993)	Punitive damages only if compensatory damages are awarded		
Missouri	Mo. Ann. Stat. § 510.263 (Vernon Supp. 1992)			
Montana	Mont. Code Ann § 27-1-221 (1992)		Clear and convincing evidence	
Nevada	Nev. Rev. Stat. §§ 41.337, 42.005 (1991)	$300,000 when compensatory damages are less than $100,000 and up to three times compensatory damages when compensatory damages are more than $100,000	Oppression, fraud, or malice express or implied unerlaube Handlungen (Prod H -); malice in libel or slander action; Clear and convincing evidence	
New Jersey	N.J. Rev. Stat. Ann. § 2A.56, .58C-5 (West 1987)		ProdH. Conduct was actuated by actual malice or accompanied by wanton and willful disregard of safety of product users or others	
North Dakota	N.D. Cent. Code § 32-03-07, -11 (1987)	Limited to compensatory damages or $250,000 if no compensatory damages are awarded	Prima facia evidence as threshold support to allow for motion to allow exemplary damages; oppression, fraud, actual or presumed malice for unerlaubte Handlungen	

State	Zitat bzw. Fundstelle	Höchstbetrag für bestimmte Schadensarten?	Beweislast (sog. »Evidentiary Standard«)	Sonstige Beschränkungen
Ohio	Ohio Rev. Code Ann. § 2307.80, 2315.21 (Anderson 1991)	Determined by the court	Clear and convincing evidence; acts or omission of defendant demonstrate malice, aggrieved or egregious fraud, oppression, or insult	
Oklahoma	Okal. Stat. Ann. Tit. 23 § 93 A West 1987)		Clear and convincing evidence	
Oregon	Ore. Rev. Stat. § 30.925 (1) (1991)		Clear and convincing evidence	
Rhode Island	R.I. Gen Laws § 28-5-29.1 (Supp. 1992)		Conduct to be motivated by malice or ill-will and that such conduct involves reckless or callous indifference to statutorily protected rights of others	
South Dakota	S.D. Codified Laws Ann. § 21-1-4.1 (1987)		Clear and convincing evidence; willful, wanton or malicious conduct by defendant	
Texas	Tex. Civ. Prac. & Rem. Code Ann. §41.004, .007 (West Supp. 199289	Other than nominal damages must be awarded; limited to the greater of $200,000 or four times the amount of the actual damages		
Utah	Utah Code Ann. § 78-18-1 (1) (a)		Clear and convincing evidence	
Virginia	Va. Code Ann. §8.01-38.1, -52	$350,000	Willful or wanton conduct or recklessness evincing conscious disregard for safety of others	
Wisconsin	Wis. Stat. Ann. § 895.85 (3)		Punitive damages only awarded if defendant »acted maliciously toward the plaintiff or in an intentional disregard of the rights of the plaintiff«	

Anhang C

Regelungen hinsichtlich der Versicherung von Punitive Damages in den US-Bundesstaaten

Bundesstaat	Directly Assessed Punitive Damages*	Vicariously Assessed Punitive Damages **
Alabama	Ja	Ja
Alaska	Ja	Ja
Arizona	Jein (Ja, solange die punitives auf »gross negligence, wantonness, or recklessness« basieren.	Jein (Ja, solange die punitives auf »gross negligence, wantonness, or recklessness« basieren.
Arkansas	Jein (Vorsatz ausgeschlossen)	Jein (Vorsatz ausgeschlossen)
California	Nein	Jein
Colorado	Nein	Offen
Connecticut	Jein	Ja
Delaware	Ja	Ja
District of Columbia	Offen	Offen
Florida	Nein	Ja
Georgia	Ja	Ja
Hawaii	Ja	Ja
Idaho	Ja	Ja
Illinois	Nein	Ja
Indiana	Nein	Ja
Iowa	Ja	Ja
Kansas	Nein	Ja
Kentucky	Ja	Ja
Louisiana	Ja	Ja
Maine	Nein	Offen
Maryland	Ja	Ja
Massachusetts	Nein	Offen
Michigan	Ja	Ja
Minnesota	Nein	Offen
Mississippi	Ja	Ja
Missouri	Ja, solange punitive damages ausdrücklich erwähnt	Ja, solange punitive damages ausdrücklich erwähnt
Montana	Jein (Vorsatz ausgeschlossen)	Jein (Vorsatz ausgeschlossen)
Nebraska	Nein (keine punitives überhaupt)	Nein (keine punitives überhaupt)
Nevada	Ja	Ja
New Hampshire	Ja	Ja
New Jersey	Nein	Ja
New Mexico	Ja	Ja
New York	Nein	Offen
North Carolina	Jein («wanton or grossly negligent conduct«, aber Vorsatz noch offen)	Jein («wanton or grossly negligent conduct«, aber Vorsatz noch offen)

Bundesstaat	Directly Assessed Punitive Damages*	Vicariously Assessed Punitive Damages**
North Dakota	Offen	Offen
Ohio	Nein	Offen
Oklahoma	Nein	Ja
Oregon	Ja	Ja
Pennsylvania	Nein	Ja
Rhode Island	Nein	Offen
South Carolina	Ja	Ja
South Dakota	Offen	Offen
Tennessee	Ja	Ja
Texas	Ja	Ja
Utah	Nein	Nein
Vermont	Ja	Ja
Virginia	Jein (Vorsatz ausgeschlossen)	Keine Haftung für punitives, die auf das Verhalten von Dritten basieren
Washington	Offen	Offen
West Virginia	Ja	Ja
Wisconsin	Jein (solange punitives auf Verhalten basiert, das «wanton, willful or involved a reckless disregard of plaintiff's rights or interests» war)	Jein (solange punitives auf Verhalten basiert, das «wanton, willful or involved a reckless disregard of plaintiff's rights or interests» war)
Wyoming	Ja	Ja

(*) Punitive Damages, die auf das eigene Verhalten (Handlungen oder Unterlassungen) des Versicherten basieren.

(**) Punitive Damages, die auf das Verhalten (Handlungen oder Unterlassungen) von anderen basieren, wofür der Versicherte haftbar gemacht wird.

Literatur

Anderson, Mark: Commercial Practice. Series Drafting and Negotiating Commercial Contracts. Butterworths, London, 1997

Beale, H. G./Bishop, W. D./Furmston, M. P.: Contract Cases and Materials, 3rd Edition. Butterworths, London, 1995

Burke, Karen C.: Federal Income Taxation of Corporations and Stockholders, 4th Edition. West Publishing Co., St. Paul, MN, 1996

Christou, Richard: Boilerplate: Practical Clauses, 2nd Edition. FT Law & Tax, London, 1995

Cutts, Martin: Making Sense of English in the Law. W & R Chambers Ltd., NY., 1992

Darby, Joseph B. III/Milder, Forrest David/King Parker, Katheen/Richard, Loretta R./Silacci, Gary E./Sutton, Michael J.: Business Lawyer's Guide to Corporate Tax. Answers to the Most Common Questions. MCLE, Massachusetts Continuing Legal Education, Inc., 2000

Darbyshire, Penny: English Legal System. Sweet & Maxwell Ltd., London, 1992

Elias, Patrick/Bowers, John: Transfer of Undertakings: The Legal Pitfalls, Sixth Edition. FT Law & Tax, London, U.K.

Gellhorn, Ernest/Kovacic, William E.: Antitrust. Law and Economics, 4th Edition. West Publishing Co., St. Paul, MN, 1994

Hamilton, Robert W.: The Law of Corporations, 4th Edition. West Publishing CO, St. Paul, MN, 1996

Hewitt, Ian: Joint Ventures. FT Law & Tax Practitioner Series, London U.K. Commercial Series, 1st Edition, 1997

Klein, William A./Ramseyer, J. Mark: Business Associations. Agency, Partnerships, and Corporations. The Foundation Press, Inc., Westbury, NY, USA, 1997

Low, Lucinda A./Norton, Patrick M./Drory, Daniel M.: The International Lawyer's Deskbook. Section of International Law and Practice, American Bar Association, 1996

Lundmark, Thomas/Carroll, Wayne J: Juristische Arbeitsbücher. Business Associations in the Common Law World. Juristische Arbeitsbücher, Band 3. LIT Verlag, Münster, 2001

Newell, John O./Santucci, Ettore A./Forest Barrett, Susan/Evans, Daniel S./Hershman, Jordan D./Haggerty Jones, Julie/Novotny, Lois M.: The SEC Primer. Introduction to Federal Securities Laws. MCLE, Massachusetts Continuing Legal Education, Inc, 2001

Sinclair, Neil: Drafting Articles of Association. FT Law & Tax Practitioner Series, London U.K., Commercial Series, 1st Edition, 1996

Solomon, Lewis D./Baumann, Jeffrey D./Weiss, Elliott J.: Selected Corporation and Partnership. Statutes, Rules and Forms. West Publishing Co., St.Paul, MINN, USA, 1993

Utzschneider, John R./Countryman, Sherry L./Davitt, F. George/Lawrence, Peter S./Santucci, Ettore A.: Business Acquisition Agreement. A Practical Guide to Structuring, Preparing and Negotiating Business Acquisition Agreements. MCLE, Massachusetts Continuing Legal Education, Inc., 1998

York, Stephen: Practical Alternative Dispute Resolution (ADR), 1st Edition. FT Law & Tax Practitioner Series, London U.K., 1996

Youngs, Raymond: English, French & German. Comparative Law. Cavendish Publishing Ltd., London, 1998

Yurko, Richard J./Greenberg, Gary R./Kirby, Robert L., Jr./Levin, Nathan I./Sweder, Kenneth A./Thaxter, Deborah/Van Gestel, Hon Allan: Close Corporations – Litigation Among the Principals. MCLE, Massachusetts Continuing Legal Education, Inc, 2001

Mellinkoff, David: Mellinkoff's Dictionary of American Legal Usage. West Publishing Co.,

St. Paul, MINN, 1992

Risdon, Ronald B.: Drafting Corporate Agreements 1997. Practising Law Institute,

New York, NY., 1997

Rüdiger von Rosen/Werner G. Seifert: Zugang zum US-Kapitalmarkt für deutsche Aktiengesellschaften. Schriften zum Kapitalmarkt, 1998

Danksagung

Das Buch basiert auf die zehnjährigen Erfahrungen des Verfassers mit deutsch-amerikanischen Geschäftsbeziehungen. Dieses Buch wäre jedoch ohne die Unterstützung einer Vielzahl von Personen nicht möglich gewesen. In erster Linie möchte ich mich bei meinen *Legal Secretaries*, Renate Amendt und Gudula Rühe, für die Korrekturlesarbeiten bedanken. Auch Herrn Mark Tracy, meinem *Legal Research Assistant*, gebührt ein besonderes Lob für seine geduldige und kompetente Bearbeitung der vielen – manchmal doch etwas abgehobenen – Rechercheaufgaben. Letztlich möchte ich mich bei meinen Kolleginnen und Kollegen bei PricewaterhouseCoopers Veltins bedanken. Natürlich danke ich dem Verlag für die Geduld, die sicherlich bei der Zusammenarbeit mit einem ausländischen Autor aufgebracht werden muss.

Wayne J. Carroll

Register

a

Actual malice 148
Affirmative defense 142
Age Discrimination in Employment Act (ADEA) 95
Agency law 32
Agency Relationship 32
Agreement to agree 45
Aktiengesellschaft 58, 185
Aktionäre 63, 66
Alternative Dispute Resolution (ADR) 42, 157
American Arbitration Association 42
American Depository Shares 182
Americans with Disabilities Act of 1990 (ADA) 94
Angestellte 65, 84, 90
Antidiskriminierungsgesetze 94
Antitrust 22
Antitrust Division of the Department of Justice 171
Antitrust law 141
Arbeitnehmer 101, 106
Arbeitnehmerentsendung 126
Arbeitsrecht 22, 83
Arbitration 158
Articles of Association 59
Articles of Incorporation 59
Articles of Organization 59, 67
Association of Trial Lawyess of America ATLA 147
Assumption of risk 167
Attorney-client privilege 154
Aufsichtsrat 84
Automatic Stay 191

b

Bankruptcy 22
Bankruptcy Court 191
Belästigung 102
Bereitschaftsdienst 116
Betriebsgeheimnis 155
Betriebswirtschaftler 88
Beurkundung 48
BGB 33
Blindheit 95
Board of Directors 83
Börsengang 181
Bona fide executives and high policymakers 97
Bona fide occupational qualification 97
Bona fide seniority system 97
Breach of expressed warranty 165
Bundesrecht 22
Bundesstaatliches Recht 22
Bundestaatüberschreitender Handel 115
Bureau of Economic Analysis 180
„Business-Judgement"-Regel 73
By-Laws 62

c

Case Law 21
Casual Fridays 85
Certificate 56
Certificate of Good Standing 81
Certified public accountant 88
Check the box provisions 66
Chief Executive Officer 65
Chief Financial Officer 197
Civil Rights Act of 1866 (Section 1981) 101
Claim 165
Class Actions 151

Cliff-vesting 112
Close Corporation 58, 59
Commerical 22
Common Law-System 15
Common Law-Vertragsrecht 26
Common sense 157
Commonality requirement 151
Company Secretary 87
Company Treasurer 88
Compensatory Damages 145
Conciliation 157
Condition 39
Consideration 26, 27
Consolidated Omnibus Budget Reconciliation Act (COBRA) 106
Consumer reports 92
Contingency fees 144
Contract 22
Contractors 121
Contributory negligence 167
Copyright law 141
Corporate 22
Corporate charter 60
Corporate Opportunities 75
Corporation 58, 59, 60, 62, 64, 78
Counterparts 31
Covenant 39
Criminal 22
Culpa in contrahendo 28, 43

d
D&O Insurance 75
Dawn raids 169
Deafness 95
Deep pockets-Prinzip 135
Defined pension plans 114
Deliktsrecht 22, 141
Department of Labor 105
Diplom-Finanzwirt 88
Disabled person 95
Disclosure rules 184
Dishonorable discharge 105
Diskriminierung 101
Disparate impact claim 97
Drug Enforcement Administration 91
Due Diligence-Prüfung 80
Durchgriffshaftung 78

Duty of Care 55, 65, 71
Duty of Loyalty 55, 65, 74

e
E-Mails 103
E.ON AG 186
Economic damages 145
Efficiencies 176
Eigentümer 71
Eintragungsverfahren 62
Einwanderungsrecht 22
Einzelkaufleute 53
Elternzeit 118
Employee Polygraph Protection Act (EPPA) 90
Employee Retirement Income Security Act (ERISA) 110
Employment 22
Employment Practices Liability Insurance 77
Englische juristische Fachsprache 14
Environmental law 141
Equal costs defense 98
Equal Employment Opportunity Commission 101, 103
Equal Pay Act (EPA) 108
Erfolgshonorar 143
Errors & Omissions Insurance 77
Europäische Aktiengesellschaft 51
Exclusive licenses 178
Excuses to performance 34
Exportgeschäft 52
Exxon Valdez 148

f
Fair Credit Reporting Act (FCRA) 92
Fair Labor Standards Act (FLSA) 115
Family and Medical Leave Act (FMLA) 117
Federal Law 22
Federal Litigation 22
Federal Taxation 22
Federal Trade Commission 92
Federalist Papers 20
Fehlerquellen 19
Fiduciaries 113
Fiduciary Duties 55

Finance Commitee 73
Finance Guy 85
Finanzausschuss 73
Finanzielle Risiken 145
Fishing expedition 154
Force Majeure 33
Foreign Direct Investment 79
Freedom of opinion 121
Frustration of purpose 34

g
Gehbehinderung 95
General Partnership 55
Generally Accepted Accounting Principles 195
Gerichtskosten 143
Gerichtsstand 42, 130
Gerichtsverfahren 143
Geschäftsgrundlage 36
Geschäftsordnung 62
Geschlechter 30
Geschworenen 156
Gesellschaft 79, 80
Gesellschaft bürgerlichen Rechts 53
Gesellschaftsformen 51
Gesellschaftsrecht 22
Gesellschaftszweck 60, 61
Gewerblicher Rechtsschutz 22
Gleichberechtigung 30
GmbH 51
Good faith 72
Gradual vesting 112
Gross misconduct 107
Gründung 56, 59
Gründungsverfahren 62
Guarantee 39

h
Haftung der Partner 56
Handelsrecht 22
Handelsregisterauszüge 47
Handelsvertreter 52
Harassment 102
Head Honcho 85
HGB 21
Höhere Gewalt 33

i
Immigration 22
Immigration and Naturalization Service 126
Immigration law 126
Incorporation by reference 46
Indemnification 39
Insolvenz 191
Insolvenzrecht 22
Integration clause 30
Intellectual Property 22
International Chamber of Commerce 42
International Investment and Trade in Services Survey Act 180
Internet-Adressen 201
Interstate commerce 108, 115
Investigative consumer reports 92
Investmentformen 52
Involuntary Petition 191

j
Joint Venture 32
Joint-Venture-Gesellschaft 78
Jurisdiction 130
Jury 156

k
Kapitalstruktur 62
Kartellrecht 22, 141
Key employees 118
Klausel 45
Kommanditgesellschaft 53
Konzernhaftung 133
Kooperation 25, 33
Krankenkasse 107
Krankenversicherung 106

l
Laches 142
Lameness 95
Lead plaintiffs 151
Legal opinion 47
Legalese 15
Lie detectors 90
Limited Liability Company 58, 66, 67, 78
Limited Liability Partnership 57
Limited Partners 57

Limited Partnership 56
Lingua mercatoria 13
Liquidated damages 44
Listing 182
Litigation Commitee 73
Long-arm statutes 132
Loyalität 109
Lügendetektor 90

m

Management 71
Manager-managed 67
Mantelkauf 79
Markenrecht 141
Marktkonzentration 171
Mass layoffs 123
Massenentlassung 123
Material Adverse Change-Klausel 36
Mediation 157
Medicaid 107
Membermanaged 67
Merger clause 30
Mindestlohn 115
Minimum contacts-Rechtssprechung 52
Minimum wage 115
Model Acts 21
Model Uniform Products Liability Act (MUPLA) 163

n

Namensrecherche 60
National Commission on Uniform State Law (NCUSL) 21
National Cooperative Research and Production 176
National Labor Relations Act (NLRA) 120
Negligence 148
Niederlassung 52
Non-economic damages 146
Notarization 48
Notary 48
Notary public 48

o

Occupational Safety and Health Act (OSHA) 119
Off-the-shelf 79

Offene Handelsgesellschaft 53
Officers 84
Offset 99
Offset defense 98
Older Workers Benefit Protection Act (OWBPA) 98
Oncall time 116
Operating Agreement 67, 68
Ordre public 141

p

Partnership 32, 53, 54, 56
Partnership Agreement 55
Partnership-Vertrag 54
Parttime employees 106
Patent law 141
Patentrecht 141
Pension and Benefit Guaranty Corporation 114
Pension plans 110
Personal Responsibility and Work Opportunity Reconciliation Act (PRWORA) 125
Personengesellschaften 53
Piercing the Corporate Veil 78, 135
Plain English 16
Political correctness 103
Prescribed Summary of Consumer Rights 92
President 65, 85
Product misuse 167
Produkthaftung 153, 163
Prokura 51
Property 22
Protected class 102
Proxy 63
Prozessgremium 73
Prozesskosten 143
Prozessrecht 22
Public Corporation 58
Punitive damages 101, 146

q

Qualified beneficiaries 106
Qualified individuals with a disability 94
Qualifying event 106
Qualifying event notice 107

r

Ratification 75
Reasonable reliance 72
Rechte und Pflichten der Partner 55
Rechtsstreit 145
Rechtswahlklausel 41, 140
Registered agent for service of process 59
Registrierungspflicht 180, 185
Rehirees 125
Related medical condition 100
Remedies 42
Remitittur 149
Remoteness-Grundsätze. 40
Resident alien 93
Residential permit 94
Restatements 21
Retaliation 114
Right of free speech and assembly 121
Road shows 183

s

Sachenrecht 22
Safe Harbour Provisions 57
Sammelklage 148
Sarbanes-Oxley Act 89, 195
Schadensersatz 44
Schadensersatzpauschale 44
Schatzmeister 65
Schutzrechte 177
Schwangerschaft 100
Secretary 85
Secretary of State 57
Securities 22
Securities and Exchange Commission 89
Securities law 141
Security 14
Selbstgeschäfte 74
Seniority 109
Severability clause 45
Shareholders 63, 78
Shelf company 79
Sole proprietorships 53, 59
Sorgfaltspflicht 55, 71
Specific performance 42
State Law 22
State Lititgation 22
State Taxation 22

Steuerrecht 22
Strafrecht 22
Streitbeilegung 42
Strict liability 165
Subject to contract 28
Substantially equal skill 109

t

Taubheit 95
Technologieausschuss 73
Technology Committee 73
Teilzeitbeschäftigte 106
Test 178
The Immigration Reform and Control Act of 1986 (IRCA) 93
Time is of the Essence 32
Todesstrafe 21, 129
Tolling rules 142
Tort 22
Trademark law 141
Transfer of assets 178
Treasurer 65, 85
Treuepflicht 55, 74
Two-tier management structure 84
Tying 179

u

U.S. Department of Labor 118
U.S. Federal Trade Commission (FTC) 171
U.S. PATRIOT Act 193
U.S. Securities and Exchange Commission 16
Umweltrecht 141
Uniform Commercial Code (UCC) 14, 21, 34, 142
Uniformed Services Employment and Reemployment Rights Act (USERRA) 105
Unincorporated Business Entities 53
Union security agreement 122
Unmöglichkeit 34
Unterhaltsverpflichtung 125
Unternehmen 190
Unwirksamkeitsklausel 45
Urheberrecht 141
US-Einwanderungsrecht 126
US-Kartellrecht 169

US-Prozessrecht 129
US-Recht 140
US-Rechtssystem 20
USA 51, 52

V
Veba 186
Vereinbarungen 25
Verjährungsfristen 141, 213
Vermögensvermischung 136
Versammlungsfreiheit 121
Versicherungsschutz 75
Verträge 25
Vertrag 29
Vertragsabschluss 47
Vertragsausfertigungen 31
Vertragsgegenstand 26
Vertragsrecht 22, 25
Vertragssprache 37
Vertragsverletzung 42
Vertragswerke 46
Vertretungsbefugnis 47
Verwirkung 142
Verzicht 43
Vesting rules 112
Veterans Employment and Training Service 105
Vice President 65, 85
Visa Waiver Pilot Programme 128
Voluntary Petition 191

Vorratsgesellschaften 79
Vorstand 84
Vorvertragliche Verpflichtungen 28

W
Warranty 39
Warranty of authority 47
Welfare plans 110
Welthandelsorganisation 170
Welthandelsorganisation (WTO)-Abkommen 52
Wertpapierrecht 22, 141
Wertpapierverkaufsprospekte 16
Wesen 56
Wettbewerbsbeschränkungen 175
Wettbewerbsverbot 55
Whole/complete agreement clause 31
Willenserklärung 26
Wirtschaftsprüfer 88
Wirtschaftsrecht 21
Wolff Reforms 16
Work permit 94
Worker Adjustment and Retraining Notification Act (WARN) 123
Worker compensation 120

Z
Zivilverfahren – Ablauf in den USA 220
Zuständigkeit 130